JN307511

庫

哲学原理

ルネ・デカルト
山田弘明 吉田健太郎
久保田進一 岩佐宣明 訳・注解

筑摩書房

Principia Philosophiae
René Descartes

哲学原理【目次】

訳者はしがき

本書はデカルト『哲学原理』*Principia Philosophiae*. 1644 第一部の訳と注解である。内容的には、本文の訳、各節ごとの【解釈】と【参照】、訳注、索引とからなっている。

訳に使用したテキストは *Œuvres complètes de Descartes, publiées par Charles Adam et Paul Tannery*. tome VIII-1, Paris. 1996 である。仏訳序文および仏訳についてはtome IX-2を使用した。テキストの分節については原文の形式よりも読みやすさを優先させ、訳者の判断で段落を切った。その際、フランスの学生用テキストなどを参考にした。

【解釈】では、重要と思われる用語や論点を敷衍した。また、ユスタッシュ・ド・サン・ポールなどスコラのテキストとの関連を示した。『原理』(以下『哲学原理』をこう呼ぶことがある)についての当時のコメンタリーとしては、スピノザの『ルネ・デカルトの哲学原理』*Renati des Cartes Principiorum Philosophiae*. 1663が有名である。だが、本書ではスコラ的解釈との対比という観点から、とくにライプニッツの『デカルトの原理の一般的部分の吟味』*Animadversiones in partem generalem Principiorum Cartesianorum*. 1692をとりあげ、主要な論点を示しておいた。

【参照】では、デカルトの他の著作や書簡から、本文との関連箇所をできるかぎり多く抽出した。これによって、ある問題が他のテキストではどのように扱われているかが分かり、『原理』第一部の独自性が明らかになるであろう。参照テキストの配列は、大体においてそれが書かれた年代順にしたがっているが、同じ話題をひとまとめにした場合もある。

訳注においては、用語や論点の補足説明、仏訳との主要な相違点、スコラとの関係、他のテキストとの関連などを明記した。

索引として、第一部の本文に関して主要な語の索引を作成した。日本語索引とラテン語索引とからなるが、すべてを網羅している訳ではない。欄外の見出しは対象外とした。そこで用いられている語彙は本文のそれとは異質であり、デカルト自身の手によるものではないと思われるからである。

凡例

- デカルトからの引用は上掲の Adam-Tannery 版によるものとし、その巻数とページをたとえば VII, 23 などと略記した。ただし『哲学原理』についてはその部と節をたとえば I-21 と、『情念論』については節のみを a. 150 などと記した。
- 「著者の書簡」(仏訳序文)と「エリザベト王女への献辞」の欄外に記した数字は、Adam-Tannery 版のページである。前者については tome IX-2 の、後者については

tome VIII-1 のページを示している。

・『精神指導の規則論』は『規則論』、『方法序説』は『序説』、『哲学原理』は『原理』と略記し、書簡については宛先と日付を明記した。また「諸根拠」とあるのは、『省察』「第二答弁」に付された「幾何学的仕方で配列された、神の存在と精神と身体との区別を論証する諸根拠」のことである。

・ユスタッシュについては Eustache de Saint Paul, *Summa Philosophiae Quadripartita, de rebus Dialecticis, Moralibus, Physicis et Metaphysicis.* Paris. 1609 を原本とし、引用に関してはたとえば第四部の6ページを、SP. IV, 6 と略記した。

・ライプニッツ *Animadversiones.* のテキストは C. I. Gerhardt ed., *Die Philosophischen Schriften von G. W. Leibniz.* Band 4. Berlin. 1880, Hildesheim. 1965 に拠り、その354ページであれば G. IV, 354 と略記した。

・スピノザからの引用については、C. Gebhardt ed., *Spinoza Opera.* Heidelberg. 1925 に拠り、Gebhardt. II, 33 などと記した。

・解釈・参照・訳注における引用訳文のうち、デカルト『方法序説』『デカルト＝エリザベト往復書簡』『省察』については山田弘明訳を使用している。ライプニッツ『デカルトの原理の一般的部分の吟味』も山田による訳である。

・その他の引用訳文には、以下のものを引用させていただいた。

デカルト『精神指導の規則』(野田又夫訳、岩波文庫)、『世界論』(神野慧一郎訳、『世界の名著22』中央公論社)、『屈折光学』(青木靖三・水野和久訳、『デカルト著作集1』白水社)、『気象学』(赤木昭三訳、『デカルト著作集1』白水社)、『省察および反論と答弁』のうち「第一答弁」～「第六答弁」(所雄章・宮内久光・福居純・廣田昌義・増永洋三・河西章訳、『デカルト著作集2』白水社)、『哲学の原理』のうち「第II部」～「第IV部」(平松希伊子・井上庄七・水野和久・小林道夫訳、『科学の名著・デカルト』朝日出版社)、『人間論』(伊東俊太郎・塩川徹也訳、『デカルト著作集4』白水社)、『真理の探究』(井上庄七訳、『デカルト著作集4』白水社)、『情念論』(野田又夫訳、『世界の名著22』中央公論社)、『ビュルマンとの対話』(三宅徳嘉・中野重伸訳、『デカルト著作集4』白水社)、『掲貼文書への覚え書』(村上勝三訳、『デカルト著作集4』白水社)、『デカルト書簡集上・下』(佐藤正彰・川口篤・渡辺一夫・河盛好蔵・市原豊太訳、創元社)

ライプニッツ『形而上学叙説』『単子論』付録「認識、真理、観念に関する考察」(河野与一訳、岩波文庫)

スピノザ『デカルトの哲学原理・附 形而上学的思想』『エチカ』『知性改善論』(畠中尚志訳、岩波文庫)

いずれの場合も文脈によって訳文を多少手直しした部分があることをご了解頂きたい。

・訳文中の[ ]内は訳者による補語である。

哲学原理

著者の書簡

本書の訳者[1]に宛てて、その序文に代える

拝啓

私の『原理』についてお骨折りいただいた翻訳は、たいへん明快で申し分のないものですので、この書がラテン語でよりもフランス語によってより沢山の人に読まれ、よりよく理解されるだろうという期待をもたせます。ただ、私がおそれますのは、その表題が、学問の素養がまったくない多くの人々や、あるいは、これまで教わった哲学には満足が行かなかったために、哲学をよく思わない多くの人々を、敬遠させはしないかということです。そこで私はそれに序文を付して、本書の主題が何であるか、執筆の際にもっていた意図は何か、そこから引き出されうる効用が何であるかを、かれらに明らかにするのがよいと思うようになりました。しかし、私は他のだれよりもそれらのことをよく知っているはずですので、その序文を書くのは私の役目ではありますが、私自身にできることはただ、序文で論じるべきと思われる主要な点を、ここに要約することだけです。あなたが適当と判断される部分を公にすることは、あなたのご自由です。

2

私が序文を書くとするなら、まず第一に哲学とは何であるかを説明したく思い、以下のようなごく普通のことがらからはじめたことでしょう。すなわち、「哲学」ということばは知恵[2]の研究を意味し、知恵とは単に日常生活の分別[3]のことだけではなく、自分の生活を導くためにも、健康の保持やあらゆる技術の発明のためにも、人が知りうるあらゆることがらについての完全な知識を指すこと。そして、この知識[4]がそのように完全であるためには、それが第一原因から導き出されることが必要であり、したがって、その獲得に努める（それが本来哲学すると言われていることです）ためには、それらの第一原因つまり原理の探求からはじめなくてはならないこと。そして、これらの原理には二つの条件が必要であり、その一つは、原理がきわめて明晰かつ明証的[5]であって、人間精神がそれらを注意深く考察しようとするときには、その真理性を疑うことができないほどであること。もう一つは、他の事物の認識がそれらの原理に依存し、したがって原理は他の事物なしにも知りうるが、逆に他の事物は原理なしには知りえないということ。しかるのちに、これらの原理から、それに依存している事物の認識を演繹[6]するよう努め、そこからなされる演繹の全過程においては、きわめて明白なもの以外は何もないようにしなければならないこと、です。

たしかに、完全な知恵をもつもの、つまりあらゆる事物の真理について完全な知識をもつのは神のみでありますが、しかし人間もまた、きわめて重要な真理についてもつ認識の多少に応じて、多かれ少なかれ知恵をもっていると言うことができます。この点では、どの学者もみな一致していると信じます。

次に、私はこの哲学の効用を考察し、次のことを示したことでしょう。すなわち、哲学は人間精神が知りうるすべてのことに及ぶのであるから、われわれをきわめて未開で野蛮な人間から区別するのは哲学のみであり、どの国においてもそこに住む人々がよりよく哲学していればいるほど、それだけその国は開化され洗練されており、したがって、真の哲学者を抱えていることが一国のもちうる最大の善である、と考えねばならないことです。さらに、個人個人について言えば、哲学の研究者たちと交わることが有益であるばかりではなく、自分自身でそれを研究することは比較にならないほどよいことです。それはちょうど、自分を導くのに自分の目を使い、自分の目を使って色や光の美しさを楽しむ方が、目を閉じて他人の導きに従うよりも、疑いもなくはるかにまさっているのと同じです。もっとも後の場合でも、目を閉じたまま自分ひとりで自分を導くよりは、まだましですが。哲学することなく生きることは、まさに目を閉じたまままけっして開こうとしないことです。そして、われわれの視野に捉えられるすべての事物を見る喜びも、哲学によって発見される事物の認識が与える満足に比べれば、まったく問題になりません。そして最後に、この研究は、われわれが目を使って自分の歩みを導くのに必要である以上に、われわれの行動を律し、この人生において自分を導くために必要なのです。

[4]野獣はただ自分の身体を保存するだけなので、たえず身体を養うものを探すことにもっぱらかかわっています。しかし、人間はその主要な部分が精神であるので、精神の真の栄養である知恵を探求することに主要な関心を払うべきです。そして、もしその探求に成功する望みがあり、どれだけのことができるかが分っているなら、多くの人は知恵の探求を欠かさないだろうと私は確信しています。いかに卑しい心をもった人でも、感覚の対象にまったく入り浸ったままであることはなく、ときとしてその対象から離れて何か他のより大きな善を願望するものです。その善が何に存するかを知らないことが多いにもかかわらずです。最も幸運に恵まれ、健康や名誉や富[7]をふんだんに有している人は、他の人に比べてこの欲求を免れているわけではありません。反対に、そのような人こそ他の善を、かれらが所有するすべての善よりもさらに崇高な善を、最も熱烈に希求するものだと私は確信します。ところで、この最高の善とは、信仰の光なしに自然的理性によって考察されるかぎり[8]、第一原因による真理の認識にほかなりません。それがすなわち知恵であり、知恵の研究が哲学なのです。これらのことがらはすべてまったく真実でありますので、それらがうまく導き出されるならば、難なく納得されることでしょう。

しかしながら、哲学者であると自任する人は、この研究をまったくしたことがない他の人よりも、しばしば賢明でもなければ理性的でもない[9]ということを経験が示しておりますので、上のことはすぐには納得できなくなっております。それゆえ、私はここで、今われわれがもっているすべての学問がどういうものか、また、われわれが到達した知恵の諸段階はどれほどのものかを要約して説明したことでしょう。第一段階は、省察[10]をするまでもなく得られるほどに、それ自身で明晰な概念のみを含みます。第二段階は、感覚の経験が知らせるすべてのものを含みます。第三段階は、他の人との会話がわれわれに教えるものを含みます。さらに第四段階として、読書をつけ加えることができます。それは、すべての書物を読むことではなく、とくにわれわれによい教えを与えうる人たちによって書かれた書物を読むことです。というのは、それを読むことは、それらの著者とわれわれとの一種の会話[11]だからです。そして、われわれが普通もっているあらゆる知恵は、この四つの仕方によってのみ得られると思われます。というのも、ここで私は神の啓示を同列に置いていないからです。啓示は段階的にわれわれを導くのではなく、一挙に不可謬の信仰にまでわれわれを高めるものだからです。

　ところで、いつの時代でも偉大な人たちがいて、知恵に到達するために、他の四つの段階とは比べものにならないほどより高く、より確かな第五段階を発見しようと努力してきました。第五段階とは、人が知ることができるすべてのものの根拠をそこから演繹しうる、第一原因と真の原理を探求することです。そして、とくに哲学者と呼ばれる人たちがこのことに努力してきました。しかし、現在までのところ、この企てに成功した人など私は聞いたことがありません。われわれにその著作が残されている最初の主要な哲学者は、プ[6]ラトンとアリストテレスですが、かれらの違いはただ次の点にあるだけです。すなわち、プラトンはその師ソクラテスにしたがって、自分は確実なものをまだ何も見いだしえなかったと率直に告白しました。そして、自分にとって真らしく思われたことを書くことで満足し、この目的のためにある原理を想定して、これによって他のものを説明しようとしました。これに対して、アリストテレスはそれほど正直ではなく、二〇年間プラトンの弟子であり、またプラトンの原理以外の原理をもたなかったにもかかわらず、原理を説く仕方をまったく変え、それらの原理を真で確実なものとして提示しました。もっとも、かれ自身が原理をそのように評価していた様子はまったくありませんが。

　ところで、この二人は才能ゆたかであり、先の四つの手段によって得られる多くの知恵をもっていたので、それによって大きな権威が与えられました。その結果、かれらの後に来るものは、もっとよいものを探求することよりも、二人の意見にしたがうことに専心したのです[12]。そして、かれらの弟子たちの間での主要な論争は、すべてのものを疑いに付すべきか、それとも何か確実なものがあるのか、を知ることに向けられました。そこで双方ともに、とんでもない誤謬に陥ることになったのです。というのは、懐疑に味方した人たちのあるものは、懐疑を実生活の行為にまでも押し広げ、その結果、思慮を用いて自らの行動を導くのを怠ったから[13]です。そして、確実性を支持した人たちは、それが感覚に依存するはずだと思い込んで感覚をまったく信用し、あげくの果てにエピクロスなどは、天文学者のあらゆる推論に反対して、太陽は見かけどおりの大きさ以上に大きくはない[14]と断言してはばからなかった、とまで言われているからです。

真理というものは主張されている二つの意見の中間にありますから、たいていの論争において認められる欠点は、どちらの側も、反対しようとむきになればなるほど、それだけ真理から遠ざかるということです。しかし、懐疑論の側に傾きすぎた人たちの誤りは、長くは継承されませんでしたし、他方の側の誤りも、感覚は多くのことがらにおいて、われわれを欺くことが認められたので、いくらかは訂正されました。しかしながら、その誤りが完全に取り除かれたとは思われません。というのも、次のことがまだ示されていないからです。それは、確実性は感覚においてあるのではなく、明証的な認識をもつときの知性においてのみあること、そして、知恵の最初の四段階によって得られる知識しかもっていないうちは、実生活の行為に関して真と思われることを疑ってはならないが、しかし何らかの明証的な理由によってそうせざるをえないのに、意見を変えることができないほど、それらのことを確実であるとみなすべきではない、ということです。

このような真理を知らなかったので、あるいは、もし知っていたとしてもそれを用いなかったので、この数世紀のあいだ哲学者になろうとした大部分の人たちは、アリストテレスに盲目的に従い、その結果かれの著作の意味をしばしば曲解し、かれがこの世に再来したとするなら、自分の意見とは認めないようなさまざまな見解を、かれのものとしたのです。また、アリストテレスに従わなかった人たちも（そのうちの多くは最もすぐれた人たちです）、子供時代にアリストテレスの意見に染まることを免れず（なぜなら学校で教えられるのはそれのみですから）、それがかれらの先入見となって、真の原理の認識に到達できなかったのです。私はこれらの人たちをすべて尊敬しており、かれらを非難して憎ま[8]れたくはありませんが、私の言うことについて、かれらのだれも否認するとは思われない証拠を一つあげることができます。それは、かれらがみな完全には知らないあることがらを原理として想定している、ということです。たとえば、かれらのうちで地上の物体のうちに重さを想定しなかった人を私は知りません。しかし、重いと呼ばれる物体が地球の中心へと落下することを経験が明晰に示しているとはいえ、だからといって、われわれは重さと呼ばれるものの本性、つまり物体をそのように落下させる原因や原理が何であるかを知っているわけではなく、それを別のところから学ばなければなりません。[15]同じことが、空虚と原子、熱と冷、乾と湿、塩と硫黄と水銀など、ある人たちがかれらの原理として想定している、すべての同様なものについても言えます。ところで、明証的でない原理から演繹される帰結はすべて、それらがいくら明証的に演繹されたとしても、明証的であることはできません。かくして、そうした原理に基づいた推論はすべて、どんな事物についてもかれらに確実な認識を与えることができず、したがってまた、知恵の探求においてかれらを一歩も前進させることができなかった、ということになります。そして、もしかれらが何か真なるものを見いだしたとするならば、それは上に導かれた四つの手段のどれかによってであるにすぎません。しかしながら、私は、かれらがそれぞれ自負するかもしれない名誉をおとしめるつもりはありません。ただ私は、学問研究をしていない人を慰めるために、次のように言わずにはおれないのです。人が旅をしているとき、自分が行きたい場所に背を向けている間は、より長くより速く歩けば歩くほど、それだけその場所から遠ざかり、したがって、たとえあとで正しい道に連れ戻さ
16 れたとしても、はじめからまったく歩かなかった場合よりも早く行き着くことはできません。それと同じように、人が間違った原理をもっているときには、それをさらに育てあげればあげるほど、そして、これこそ正しく哲学することであると考えて、そこからさまざまな結果を引き出すことにより細心に専念すればするほど、ますます真理の認識すなわち知恵から遠ざかるものです。それゆえ、これまで哲学と呼ばれてきたすべてのことを学ぶことが最も少なかった人こそ、最もよく真の哲学を学ぶことができる、と結論しなければなりません。

これらのことをよく理解してもらったうえで、私はここで、人生の最高善がそこに存す

るところの、あの知恵の最高段階に達することができる真の原理は、まさに私がこの書において示したものである、ということを証明するのに役立つ論拠をあげたかったのです。そのためには、ただ二つの論拠だけで十分です。第一はそれらの原理がきわめて明晰であること、第二はそこから他のすべての事物を演繹できることです。というのも、原理に要求されるのはこの二つの条件のみだからです。

ところで、それらの原理がきわめて明晰であることは、以下のことから容易に証明できます。すなわち第一に、私がそれらを見いだした仕方、つまり、ごくわずかでも疑う機会がありうるものをすべて除去する[17]という仕方によってです。というのも、それらの考察に専念して、この仕方でも除去できないものがあるなら、それは人間精神が知ることができる最も明証的で最も明晰なものであることは確かであるからです。こうして私は、すべてを疑おうとする人も、しかしながら、かれが疑っている間は自分が存在することを疑いえないこと、[18]また、そのように推論し、自分自身は疑えないが他のものはすべて疑っている当のものは、われわれが身体と言っているものではなく、われわれの精神 âme あるいは思惟 pensée と呼ばれるものであること、[19]これらのことを考慮して、私はこの思惟があること、つまり存在することを第一原理として立てたのです。そして、そこから他の原理をきわめて明晰に演繹しました。すなわち、この世にあるものすべての作者である神があること、神はあらゆる真理の源泉であるので、[20]われわれの知性がきわめて明晰かつきわめて判明な認識をもつ事物について下す判断において、神は知性を誤りうるような性質にはけっして創らなかったということです。これらが、非物質的事物つまり形而上学的事物について私が用いる原理のすべてです。そこから私は、物体的事物つまり自然学的事物の原理を、きわめて明晰に演繹しました。すなわち、長さ、幅、深さにおいて延長をもつ物体があり、それらはさまざまな形をもち、さまざまな仕方で動くということです。要するにこれらが、私が他の事物の真理を演繹する原理[21]のすべてです。

これらの原理の明晰さを証明する第二の理由は、それらがいつの時代にも知られており、すべての人に真で疑いえないものとして受け取られてさえいた、ということです。ただし、神の存在だけは例外です。これはある人たちによって疑いに付されています。かれらは感覚の知覚にあまりにも多くのものを帰属させましたが、神は見ることも触れることもできないからです。

11 しかし、私が原理としているすべての真理が、いつの時代でもすべての人によって知られていたとしても、それらを哲学の原理として、つまり、そこから世界にある他のすべてのものの認識を演繹することができる原理として認めた人は、私の知るかぎり今までのところだれもいませんでした。それゆえ、私はここでそれらの原理がそのようなものであることを証明しなければなりません。それには、経験によってそれを見てもらうのが、つまり読者にこの書を一読されるようにすすめるのが一番だと思われます。

というのも、私はすべてのことをそこで論じているわけではありませんし、またそれは不可能なことでありますが、私としては論じる機会があったものをすべてきちんと説明したつもりですので、それを注意深く読んでくれる人ならば、人間精神に可能な最高の認識のすべてに達するためには、私が与えた原理以外のものを求める必要はまったくない、ということを納得していただけるようになるからです。とくに、私の著作を読んだあとで、そこではいかにさまざまな問題が説明されているかを考える労をとられ、さらに他の人の著作をも通読してみて、他の人が同じ問題を私とは違った原理で説明するために、いかにごくわずかのもっともらしい理由しか与えることができなかったかを見ていただくならば、もっと納得していただけるでしょう。そして、読者がそれをより容易に企てるためには、私は次のように言うことができたことでしょう。すなわち、私の考えに親しんだ人々は、そうでない人々よりも、他人の著作を理解し、その真の価値を知るのに、はるかに労せずに済むということです。これは、私が先ほど述べた古代の哲学からはじめた人々とは正反対になります。かれらは、それを学べば学ぶほど、ますます真の哲学を正しく学ぶのに適さなくなるのが常なのです。

また、私はこの書の読み方についても、一言、意見をつけ加えておきたかったのです。すなわち、まず小説を読むように全体を通読していただきたい。あまり無理に注意を向けず、難しい箇所に出会っても気にとめずに、ただ私が扱っている主題がどんなものであるかを、大体において知ってもらうだけでよいのです。そのあとで、それが調べるに値すると思い、その原因を知ろうという好奇心が湧いたなら、二度目に読んで私の理由のつながりに注意していただければよいのです。しかし、そのつながりの全体を十分に知ることができず、理由のすべてを理解しなくても、まだ投げ出してはなりません。難しいと思われる箇所にただペンで線を引いておき、中断せずに最後まで読み続ければよいのです。そして三度目にこの書を手にとるなら、以前に印をつけた難しい箇所の大部分は解決されますし、それでもなおいくつかの問題が残っているなら、再読することでついには解決が見いだされるであろう、とあえて信じております。

私は、多くの人の生まれつきの才能を調べてみて、いかに粗野でいかに遅鈍な人でも、しかるべく導かれていたならば、ほとんどの人がよい意見を理解でき、最高の知識のすべてを獲得することさえもできる、[22]ということに気がつきました。それは理論的に証明することもできます。なぜなら、原理は明晰であり、原理からはきわめて明証的な推論によってでなければ、何も演繹されてはならないゆえに、人はつねに原理に依存しているものを理解するのに十分な精神をもっているはずだからです。しかし、だれもが完全には免れない先入見の障害は別として——もっとも、それが最も害をおよぼすのは、悪しき学問を最も多く学んだ人に対してですが——、控えめな精神の人々は、[23]自分にはその能力がないと考えて研究を怠り、他のもっと熱心な人々は、急ぎすぎるあまり明証的ではない原理をしばしば受け入れ、そこから不確実な結論を引き出す、ということがほとんどつねに起こるのです。それゆえ私は、自分の力をあまりにも信用しない人々には、かれらがそれを調べる労をとるなら、私が書いたもののなかにはまったく理解できないようなものは何もない、と保証したいのです。しかし、それにもかかわらず、また他の人々に対しては、最もすぐれた精神の人々でさえも、私がそこに盛り込もうと企てたすべてのことに注目するには、多くの時間と注意とが必要であろう、と警告したいのです。

それにつづいて、この書を公にするに際して、私がどういう目的をもっていたかをよく理解してもらうために、人が自分で学問をするために守るべきと思われる順序をここで説明したいと思います。第一に、上に説明した四つの仕方によって獲得できるような、平凡で不完全な知識しかまだもっていない人は、何よりもまず、自分の実生活の行為を律するに足る一つの道徳[24]を自ら形成するよう努めねばなりません。なぜなら、それはいかなる遅れをも許さず、また、われわれはとりわけよく生きるよう努めるべきだからです。

そのあとで、論理学も研究しなければなりません。ただし、それは学院の論理学[25]ではありません。というのは、それは厳密に言えば、知っていることを他人に分からせる方法、あるいは、知らないことについて判断もせずに多言を弄する方法を教える弁証法にすぎず、かくしてそれは良識を増すどころか、かえって損なうからです。そうではなくて、それは、知られていない真理を発見するために自分の理性を正しく導くことを教える論理学です[26]。そして、それは実際の使用に大きく依存していますので、数学の問題のような容易で単純な問題について、論理学の規則を実践して、長く練習するのがよいでしょう。

つぎに、こうした問題において真理を発見する習慣をいくらかつけたなら、それを真の哲学に適用[27]することを真剣にはじめるべきです。哲学の第一部は形而上学であり、認識の原理を含みます。それらの原理のうちには、神の主要な属性、われわれの精神の非物質性、そして、われわれのうちにあるすべての明晰で単純な概念、の説明が含まれます。第二部は自然学です。そこでは物質的な事物の真の原理を見いだしたあとで、全宇宙がいかに構成されているかを一般的に調べ、ついで個別的に、この地球の本性が何であるか、地球の周囲に最も普通に見いだされるすべての物体の本性、たとえば空気、水、火、磁石や、その他のすべての鉱物の本性がどういうものかを調べます。そのあとで、植物の本性、動物とくに人間の本性をも個別的に調べる必要があります。それは、後日、人間に有益な他の知識を発見することが可能になるようにするためです。

かくして全哲学は一本の樹[28]のようなものです。その根は形而上学、幹は自然学、その幹から伸びる枝は他のすべての諸学です。それらは三つの主要な学問、すなわち医学、機械学、そして道徳に帰着します。ここで道徳というのは、他の諸学の完全な認識を前提とし、知恵の最高段階である最高の最も完全な道徳のことです。

15

ところで、果実が採れるのは樹の根からでも幹からでもなく、枝の先からだけであるように、哲学の主要な効用も、最後になってはじめて学ぶことができる諸部分の効用にかかっています。私はそれらの部分についてはほとんど知らないのですが、しかし、私はいつも世の中に貢献することに努めたいとの熱意をもっておりましたので、今から一〇年か一二年前に、私が学び得たと思われたことがらについて、いくつかの試論を印刷させました。それらの試論の第一部は「人の理性を正しく導き、諸学問において真理を探求するための方法序説[29]」です。そこで私は、論理学の主要な規則と、まだそれよりよい道徳を知らない間に暫定的にしたがうことができる、不完全な道徳の主要な規則とを、要約して述べておきました。他の部分は三つの論文であり、一つは「屈折光学」、他は「気象学」、そして最後に「幾何学」です。「屈折光学」によって私が示そうと意図したことは、哲学においては大いに前進が可能であり、その結果、哲学によって人生の役に立つ技術の認識にまでいたることができる、ということです。なぜなら、私がそこで説明した望遠鏡の発明は、これまで探求されたもののうちで最も困難な発明の一つだからです。「気象学」において私が知って欲しいと思っていたことは、私が開拓している哲学と、学院で教えられる哲学との相違でした。学院でも同じ主題を論じるのが慣わしなのです[30]。最後に「幾何学」において私が意図したことは、これまで知られていなかった多くのものを私が発見したことを示して、人々がまだ他の多くのことを発見できると信じる機会を与え、こうして万人を真理の探求へと誘うことでした。

その時から、多くの人々には形而上学の基礎を理解するのが困難だろうと予見して、『省察』[31]という書においてその主要な論点を説明するよう努めました。それはあまり大きくはないのですが、多くのきわめて学識のある人たちがそれらの主題に関して送ってきた反論と、それに対して私がなした答弁とによって、膨大になり、内容がたいそう詳しくなりました。

ついで最後に、これらの先だつ論文によって、読者の精神が『哲学原理』を受け入れる心構えが十分できたと思われた時に、私はこの『原理』をも公にしました。私はその書を四つに分けました。その第一部は認識の原理を含み、第一哲学あるいは形而上学と呼びうるものです。それゆえ、これをよく理解するためには、同じ主題について書かれた『省察』をあらかじめ読んでおくことが適切です。他の三つの部分[32]は、自然学において最も一般的なことのすべてを含みます。すなわち自然の根本法則あるいは原理の説明、そして天、恒星、遊星、彗星および一般に全宇宙が構成される仕方を含みます。ついで個別的に、この地球の本性、および空気、水、火、磁石など地球の周りのいたるところに最も普通に見いだされる物体の本性、さらにこれら物体において認められるすべての性質、たとえば、光、熱、重さなどの本性を含みます。このような仕方で私は、後に書かれたものに先立つべきもの

17 を何も見落とすことなく、全哲学を順序にしたがって説明しはじめたと考えたのです。しかしながら、この計画を最後までやり通すためには、私は以後も、地上にあるもっと特殊な他のそれぞれの物体の本性を、同じ仕方で説明しなければなりません。すなわち、鉱物、植物、動物とくに人間の本性です。そして最後に、医学、道徳、機械学を厳密に扱わねばなりません。これこそ、人類に哲学の全体系を与えるために、私がしなければならないことです。そして、私はまだそれほど老いを感じませんし、私の力のほどをそれほど疑ってもおらず、また、残されたものの認識からそれほど遠ざかっているとも思いませんので、私の推論を支え、正当化するのに必要なあらゆる実験をする便宜が得られれば、私はあえてこの計画の完成を企てたことでしょう。しかし、そのためには莫大な費用が必要であり、それは公の援助[33]なしには私のような一個人には賄いきれないことを考え、そしてまた私はその援助を期待すべきでもないことを考えると、私は、これからは私個人の教養のために研究することで満足すべきであり、後世の人は、私が今後、後世のためにはたらくことに欠けるところがあったとしても、許してくれるであろうと思います。

　しかしながら、私がどういう点で、すでに人々に対して貢献をなしたと考えているかを分ってもらうため、ここで、私の原理から引き出しうると私が確信する成果がどういうものかを述べておきます。第一の成果は、これまで知られていなかった多くの真理をそこに

18 見いだす満足です。というのは、しばしば真理は、あまり目を見張らせるものではなく、むしろより単純に見えますので、虚偽や虚構ほどにはわれわれの想像力を刺激しませんが、しかし真理が与えてくれる満足はつねにより持続的で、より堅固なものだからです。第二の成果は、これらの原理を学ぶならば、立ち現われるすべてのものについてよりよい判断を下し、かくしてより賢明になる習慣を少しずつ得ることです。その点でこれらの原理は、通常の哲学とは正反対の効果をあげるでしょう。というのは、学者先生と呼ばれる人々において容易に認められるように、その哲学は、かれらがこれをまったく学ばなかったとした場合よりも、理性を使えなくしてしまうからです。第三の成果は、これらの原理が含む真理は、きわめて明晰できわめて確実であるので、あらゆる論争の種を除去し、かくして34 人々の心を穏やかで調和したものにするだろうということです。それは学院でなされる討論とはまったく反対です。この討論は、それを学ぶ人を、知らず知らずのうちに詮索好きで頑固にしてしまうので、おそらくそれが、いま世の中を騒がせている異端と紛争の第一の原因でしょう。

これらの原理の最後の、そして主要な成果は、それらの原理を育成することによって、私がまったく説明しなかった多くの真理が発見され、こうして一つの真理から他の真理へと少しずつ進み、やがては全哲学についての完全な認識を獲得して、知恵の最高段階へと登りつめることができることです。というのは、すべての技術において見られるように、それは最初こそぎこちなく不完全であっても、しかしながら、そこには何らかの真なるものが含まれており、その結果が経験によって示されるのであるから、使用されることによって少しずつ完成されて行くものです。それと同じように、哲学において真の原理をもつなら、その原理にしたがって行くうちに、しばしば他の真理に出会うことが必ずあるものです。そして、アリストテレスの原理の誤りを最もよく証明することになるのは、それに
19 付きしたがって数世紀になるにもかかわらず、この仕方では何の進歩もなしえなかった、と指摘することでしょう。

世の中には、たいそう性急であって、なすところほとんど慎重さというものがないために、きわめて強固な基礎をもっていながらも、確実なものを何も建てることができない人がいることは、私もよく知っています。そして、そうした人は通常、書物を書き上げるのが素早いので、もし、かれらの著作が私のもの、あるいは私の説で満ちているものと受け取られるなら、私がしてきたものはみな、あっという間に台無しにされ、私の哲学の仕方に、私が追放しようと入念に努力してきた不確実さと疑いとを招き入れることになりかねないのです。

少し前に私は、最もよく私に付きしたがいたいのだと思われていた人のうちの一人において、しかもある箇所で私が「私はかれの精神をたいそう信頼しているので、私の見解と

20

は認めたくないような、いかなる見解もかれは抱かないだろうと思う[35]」とさえ書いた人において、そういう経験をしました。というのも、昨年かれは『自然学の基礎』と題する書を出版しましたが――その中でかれは、自然学と医学に関して、私が公刊したものからであれ、かれがたまたま手にした動物の本性についての未定稿からであれ、私の著作から引いてきたもの以外の何も述べていないように思われます[36]――、にもかかわらず、かれはそれを間違って書き写し、順序を変え、全自然学を支えるべき形而上学のいくつかの真理を否定しているからです。したがって、私としてはそれを全面的に否認せざるをえず、ここで読者に次のようにお願いせざるをえません。すなわち、私の著作に明らかに見いだされることでなければ、いかなる見解も私のものとしないでいただきたい、また、私の著作においても他の場所においても、それが真なる原理からきわめて明晰に演繹されているのを見てとらないかぎりは、いかなる見解もけっして真であると受け取らないでいただきたい[37]、と。

また私は、これらの原理から、そこから演繹しうるすべての真理をこのように演繹するには、数世紀を要するであろうことをよく承知しています。なぜなら、これから発見されるべき真理の大部分は、ある特殊な実験に依存しており、それはけっして偶然に出会われるものではなく、きわめてすぐれた人たちによって、入念にかつ費用をかけて探求されね力を備えている人が、同時にその実験を遂行する資力をも備えていることは、めったにないからです。さらにまた、すぐれた人たちの大部分は、現在まで行われてきた哲学において欠陥を認めているために、哲学全体についてたいそう悪い印象を抱いているので、よりよい哲学を求めることに専心できないでいるからです。

しかし結局、私のあえて信じるところでは、私の原理と他の人々のあらゆる原理との間に見られる相違と、私の原理から演繹できる真理の大いなる系列とが、これらの真理探求を続けることがいかに重要であり、これらの真理が知恵のどのような段階に、生活のどのような完全性に、どのような幸福にまで導くことができるかを、かれらに認識させるならば、これほど有益な研究に従事しようとしない人、あるいは少なくともこの研究に従事して成果をあげつつある人たちを奨励し、全力を傾けて支援したいと思わない人はだれもいないでしょう。願わくは、われわれの子孫がその成功を収めんことを。

ボヘミア王、プファルツ伯にして神聖ローマ帝国選帝侯
フリードリッヒの第一王女
エリザベト殿下
にささぐ

王女殿下、

私がこれまで公表した書物から私が得た最大の果実は、それが光栄にも殿下によって読まれ、それを機に殿下に接するのを許されたことです。そして私は、殿下のご天分はこれを模範として後世に示すことが公衆の益になるものであると知りました。これから真理の基礎をうちたてるべく努めようとしている特にこの場所で、お世辞を言ったり、何か十分に知られていないことを主張するのは適当ではありません。殿下のようにお心広く慎しみ深い方におかれましては、哲学者の単純で率直な判断の方が、お世辞を言う人たちの飾りたてた賛辞よりも、より快いものであることを私は知っております。それゆえ、私は経験あるいは理性によって真であると認めることのみを書き、この序文においても、本書の他

のすべての部分と同様、私は哲学者として書くことにいたします。

真の徳と見せかけの徳とのあいだには大きな相違があります。また真の徳でも、事物の正確な認識に由来する徳と、何らかの無知を伴う徳とのあいだには、大きな相違があります。見せかけの徳と私が言うものはある種の悪徳ですが、それとは反対の他の目立った悪徳ほどには頻繁に見うけることがなく、これらの反対の悪徳から、中庸の徳以上にかけ離れているので、より高く評価されるのが常です。たとえば、臆病になって危険から逃げる人の方が、無思慮にそれに立ち向う人よりも多く見いだされるので、臆病という悪徳に対して、暴勇があたかも徳であるかのように対立するものとされ、一般には真の勇気よりも高く評価されます。同様に、浪費家は適度にお金を使う人よりも称えられるのが常ですし、また、迷信家や偽善者ほど容易に信心深いとの名声を得るようになるものはありません。

しかし真の徳のうちの多くは、正しいものの認識だけからではなく、何らかの誤謬から生まれることもあります。たとえば、しばしば愚直から親切が、恐怖から信心が、絶望から勇気が生じます。これらの徳は互いに異なっていますので、異なった名前で呼ばれます。しかし、正しいものの認識のみに由来する純粋無垢な徳は、すべて同じ一つの本性をもち、知恵というただ一つの名前の下に包含されます。というのも、できるかぎり自らの理性をよく使い、最善と判断したすべてを行おうとする固く強い意志をもつ人はだれでも、その人の本性に可能なかぎりで真に知恵ある人なのです。[38]このことによってのみ、かれは正義、勇気、節度、その他すべての徳をもつのです。ただそれらの徳は互いに結合していて、一つの徳が他の徳にまさるということはありません。それゆえそれらの徳は、何らかの悪徳と混じり合っているために目立つ徳よりもはるかに優れていながら、しかし多くの人にあまり気づかれることがないので、十分に賞賛されないのが常なのです。

さらに、いま述べた知恵に必要なのは、知性の認識と意志の傾向という二つのことです。しかし意志に依存する知恵は、すべての人が等しくもつことができますが、知性に関しては、ある人たちは他の人よりもはるかに明敏な知性をもっています。そして、生まれつき頭の回転の遅い人でも、たとえ多くを知らなくても、正しいものの認識に導く何ものをも見落とさず、正しいと判断したすべてを遂行するよう、固く不動の意志をもち続けさえするなら、かれらはその分に応じて知者となり、それゆえに神に最も愛される人であることができます。しかし、正しく行為しようとの固い意志とともに、きわめて明敏な精神と真理認識への最高の配慮をもつ人のほうが、上に述べた人よりもはるかに優れているのです。

この最高の配慮が殿下において存することは、宮廷での気晴らしも、幼い王女たちを無知にしてしまうのが常である因習的な教育も、殿下がすべてのよき学芸を探求することを妨げることができなかった、ということから明らかです。さらに、殿下の比類なき精神の卓越した明敏さは、それらの学問の蘊奥をすべて深く探求され、かつきわめてわずかの時間で正確に会得された、ということから明らかです。なおこの点については、私には個人

4

的なもう一つの有力な証拠があります。それは、私がこれまで世に出した論文のすべてを完全に理解した人は、今までのところ、殿下お一人であるからです。[39] 実際、それらの論文は、他の多くの人によって、もっとも優れた人や博士たちによってさえも、きわめて難解だとみなされています。そして、ほとんどすべての人がそうであるように、形而上学に携わる人は幾何学に恐れをなし、反対に幾何学を修めた人は、第一哲学について私が書いたことを理解しないのが常です。私の見るところ、ひとり殿下の精神においてだけは、すべてが等しく明らかであります。それゆえ私は、それを比類なきものと正当に呼ぶわけです。しかしすべての事物のかくも多様で完全な認識が、冥想に多くの年月を費やし、すでに老いたある修行者[40]において存するのではなく、そのご容姿やご年齢の点では、灰色の眼をしたミネルヴァやミューズの一人よりもカリテス[41]を思わせる、うら若い王女さまにおいて存することを考えるとき、私は最大の賛嘆の念にとらわれざるをえません。

最後に、単に認識の点だけでなく意志の点からしても、絶対的で最高の知恵に要求されるもので、殿下のご性格のうちに輝いていないものは何もないことに私は気づいております。というのも、そのご性格においては、威厳とともに希有な寛大さと優美さとが現われており、それは絶えざるご不運にさらされながらも、少しも挑発されることもなければ、くじかれることもないのです。それは私をはなはだ強くとらえ、私のこの哲学を、殿下のうちに仰ぎ見られる知恵に捧げ、献呈すべきと思うだけでなく（哲学とは知恵の研究にほかならないからです）、私は自分が哲学者というよりも次のように呼ばれたいと思うのです。

殿下のきわめて恭謙で、きわめて従順にして、きわめて敬虔なる下僕、

デス・カルテス

第一部　人間的認識の原理[42]について

1　真理を探求するには、一生に一度は、すべてのことについてできるかぎり疑うべきである。[43]

われわれは[44]幼児として生まれ、われわれの理性を完全に使用する以前から、感覚的事物についてさまざまな判断をしてきたので、多くの先入見によって真の認識を妨げられている。そこで、そうした先入見から解放されるためには、そのうちにほんのわずかでも不確かさの疑いをかけられるすべてのものを、一生に一度は[45]、ことごとく疑おうと努めるほかに仕方がないように思われる。

【解釈】

幼児は身体（感覚）に没入し、教師に無批判に従属している者の典型とみなされている。人間の誤謬の原因は幼時からの先入見にあるというのがデカルトの一貫した主張である。「諸々の知識を習得することの困難さ、そしてわれわれに自然的に知られている諸観念を明晰に表象することの困難さについて言えば、それはわれわれの幼年時の誤った先入見……に由来する」（メラン宛 1644.5.2. IV, 114）。幼児も理性をもつが、それをまだ十分に使えない状態にある。そのかぎりでは一人前の人間とみなさないというのが当時の考え方である。それを打ち破り、子供にも独立した人格を認めたのが一八世紀ルソーの『エミール』だと言われる。

理性の全面的使用 integer usus という考え方は、人間はもち前の理性をよく用いなければならないという要請から来ている。理性を正しく導く bien conduire、理性の機能を十分に開発 cultiver する、それを十全に活用 appliquer する、という発想が根本にある。それは『序説』の表題「人の理性を正しく導き、諸学問において真理を探求するための方法序説」にも表れている。そこには「われわれの理性の完全な使用」l'usage entier de notre raison（『序説』VI, 13）という表現もある。のちにカントも、純粋理性の使用や訓練ということを重視することになる（『純粋理性批判』B355-366, B735-822）。

先入見 praejudicium によって真理の認識が妨げられている、という発想もまた一貫し

である。デカルトによれば、真理の種子 veritatum semina はわれわれのうちにすでに蒔かれている(『規則論』X, 376)。その意味では、真理はあらかじめそこにある。ところが、われわれは先入見に覆われているため、自然の光が遮られてそれを見ることができない。真理を見るためにはその覆いを取る必要がある。この発想はハイデガーの真理観(ものの本質のうちに隠れてあるものを明るみにもたらすこと)にも通じるであろう。先入見の除去手段が懐疑であり、懐疑の効用はこの点にある(『省察』「概要」VII, 12)。なお、デカルトは先入見の例として、「あらゆる物質は本性上、場所的運動に抵抗する」(モラン宛 1638.7.13. II, 212-213)、「同じ物体が一度に多くの異なる運動の圧力を受け取ることはできない」(ド・ボーヌ宛 1639.2.20. II, 518)、「運動は本性上、静止に向かう」(『原理』II-37)、「動物は思惟する」(モア宛 1649.2.5. V, 275)、なども挙げている。幼児の先入見については、第47節や71節でも詳しく取り上げられる。

ごくわずかでも不確実との嫌疑があればこれをすべて疑う、という誇張的懐疑がここに表れている。「ほんの少しの疑いでもかけうるものはすべて、絶対に偽なるものとして投げ捨て」(『序説』VI, 31)るのである。疑えるものは不確かであるが、疑いえないものは確かであるという二分法の下に、知識の確実性を探求している。だが、確かであるとはどういうことか、何を根拠にある命題が確かであると言っているのか、これらはオープンな問題として残される。ともあれ、懐疑はデカルト哲学の出発点であり原点になっている。

デカルトは「この普遍的懐疑をいわば確固不動の点として、そこから神の認識、君自身の認識、世界の中にあるすべての事物の認識、を導き出すことをみずから期していた」(『真理の探求』X, 515)のである。

この節に対してライプニッツは、これは、あらゆる賛成と反対の程度を考慮せよ、あるいはすべての教説の根拠を吟味せよという要請であるが、むしろデカルトは幾何学者にならって学問の諸原理を証明した方がよかった(G. IV, 354-355)、と批判している。

【参照】

・「子供の時からそう思ってきたからといって、古人のごとく、地球が不動で宇宙の中心に位していると無造作に想定してはならない。」(『規則論』X, 436)

・「このことによってわれわれは、子供のとき以来、われわれすべての先入見となっているある一つの誤りから免れうるのである。われわれは子供のときに、われわれのまわりには感覚されうるもの以外の物体は一つも存在しないのだと信じ…て以来、一つの誤りを先入見としているのである。」(『世界論』XI, 17)

・「われわれは大人になるまではみんな子供であり、自分の欲求と教師とに長い間支配されねばならなかった。」(『序説』VI, 13)

・「私がそれまで私の信念のうちに受け入れてきたすべての意見については、一度きっぱりとそれらを取り除こうと企てること以上に最善なことはなく、しかるのちに、もっとよい意見を取り入れるなり、同じ意見でもそれを理性という水準器で正したうえで取り入れればよいのである。このやり方によって、私は、古い基礎の上に建てただけの場合や、真理かどうかを一度も吟味しないで、若い頃に信じ込まされた諸原理のみをよりどころとした場合よりも、はるかにうまく私の人生を導くことに成功するであろう、と固く信じた。」(同 13-14)

・「子供のころから私は、いかに多くの偽なるものを真なるものと認めてきたことか。そして、その後その上に築いてきたものが、どれもこれもいかに疑わしいことか。それゆえ、私がもし学問においていつか確固として持続するものをうち立てようと思うなら、一生に一度はすべてを根底からくつがえし、最初の基礎から新たに始めなければならない、と。」(「第一省察」VII, 17)

・「けれども彼は、無知の状態でこの世に生まれてくるのであるし、幼時における彼の認識なるものは、あてにならない感覚と教師の権威とに支えられているだけであるから、彼の想像力は、自己の理性が指導に乗り出しうるまでは、無数の誤った考えに満たされていないということは、ほとんど不可能なのです。」(『真理の探求』X, 495-496)

・「それらの点は、子供にそなわる想像の器官を画板にたとえ、その中にわれわれの観念が、いちいちの物を実物に似せて写しとった画像のように、描きこまれているのだと考えると、何もかも、たいへんはっきりと説明がつくように私には思われます。ところでこの場合、感覚と傾向と教師と理性とが、そういう制作に携わりうる、それぞれちがった画家にあたるわけですが、これらのうちでは、そういう仕事にはなはだ不向きなものたち、すなわち、不完全な感覚や盲目的な傾向や差し出がましい乳母などが、最初に仕事にとりかかります。最もすぐれているのは知性ですが、これは最後にやって参ります。」(同 507)

・「君がひきあいに出した画家の場合なら、まず海綿でその画を拭い、そこに引いてあるすべての線を消し去ってから、まったく新たにやり直すほうが、いちいち線を修正するのに時を空費したりするよりは、はるかにまさっています。それと同じように、だれも皆、ものを知る年齢と呼ばれる年ごろに達するとすぐ、それまでに自らの想像に描かれてきた不完全な観念を、一度きっぱりと、すべてとり除いてしまおうと決心し、本気になって、新たな観念を形成することにとりかかり、これに知性のあらゆる工夫を傾注すべきである、ということです。」（同508）

・「幼児期において、精神は身体にどっぷり漬かっていたので、多くのことを明晰に認識しても、何ら判明には認識していなかったのである。それにもかかわらず、精神はそれ以来多くのことを判断してきたので、そこからわれわれは多くの先入見に染まり、それは大多数の人において以後もけっして除去されていない。」（『原理』I-47）

・「ここにすべての誤謬の第一の主要な原因を認めることができる。すなわち、幼年期においては、われわれの精神は身体ときわめて密接に結ばれていたので、もっぱら身体への刺激を感覚する思惟だけを事とし、それ以外の思惟には関わらなかったのである。…星から来る光は、灯りの小さな焔より以上に明るくは見えなかったので、そのため、いかなる星もそうした焔より大きいとは思わなかった。また、地球が回転していることも、その表面が球状であることも知らなかったので、地球は不動でその表面は平らであると信じる方へますます傾いたのであった。そして、他のこうした無数に多くの先入見が、幼児期にわれわれの精神に浸透したのであり…。」（同I-71）

2　疑わしいものは虚偽とみなされるべきである。

それどころか、何が最も確実で認識するのに最も容易[46]であるかを、さらにより明らかに[47]見いだすためには、われわれが疑うであろうものを虚偽とみなすこと[48]が有益であろう。

【解釈】

疑わしいものを灰色とせず、あえて黒とみなすという態度である。たとえば、感覚が時として誤ることから、感覚をつねに誤るものとみなすのである。これは錯覚論法 argument from illusion と言われるもので、特殊なケースを不当に一般化しているとされる。ガッサンディは「一切のものを偽であるとみなすよりも、ただ不確実であると言った方がよい」(「第五反論」VII, 257-258) としている。ライプニッツも、「疑わしいものを偽とみなしても、それは先入見を捨てることではなく、ただ変容するだけのことだ」(G. IV, 355-356) とコメントしている。しかし、これは論理的な推論の問題ではなく、懐疑の戦略的有効性の問題である。デカルトによれば、曲がった棒をまっすぐにしようとして、それを反対方向に反り曲げることがあるように、疑わしいものを偽とみなしたり、逆に偽なるものを真なるものとみなすことが有効である場合がある。これは哲学者の「想定」であって、天文学者が赤道を想定したり、幾何学者が補助線を引いたりするのと同じである(「第五答弁」VII, 349-350)、としている。この想定に立てば、スコラの議論のすべてを網羅的に吟味するまでもなく、少しでも誤りの可能性があるものには軽々しく同意しないようになり、それはスコラの誤謬を避けるためにきわめて有効な戦略になる、と考えられている。

【参照】

・「ほんの少しの疑いでもかけうるものはすべて、絶対に偽なるものとして投げ捨て、かくして、そのあとにまったく疑いえない何かあるものが私の信念のなかに残りはしないかどうかを見なければならない、と考えた。」(『序説』VI, 31)

・「その存在が少しでも疑いうるものはすべて、これを存在しないと想定する…。」(『省察』「概要」VII, 12)

・「しかしこのために、それらの意見のすべてが偽であることを明示する必要はないだろう。…むしろ理性がすでに説得しているところによれば、まったく確実で疑いえないわけではないものに対しても、明らかに偽であるものに対するのと同じく注意して、同意をさし控えるべきであるので、それらの意見のどれか一つのうちに何か疑う理由が見出されるなら、そのすべてを拒否するにはそれで十分であろう。」(「第一省察」VII, 18)

・「そこで、意志を正反対の方向に曲げ、私自身を欺いて、しばらくの間それらの意見が虚偽で想像上のものと仮に想定し、その結果ついには、いわば双方の偏見の重さを均等にして、もはや私の判断がゆがんだ習慣によって事物の正しい認識から逸らされないようにしてみよう。」(同 22)

・「ほんのわずかでも疑いの余地のあるものはすべて、これを私がまったく偽なるものと確認した場合と同じように取り除こう。そして、ついには何か確実なものを知るまで、あるいは他に何もできないとするなら、少なくとも確実なものはないということ自体を確実に知るまで、さらに歩みを続けよう。」(「第二省察」VII, 24)

・「「感覚の一切の証言は不確実である、いや更に偽りであるとみなさねばならない」、と私が言ったことは、およそ本気なのであって、私の省察を理解するのにそれは、それを受け入れたく思わない者、あるいは、受け入れることができない者は誰でもみな、私の省察に対して、答弁に値する何ものをも反論することはできないというほど、それほど肝要なものなのです。」(「第五答弁」VII, 350)

3　しかしその間、この疑いは実生活に及ぼされるべきではない。

しかしこの疑いは、ただ真理の観想[49]のみに限られるべきである。なぜなら、実生活に関するかぎりでは、われわれが懐疑を抜け出すことができないでいるうちに、行為すべき機会がしばしば過ぎ去ってしまうことがあるので、われわれは単に真らしいものを受け入れざるをえないことがまれではないし、あるいはまた、二つのうちの一方が他方よりも真らしいことが明らかでなくても、それでもどちらかを選ぶように強いられることがままあるからである。

【解釈】

実生活 usus vitae つまり実践の問題と、理論の問題の区別という一貫したテーマがデカルトにはある。生の活動と真理探求、行為することと認識すること、「生と日常の交わり」と「形而上学的思惟」(エリザベト宛 1643.6.28. III, 692)、道徳的確実性と形而上学的確実性(『原理』IV-205・206)、これらは別の次元のものとして区別される。問題は二つに分けられたものをどう統一するのかであろう。『序説』では、自分の哲学はスコラのような思弁的な哲学よりも、技術や医学など人生に有益な実際的な哲学 philosophie pratique である（VI, 61-62）とされ、その考えは『原理』「仏訳序文」の「哲学の樹」にも流れこんでいる。理論と実践との融合は課題ではあるが、少なくとも目指されている。

実生活の要求は理論の構築を待ってはくれない。われわれはすぐにも判断を要求され、まちがえるとその結果によってただちに罰せられる（『序説』VI, 9-10）。それゆえ、理論的にどちらが真らしいかが分からないときでも、とにかく選ぶことを要求される。デカルトは実践のこの要求に対処するのに「暫定的道徳」を以てした。何を選ぶべきかを合理的に決定できない場合でも、とにかく選択しなければならないという理由そのものは合理的である。「森の中の旅人」の例（同 24-25）がそれを物語っている。ただ、現実にはいつも判断が成功するわけではない。「行為すべきことがらの必要性は、そうした綿密な吟味の猶予をいつも許すわけではないので、人間の生活が個別的な事物に関してしばしば誤謬に陥り易いことを告白しなければならず、われわれの本性の弱さを承認しなければならない」（「第六省察」VII, 90）。

真らしいもの verisimile は、真理の条件を満たしておらず、理論的には真理ではない。真なるものと真らしいものとを区別することの意味は大きい。それは、ものごとは真か偽か二つに一つでありその中間は存在しない、真理に程度はない、という主張であるからである。「真らしいもの」は実践の領域でのみ有意味であるにすぎない。

【参照】

- 「実生活の行為はしばしばどんな遅延をも許さないのであるから、次のことはきわめて確実な真理である。すなわち、どれが最も真なる意見かを見分けることがわれわれにはできないときは、最も蓋然的な意見にしたがうべきであること、そしてまた、たとえどの意見により多くの蓋然性があるかが分からない場合でも、やはりどれかに決めるべきであること、そして決めたあとでは、それが実践に関するかぎりはもはや疑わしいものとみなすべきではなく、われわれにそう決めさせた理由は真で確実であるのだから、それをきわめて真で確実なものとみなすべきであること、である。」(『序説』VI, 25)
- 「久しい以前から気づいていたことだが、実生活においてはきわめて不確実だと分かっている意見でも、あたかもそれが疑いえないものであるかのように、ときとしてそれにしたがわなければならないことがある…。しかし当時の私は、ただ真理の探求のみに専心したいと思っていたので、それと正反対のことをしなければならないと考えた。」(同 31)
- 「そこ(第四省察)で考察されているのは、信仰あるいは実生活に属することではなく、思弁的で、自然の光のみによって知られる真理だけである…。」(『省察』「概要」VII, 15)
- 「いまは行為に関わることよりも、ただ認識に関わることに心を向けているので…。」(「第一省察」VII, 22)
- 「実生活の使用 usus vitae と真理の観想 contemplatio veritatis との間に区別を設けたことを思い出していただきたいものと存じます。というのも、実生活の使用に関して言えば、私は明晰に洞察されたもの以外のいかなるものにも同意すべきではないと考えるどころか、実はむしろ逆に、最も真実らしいものを常に期待すべきであると考えてすらいません。むしろ、時おりは多くのまったく知られていないもののうちからその一つを選ばなければならない、そして選んだうえは、反対の側へのなんらの根拠ももたれることができないでいるかぎりは、きわめて分明な根拠によってそれが選ばれたとした場合に劣らず、確固たる態度でこれを保持しなければならないと考えています。それは『方法序説』の26ページ[50]に私が説明したとおりであります。しかし、真理の観想ということについてのみ論じられている場合はといえば、不明瞭で十分に判明に洞察されてはいないものに対しては同意をさし控えるべきであるということを、誰がかつて否定したことがあるでしょうか。私は、ひとりこの観想についてのみこの省察で論じたのです…。」(「第二答弁」VII, 149)

・「しかしながら、さまざまの折に私によって強調された区別、すなわち実生活の活動と真理の探求との区別に気づかなければなりません。というのは、われわれの生活を処理することが問題であるという場合には、感覚に信をおかないということは、もとより愚かしいことでしょうから。」(「第五答弁」VII, 350-351)

・「そこで双方ともに、とんでもない誤謬に陥ることになったのです。というのは、懐疑に味方した人たちのあるものは、懐疑を実生活の行為にまでも押し広げ、その結果、思慮を用いて自らの行動を導くのを怠ったからです。」(『原理』「仏訳序文」IX-2, 6)

・「判断において不決断にとどまる場合にさえ、行動においては決然としていなければなりません。そして、一度ある意見に従うと決めたなら、すなわち、それ以上に善く、またそれ以上に確実だと判断される意見は他にないと考えたなら、その意見が最善であると認識された場合に劣らず、恒常的にきわめて疑わしい意見にでも従うこと、すなわち、疑わしいと判断されるその意見に従って行動することが必要です。というのも、実際こうした状況では、…その意見が最善だからです。そして、行動におけるこの頑強さが、われわれをしだいに誤謬と悪のうちに引き入れるなどと心配する必要はありません。なぜなら、誤謬は知性のうちにしかありえず、私は知性を、こうした行動の頑強さにもかかわらず自由で、疑わしいものを疑わしいと考え続けるものと想定しているからです。」（某宛 1638.3. II, 34-35）

・「さらに、良心を平静に保つとともに偏見を避けるには、これまで信念のうちに受け入れたあらゆる意見を一生に一度は払い除けねばならない、と書いたことで私が非難されないためにも、行動に関するこの決然さと頑強さについて語らざるをえませんでした。というのも、おそらく人は私に、かくも普遍的な懐疑は実生活に多大な不決断と乱調をもたらしかねない、と反論したでありましょうから。」（同 35）

・「実生活の営みに関することがらにおいて、知識を得るために要求されるのと同じだけの確実性が望ましいということは、たしかにそのとおりです。しかし、それほどの確実性がここでは必要でもないし、また期待されるべきでもないということは、容易に証明されます。すなわち、それは人間という複合体は可滅的であるけれども精神は不可滅で不死であるということによって、たしかにア・プリオリに証明されます。しかし、そこから帰結することがらによって、より容易にア・ポステリオリに証明されます。たとえば誰かが、飢えて死にいたるまで一切の食を控えようとし、その理由として、食べ物にけっして毒が混入していないということは確かではないから、そしてまた、どうやって生を養っているのかは自分には明晰にも明白にも気づかれていないがゆえに、自分は食べることを強いられているわけでなく、食べて自らを殺すくらいなら絶食して死を待つほうがましだと彼が考えるから、というのであれば、彼はたしかに、気が狂った自分自身の殺害者として、とがめられるべきなのです。」（某宛 1641.8. III, 422-423）

・「そしてわれわれは、あらゆることについて確実な論証をもつことができないにせよ、しかしながら実生活で起こるすべてのことがらに関して態度決定をし、最も真らしく思われる意見をとらねばなりません。

それは、行為することが問題であるときには、決して優柔不断に陥らないようにするためです。というのも、未練と後悔とを引き起こすのは、ひとりこの優柔不断だけだからです。」(エリザベト宛 1645.9.15. IV, 295)

4　なぜ感覚的事物をわれわれは疑えるか。

このようにして、今やわれわれは真理の探求のみに専心しようとするのであるから、何よりもまず、何か感覚的事物ないし想像的事物が存在するかどうかを疑うことにしよう。というのは第一に、われわれはときとして感覚が誤ることを知っており、一度でもわれわれを欺いたものには、けっして過度に信用を置かないのが賢明だからである。第二に、われわれは毎日睡眠中に、どこにもありもしない多くのものを感覚したり想像したりするように思われるが、このように疑う人においては、睡眠と覚醒とをはっきり区別するどんな目印も見えてこないからである。

【解釈】

「はじめに感覚のうちになかったいかなるものも、知性のうちにはない」(『序説』VI, 37) という、よく知られたスコラの格率がある。それが示しているように、まず感覚によって得られた認識からはじめて、そこから次第に知的な概念を形成して行く、というのが伝統的な考え方であった。これに対してデカルトは、感覚や想像が確実な知識の基礎にはなりえないことを繰り返し主張することになる。ここでは、感覚的事物がそのまま存在するかどうか、感覚や想像力が捉えるものがそのとおりに実在するかどうか、が問題となっている。素朴な実在論が疑われるのはむろんのこと、第四部第196節の幻肢痛（ないはずの手が痛い）の例によれば、直接実在論も疑われていることが分かる。

感覚が誤るという場合、二種類ある。外的感覚の誤りについては、四角い塔が遠くからは丸く見える、太陽や星が見かけより小さく見える、水の中のオールが曲がって見えるなどの錯視の例がある。内部感覚の例としては、夢、幻肢痛、水腫症の患者が飲物を欲しがる、などが取り上げられている。デカルトは多くの箇所で、こうした錯覚の生理学的説明を試みている。もっとも、誤るのは感覚の知覚表象そのものではない。感覚に基づく判断（たとえば、感覚の対象が外界にそのまま存在するという判断）において誤謬の可能性があるということである。

睡眠と覚醒との区別とデカルトが言うとき、当時評判であったデ・カルデロンの戯曲『人の世は夢』*La vida es sueño*. 1635が念頭にあったかもしれない。眠っているときの知覚と目覚めているときの知覚を識別する手段がない、というのがいわゆる夢の仮説である。これにはカントの反論がある（『プロレゴーメナ』第49節）。しかしカントも、夢を見ている最中には夢の表象と現実とを区別できないであろう。『序説』はその区別の問題を棚上げしたまま懐疑を解除している。「第六省察」は区別の標識を、記憶の一貫性（生涯の出来事を矛盾なく結びつけうること）に求めているが、これは実践的な説明であっても理論的解明ではないと思われる。

【参照】

・「そういうわけで、われわれの感覚はときとしてわれわれを欺くがゆえに、感覚がわれわれに想像させるようなものは現実には何も存在しないのだと想定しようとした。…そして最後に、われわれが目覚めているときにもつあらゆる思想と同じものが、眠っているときにもわれわれに現れるが、その場合、真である思想は何ひとつない、ということを考えて、私は、かつて私の精神に入り込んでいたすべてのものは、私の夢のなかの幻想と同じくらい真ならざるものだ、と仮定しておこうと決心した。」（『序説』VI, 31-32）

・「感覚が時として欺くことがあるのを私は知っていたので、われわれを一度たりとも欺いたことがあるものには、けっして全面的な信頼を寄せないのが賢明というものである。…目覚めと眠りとを区別することができる確かな標識がまったくないことを私は明確に見てとって驚くあまり…。」（「第一省察」VII, 18-19）

・「次に、それらの観念が私の意志に依存しないとしても、だからといって、それらが私の外に置かれた事物から必ず出てくるということにはならない。…たとえば私が眠っているとき、それらの観念がいかなる外的事物の助けも借りずに、私のなかで形成されることを、これまで常に見てきたようにである。」（「第三省察」VII, 39）

・「目覚めているときに私が感覚していると信じていたもので、眠っている間にも、ときどき感覚していると思われえないものは何もない…。そして睡眠中に感覚していると思われるものは、私の外に置かれたものから私にやってくるとは信じられないので、［外からやってくるという］そのことを、なぜ目覚めているときに感覚していると思われるものについてむしろ信じるか、には気がつかなかったのである。」（「第六省察」VII, 77）

・「第一に、読者が、これまで自分の感覚を信頼してきた根拠がいかに薄弱であり、その上に築いたすべての判断がいかに不確実であるかに注意し、そのことを長くかつしばしば自ら思いめぐらすよう、そしてかくして、もはや感覚をあまり多く信用しない習慣を獲得するよう、要請する。というのも、このことは形而上学的事物の確実性を認識するために必要である、と私は判断しているからである。」（「諸根拠」VII, 162）

・「感覚がときには人をあざむくものであること、一度われわれをあざむいたものに対しては、つねに用心を怠らないのが当然だということを、知らない人はないのだからです。…君はいままで芝居において「自分は目がさめているのか、それとも夢をみているのか」という驚きの声をきいたことがありませんか。君の生涯が一つの連続した夢ではないということ、君が自分の感覚によって学ぶのだと考えているすべてのことが、いまのところは、君が眠っている場合のように虚偽なのではないということを、どうして君は確信することができるのですか。」（『真理の探求』X, 510-511）

・「この画がときとして、それの描き示す物自身にたいへん似ていることがあり、そのために、われわれの外にある対象に関係する知覚に関して、あるいはまたわれわれの身体のある部分に関係する知覚に関して、欺かれることがある…。たとえば、人が眠っているときにはしばしば、また目ざめているときにも往々にして、あるものを非常に強く想像し、そういうものはどこにも存在しないのに、それを自分の目の前に見ると思ったり、自分の身体において感じると思ったりすることがある。」（『情念論』a. 26）

5　なぜ数学の証明についても疑えるか。

また、われわれは以前にきわめて確実であるとみなした残りのものについても疑うことにしよう。すなわち、数学の証明についても、われわれが今まで自明のことと考えていた原理についても疑うのである。なぜなら、少なからぬ人たちがそれらのことがらにおいて誤りを犯し、われわれには虚偽と見えたことを最高に確実で自明であると認めていたことを、われわれはときとして見てきたからである。そして特に、全能で、われわれを創造した神が存在すると、われわれは聞いていたからである。

というのは、その神はもしかすると、われわれには最も明白と見えることがらにおいてさえも、いつも誤るようなものとして、われわれを創造するよう欲したかもしれないからである。なぜなら、こうしたことは、われわれがときとして誤ることを前から気づいているということに劣らず、ありえたと思われるからである。そして、もしわれわれが全能の神によってではなく、われわれ自身によって、あるいは他の何かによって存在するのだと想定するなら、われわれの起源の創始者[51]の力を弱いものとすればするほど、われわれがつねに誤るほどに不完全であるということは、それだけ多く信じられることになろう。

【解釈】

デカルトは確実性の探求の途上にあり、確実だと思っていたものを再吟味している。以前は確実だと思っていたが、あとになってみると確実でも明証的でもなかったということがあった(「第六省察」VII, 69-70)。そこで、ほんのわずかでも疑いをかけうるものはすべて偽とみなす、という誇張的懐疑の道を行くことになる。これ以上疑いえないもの、本当に確実なものを認識するまで歩みをつづけるのである。デカルトがここで提出している問題は、真に確実なものは何であるか、「確実である」とは何であるかという問題である。「確実である」certus esse とは何であるかという問題である。「確実である」とは単なる個人の信念でないとすると、そこにどういう条件が付加されれば真理になるか。真理とは正当化された信念 justified true belief というとき、正当化とは何か、という古典的な問題である。

若い時代のデカルトは数学の論証を「その理論の確実さと明らかさとのゆえに」(『序説』VI, 7)確信していた。「真理への正道を求める者は、数論や幾何学の論証に等しい確実性を獲得できない、いかなる対象にも携わってはならない」(『規則論』X, 366)とも言っている。だが学問の基礎を考えるに際して、今は数学的真理を形而上学的に検証しようとしている。では、数学のどこが疑えると考えたのか。『序説』では、数学的論証は真でもわれわれが数学において誤謬推理をなしうる、という点を疑っていた。だが、『省察』

や『原理』では、この節にあるように「欺く神」を根拠として数学の論証そのものを疑っている。それは、真理の成立を存在論的な起源に遡って吟味することである。ここに、他の哲学にあまり例をみない数学への懐疑が展開される理由がある。それは、少なくともトマスやユスタッシュには考えも及ばなかったことである。ただモンテーニュは、幾何学者の公理も絶対的な第一原理ではなく、一つの相対的な前提にすぎないとしている（『エセー』II-12）。

自明 per se notus とみなされていた原理を疑うとはどういうことか。この場合の原理とは、共通概念や公理のことと読める。たとえば「三角形の内角の和は二直角である」、「互いに等しいものに、互いに等しいものを加えると、それぞれの和は互いに相等しい」がそれであり、これらに注意を向けているときはその真を確信せざるをえない。だが、そうでないときは疑いうる（『原理』I-13）とされ、これらの公理は神が知られないうちは懐疑の射程に入ることになる。他方、「無からは何ものも生じない」、「同じものが同時にありかつあらぬことは不可能である」、「いったんなされたことは、なされなかったことにはなりえない」、「思惟するものは、思惟しているその間は存在せざるをえない」（同I-49）も立派な公理であるが、これらも同じく疑えるのであろうか。これらは人間の思考の基礎になる基本原理（それらは矛盾律や同一律に帰されるであろう）であり、それらを疑うことはその発話自体が論理的にナンセンスになる可能性があろう。こうした公理も疑えるとするなら論理的にどういうことになるのか、疑えないとするなら何を根拠として懐疑が免除されるのかは、なお問題であると思われる。

全能の神 Deus, qui potest omnia という論点をどう理解すべきか。「すべてをなしうる神があり、この神によって私はいま存在するようなものとして創造された」(「第一省察」VII, 21)。これは全能の神による世界の創造という世界観である。デカルトはこの世界観の下に、神は存在と同時にものの本質(真理)も自由に創造したと考える。いわゆる永遠真理創造説である(2+2=4が真であるのは神の意志によりそう定められたからであって、それが真であるから神がそのように定めたのではない)。この説を根拠として、全能の神が欺く神でありうる可能性を語っている。すなわち、神は本来善なるものと言われてはいるが、まだその存在も本質も確認されていない。したがって神が全能であるなら、私を誤らせようとすることもできるはずである。そこで、神はいつも誤るようなものとしてわれわれを創造するように欲したかどうか、という問題が正当化される。逆に言えば、われわれがわれわれの起源の創始者 originis nostrae author を知るまでは、どんなことについても確実ではありえない。これがデカルトの懐疑の根底にある信念である。

この節に対してライプニッツは、算術の計算では間違わないよう用心すべきではあっても、数学の証明において疑いはありえない(G. IV, 356)としている。

【参照】

・「幾何学の最も単純なことがらに関してさえ、推論を誤り、誤謬推理をなす人たちがいるのであるから、私もまた他の人と同じくらい間違いを犯しかねないと判断して、これまで証明とみなしてきた推理のすべてを、偽なるものとして投げ捨てた。」(『序説』VI, 32)

・「私の精神には、ある古い意見が刻みこまれている。すべてをなしうる神があり、この神によって私はいま存在するようなものとして創造された、という意見である。…私も二と三とを加えるたびに、あるいは四角形の辺を数えるたびに…、この神は私が誤るように仕向けたかも知れないではないか? しかしおそらく神は、このように私を欺くことを欲しなかったであろう。神は最善と言われているからである。だが、神がこのように私を常に誤るものとして創造したことが、神の善性に矛盾するなら、私がときどき誤ることを許しているのも、やはりその善性に適合しないと思われる。」(「第一省察」VII, 21)

・「私が現在あるようなものになったのは、あるいは運命に、あるいは偶然に、あるいは事物の連続した系列に、あるいは他の何らかの仕方による、とかれらが想定するとしても、誤るとか間違うということは何らかの不完全性であると思われるので、私の起源の作者を、より能力の劣ったものとすればするほど、それだけ私が不完全であり、私が常に誤ることが、ますます確からしくなるだろう。」(同)

・「もしかして何らかの神が、この上なく明らかであると思われるものにおいてさえも欺かれるような本性を私に与えることもできたはずだ…。」(「第三省察」VII, 36)

・「神の全能というこの先入の意見が私に生じるたびに、もし神がその気になれば、私が精神の目でこの上なく明証的に直観していると思うものにおいてさえも、私を誤らせることは神には容易であると認めざるをえない。」(同)

・「私が三角形の本性を考察する場合、…その三つの角が二直角に等しいということは、私にはきわめて明証的に現れ、その証明に私が注意しているかぎりは、それが真であると信じざるをえない。だが私が精神の目をそこからそらすや否や、たとえ私がそれをきわめて明晰に洞察したことをいまも記憶していても、私が神を知らないなら、それが真であるかどうかを疑うということが容易に起こりうるのである。」(『第五省察』VII, 69-70)

・「私の起源の作者を私はまだ知らないので、あるいは少なくとも知らないと仮定しているので、私には最も真であると見えるものについてさえも私は誤るように、自然本性上、作られていることを妨げるものは何もない…。」(『第六省察』VII, 77)

・「このうえなく明証的と思われることにおいてさえも誤るような自然本性が、もしかしてわれわれにあるのかもしれない…。」(『原理』I-30)

・「神は、谷なしに山があるようにはできなかったとか、1＋2が3でないようにできなかったとまでは、私はあえて言いません。ただ神は…［それらを］理解できないような精神を私に与えていて、それらは私の理解では矛盾を含むとだけ言っているのです。」(アルノー宛 1648.7.29. V, 223-224)

6　われわれは疑わしいものに同意を拒み、かくして誤謬を避けることができる自由意志をもっている。

しかし、結局われわれが何によって存在するのであろうと、それがいかに有能で、いかに欺くものであろうと、それにもかかわらず、われわれは自らのうちに次のような自由があることを経験している。つまり、明らかに確実ではなく吟味されていないものに信を置くことをつねにさし控え、かくしてわれわれがけっして誤らないよう用心することができる自由である。

【解釈】

このテキストには、懐疑が自由意志による行為だということが『省察』以上に明確に出ている。デカルトは若いころから人間が自由であるとの根本的認識をもっており、『思索私記』には「主は三つの驚異をなした。無からの創造、自由意志、神-人」(X, 218) というメモが残されている。したがって、人間が自由か否かは問題ではなく、すでに自由は経験されている。人間は本来自由な存在であり、自由意志を有する点で神と肩を並べる(「第四省察」VII, 57) とまで言われる。では人間の自由の本質はどこにあるか。『省察』の段階では、自発性 spons の自由に人間的自由の本質があるとされた。非決定 indifferentia の自由は最低段階の自由であり (同58)、それは人間の自由の本質に属さない (「第六答弁」VII, 433) と述べられている。しかし後のメラン宛書簡 (1644.5.2. IV, 118 ; 1645.2.9. IV, 173) や『原理』(I-39, 41) では、非決定の自由の方が逆に評価されている。懐疑における自由意志、非決定の自由の主張というこの点で、このテキストには『省察』にはなかった新たな思想の展開があるとも読める。なお、スコラの伝統では、人間における意志の自由は当然のこととされていた。ユスタッシュも非決定の自由について、「われわれは多くのことをしたりしなかったりする自由を経験している」(SP. II, 49第四問題「自由裁量が問題になるところでは、いかにして自由意志が行為の原理になるか」)としている。

もっとも、ここで自由を経験しているといっても、自発的な意志決定といったもののしいものではない。その意味は、人は疑わしいものについて同意を拒否することができ、かくして誤謬を避ける自由があるということであろう。ノーと言える自由があることである。懐疑における「自由」は、『序説』や『省察』本文にはたしかに見当たらない。理性がそうさせるという表現があるのみである。「理性ratioがすでに説得しているところによれば、まったく確実で疑いえないわけではないものに対しても、明らかに偽であるものに対するのと同じく注意して、同意をさし控えるべきである…」(「第一省察」VII, 18)。しかし懐疑の遂行が自由意志による手続きであることは、次の引用からも明らかであろう。「この省察に頑強に固執してとどまろう。かくして、何か真なるものを認識することが私の能力のうちにはないとしても、しかし、少なくとも偽なるものに同意しないことは私にできるのであり、この欺き手がいかに力があろうと…、私に何も押しつけることができないよう、決然とした精神でもって用心するであろう」(同23)。自由という言葉こそ使用されていないが、『省察』においても懐疑は自由意志による営為であることが暗示されており、「概要」には懐疑における「自由」が明言されている（同12）。

【参照】

・「精神はもち前の自由を駆使して、その存在が少しでも疑いうるものはすべてこれを存在しないと想定するが、しかしみずからはその間存在せざるをえないことに気づく。」（『省察』「概要」VII, 12）

・「理性がすでに説得しているところによれば、まったく確実で疑いえないわけではないものに対しても、明らかに偽であるものに対するのと同じく注意して、同意をさし控えるべきである…。」（「第一省察」VII, 18）

・「それがお気に召さぬなら、それなら、あなたは自由であることを拒まれたらよいでしょう。この私は少なくとも、それを私のうちにおいて私は経験しています…。」（「第五答弁」VII, 377）

・「しかし、われわれの意志のうちに自由があり、多くのものに同意することもしないことも任意にできることはきわめて明白であるので、それは、われわれにおいて生得的な、第一の、最も共通的な概念のうちに数えられるべきである。そして、このことが最も明らかになったのは、すこし前にわれわれがすべてのことをつとめて疑い、われわれの起源の創始者である何か最も力のあるものがいて、あらゆる仕方でわれわれを欺こうと努力している、と想定するにまで及んだときであった。なぜなら、それにもかかわらず、われわれは、十分に確実でなく吟味されていないものに信を置くことをさし控えることができるという、この自由をわれわれのうちに経験したからである。」（『原理』I-39）

・「われわれは、われわれの自由意志に対しては、他のいかなる原初的概念に対してと同様に確信するというのは正しいことです。というのは、それは真実にそうした概念の一つだからです。」（メルセンヌ宛

1640.12. III, 259)

7　われわれが疑っている間われわれが存在するということは、疑われることはできない。そして、これは順序にしたがって哲学する際に、われわれが認識する最初のものである。

しかし、こうして何らかの仕方で疑うことができるものについて、そのすべてを拒否し、それを偽であるとさえするならば、たしかに、神もなく天も物体[52]もないと容易に想定できるであろうし、また、われわれ自身が手も足ももたず、最後には身体ももたないとさえ容易に想定できるであろう。しかし、だからといって、そのように思惟しているわれわれが無であると想定することはできない。なぜなら、思惟しているものが、思惟しているまさにそのときに存在しないとみなすことは矛盾しているからである。したがって、「われ思惟す、ゆえにわれあり」ego cogito, ergo sum[53] というこの認識は、すべての認識のうちで、順序にしたがって哲学する人ならだれもが出会う、最初の最も確実な認識である。

【解釈】

偽であるとする fingo、想定する suppono と言われているように、デカルトの懐疑は、ものごとが実際に疑えるというのではなく、あくまでそれは想定であり仮定である(「第五答弁」VII, 349)。それはまさに方法的懐疑であって、確かなものを見いだすための仮の手段である。デカルト自身、それは天文学における赤道や、幾何学における補助線のような役割だとしている(同350)。また「懐疑や確実性は対象に内在し続ける性質proprietasではなく、対象に対するわれわれの認識の関係relatioと考えるべきである。いったん疑わしいとわれわれが認識したものが、二度と確実なものとなしえないわけではない」(「第七答弁」VII, 473)とも言われる。つまり、最初は仮に疑ってみるが、時がくればいつでも認識関係は変更可能である。懐疑は最初からガッチリと型にはめられたハードなものではなく、解除される可能性をもったソフトなものと理解されている。

懐疑の対象となるものとして、神、物体的世界(一般者)、われわれの身体(個別者)が挙げられている。当時のスコラの考えによれば、存在のすべては神、一般存在、特殊存在の三者によって構成される。デカルトはこの順序にしたがって記述していることになる。ともあれデカルトは、懐疑という思考実験によって外界のすべてを無nihilと想定している。『省察』では精神さえも無と想定されている(「第二省察」VII, 25)。

「思惟しているものが、思惟しているまさにそのときに存在しないとみなすことは矛盾である」という命題に注目しよう。矛盾であるrepugnoと言われる場合、一体何に矛盾するのか。「思惟しているものは、思惟している間は存在せざるをえない」という公理(『原理』I-49）に矛盾する。『序説』のことばで言えば「考えるためには存在しなければならない」（VI, 33）に反する。この公理に抵触するものすべては、存在論的に不整合であると考えられる。そして、この命題を媒介にして「コギト・エルゴ・スム」が導出されるとしている。これは、コギトの存在理由を論理的側面から分りやすく説明したものと読める。同じ観点から、「第二答弁」も「かれの存在を、むしろかれは自分自身のうちにおいて、存在するのでないかぎりは思惟するということはありえない fieri non posse ut cogitet, nisi existat と経験することから、学び知る」（VII, 140）と解説している。そこまで踏み込んだ記述は他のテキストにあまりない。『序説』は「すべてを偽であると考えようとしている間も、そう考えている私は必然的に何ものかでなければならない」とするのみである（VI, 32）。『原理』の形而上学には、先述した一人称複数の使用だけでなく、コギト命題の教科書的説明など、独自のプレゼンテーションがあると言えよう。

ただ一つ問題があるかもしれない。この記述からすれば、直観によって得られたはずのコギトが、実は矛盾律を媒介にして推論的に得られた認識であるということになる。すると「最初の最も確実な認識」（それは「私が捜していた哲学の第一原理」（『序説』VI, 32）のことであると解釈できる）はコギトよりも矛盾律だということになり、しかも矛盾律は懐疑の射程に入っていた可能性がある。この問題に対しては、「第一原理」には二つの意味があることに注意すべきである。すなわち、第一に、そこからすべてのものの存在が証明される自明で一般的な公理である。第二に、他のどんなものよりもよく知られ、他のものを知る原理となるものである。精神の存在が第一原理であるとは、後者の意味においてである（クレルスリエ宛1646.6または7. IV, 444）。そして、ものがア・プリオリに見いだされた仕方を教える分析analysisの途（「第二答弁」VII, 157）にしたがえば、最初に出会われるのは一般的な認識ではなく、つねに特殊的知識である（「第五反論について」IX-1, 206）。コギトがまず先に私において直観され、しかる後にそれを説明する媒介項として一般的公理（矛盾律）が用いられていると解される。そのかぎり矛盾律が疑われているか否かはコギトの発見にはかかわりがない。やはりコギト命題は「最初の最も確実な命題である」と言えよう。第10節を参照。

以上で、デカルトの形而上学の最初の路線（懐疑からコギトの発見まで）が明らかにされたことになる。この路線は既存のスコラのテキストには見られないデカルト独自のスタイルであったであろう。当時の人の目には、それはスコラよりも古代懐疑論に近いものと映ったかもしれない。ちなみにユスタッシュの『哲学大全』には、懐疑やコギトという表現は見当たらない。

この節についてライプニッツは、「私はある」と「さまざまな事物が私によって思惟される」という二つの原理がある。それゆえ、ただ私はあるだけでなく、私はさまざまな仕方で作用を受けることになる（G. IV, 357）とコメントしている。

【参照】

・「かくてすべての人は、自らが存在すること、自らが思惟することを…精神をもって直観することができる。」(『規則論』X, 368)

・「このようにすべてを偽であると考えようとしている間も、そう考えているこの私は必然的に何ものかでなければならないことに気がついた。そして、「私は考える、ゆえに私はある」というこの真理はたいそう堅固で確実であって、懐疑論者のどんな法外な想定をもってしても揺るがせられないと認めたので、私はこの真理を、私が捜していた哲学の第一原理として、ためらうことなく受けとることができると判断した。」(『序説』VI, 32)

・「そして、「私は考える、ゆえに私はある」という命題において、私が真理を語っていることを私に保証しているものは、考えるためには存在しなければならないということを、私がきわめて明晰に見ていること以外には何もないことに気づいたので…。」(同 33)

・「私は、世界にはまったく何もなく、天も地も精神も物体もないと、自分に説得した。それゆえ私もまた存在しない、と説得したのではなかったか？　いや、そうではない。私が自分に何かを説得したのなら、たしかに私は存在したのである。しかし、何か最高に有能で狡猾な欺き手がいて、私を常に欺こうと工夫をこらしている。それでも、かれが私を欺くなら、疑いもなく私もまた存在するのである。…「私はある、私は存在する」という命題は、私がそれを言い表すたびごとに、あるいは精神で把握するたびごとに、必然的に真である…。」(「第二省察」VII, 25)

・「それはいかなる三段論法よりしても結論されることのないある種の第一の知見であります。また、誰かが「この私は思惟する、ゆえに私はある、あるいは存在する」ego cogito, ergo sum, sive existo と言う場合には、かれは存在を、思惟から三段論法によって演繹するのではなくて、あたかも自ずから知られた事物として精神の単純な直観によって認知するのです。そのことは、存在を三段論法によって演繹するというのであれば、かれはそれよりも先に「思惟するところのものはすべてある、あるいは存在する」illud omne, quod cogitat, est sive existit というこの大前提を知っていなければならなかったということになろう、ということから明らかであります。けれども、むしろかれはまさしくかれの存在を、かれ自身のうちにおいて、自分が存在するのでないかぎりは思惟するということはありえない fieri non posse ut cogitet, nisi existat と経験することから、学び知るのです。というのは、一般的な命題を特殊なものの認識から形づくるということ、それがわれわれの精神の本性であるからです。」(「第二答弁」VII, 140–141)

•「ユードクス　それでは申しますが、君は自分が疑っているということを否定できず、反対に、君が疑っているということは確実であり、それも、そのことを君自身疑いえないほどに確実なのであるから、疑っているところの君が存在するということもまた真実であります。しかもそのことは、君がそのことをもはや疑うことができないほどに真実なのです。／ポリアンドル　この点では、私は君に同意します。なぜなら、もし私が存在しないとすれば、私は疑うことができないでしょうから。／ユードクス　それゆえ、君は存在し、自分が存在することを知っており、しかもそのことを知っているのは、君が疑っているからなのです。」(『真理の探求』X, 515)

•「「われ思惟す、ゆえにわれあり」というこの命題の真理は…、あなたの推論のなせるわざでも、あなたの先生が教育を介して与えた知識でもありません。あなたの精神がそれを見、感知し、駆使するのです。…この命題は、あなたにとっては、神から直観的知識 connaissance intuitive を受け取ることができるとい

う、われわれの魂の能力の証なのです。」（ニューキャッスル宛 1648.3-4. V, 138)

8 精神と物体との区別、すなわち思惟するものと物体的なものとの区別が、ここから認識される。

そして、これが精神の本性、および精神と物体との区別を認識するための最上の道である。というのは、われわれとは異なるものをすべて虚偽であると想定するところの、このわれわれ[54]がいったい何であるかを吟味するなら、いかなる延長も形も場所的運動も物体に帰されるべき同様のものも、われわれの本性に属することはなく、ただ思惟のみがわれわれの本性に属する、ということがはっきり分かるからである。したがって、思惟はいかなる物体的なものよりもより先に、より確実に認識される。というのは、われわれは思惟についてはすでに認識したのであるが、しかし他のもの[55]についてはまだ疑っているからである。

【解釈】

スコラにおいて区別 distinctio は重要な問題であった。ユスタッシュにおいては、SP. IV, 80以下で「同一と区別」が論じられている。スアレスも *Disputationes Metaphysicae*

第一部第七討論において「区別のさまざまな種類」を、スコトゥスを引いて論じている。ジルソンは、デカルトの区別の議論はスコトゥスに基づくと考証している（Gilson, *Index*. p. 87）。デカルトも第60節以下で三つの区別を詳論し、心身の区別は「実在的区別」であることを明らかにしている。精神と物体（身体）との区別が、デカルト形而上学の重要なテーマであることは言うまでもない。戦略的にはコギトの存在よりもむしろ心身の区別に力点があった、とも言える。実際、『省察』第二版のサブタイトルは「神の存在、および人間精神と身体の区別が証明される」であった。パスカルもその点を知っていたようである。パスカルはデカルトが「われ思惟す、ゆえにわれ在り」という「この言葉のうちに、物質の性質と精神のそれとの区別を証明する、一連のすばらしい結論を認め、そこから全物理学の強固で持続的な原理を作り出した」（『幾何学的精神について』第二部）と称えている。

心身の区別の他に、デカルトには心身合一というもう一つの立場があった。「第六省察においては…精神が身体から実在的に区別されることが論証される。にもかかわらず、精神は身体と緊密に結合されており、身体といわば一なるものを構成していることが示される」（『省察』「概要」VII, 15）。すなわち、理論において心身は二元論的に区別されるが、実践的には心身は一つであり、「精神は、水先案内人が船に乗っているように身体に宿っているだけでは…十分ではない」（『序説』VI, 59、「第六省察」VII, 81）と強調されている。

ただ『原理』では、なぜか区別ばかりが表面に出され、合一の話は第二部第2節になってようやく、しかもごく短く取り上げられるのみである。心身の合一という問題はあまり意識されていないし、その必要がないと考えられていたのであろう。

「われわれとは異なるdiversusものをすべて虚偽であると想定する」のも、懐疑の一形態である。われわれの本質は精神であり、それと異質なものをすべて排除するのである。たとえば、物体に固有の属性としての第一性質（延長、形、運動）は、精神とは根本的に相容れないものとして拒否される。そして最終的には、精神は物体的なものを一切含まず、物体には精神的なものの僅かな影もあってはならないという、厳密な心身二元論に向かって行く。しかし、なぜ精神は物体的なものよりも「より先に、より確実に」prius & certius に知られるのか。「第二省察」のタイトルでも、精神は物体よりも「よりよく知られる」notior とされていた。その理由は、精神の本性は思惟（意識）にあるので、自分の意識は内的に直接に知られているからである。物体の認識は本質的に二次的である。自意識の直接的な明証性によって、精神（意識）の認識は物体の認識につねに先行すると考えられる。しかし他方で、精神や意識というよく分からないものよりも、物体の方がよりよく知られ、より確実だという立場もありうる。ガッサンディに代表される感覚主義への反論が、いわゆる「蜜蠟の比喩」（「第二省察」VII, 30-34）になっているが、『原理』にはそこまで立ち入った分析はない。

この節についてライプニッツは批判的である。「次のように推論することは無効である。すなわち、私はいかなる物体的なものも存在しないと想定あるいは想像できるが、私は存在しないあるいは思惟しないとは想像できない。それゆえ、私は物体的なものではないし、物体の様態とも考えられない、と」(G. IV, 357)。

【参照】

・「そこから、私は次のことを知った。私とは一つの実体であって、その本質つまり本性はただ考えることのみであり、その実体が存在するためには、いかなる場所も要らないし、いかなる物体的なものにも依存していないこと。したがって、この「私」、すなわちそれによって私が私であるところの精神は、物体から完全に区別されており、またそれは物体よりも知られやすく、たとえ物体がないとしても、精神はやはり精神でありつづけるであろうことを知った。」(『序説』VI, 33)

・「精神と身体が把握される場合のように、異なる実体として明晰判明に把握されるものはすべて、実際に互いに実在的に区別された実体である…。このことは第六省察において結論される。」(『省察』「概要」VII, 13)

・「一方で私は、私が延長するものではなく単に考えるものであるかぎり、私自身についての明晰判明な観念をもっており、他方で身体が考えるものではなく単に延長するものであるかぎり、身体の判明な観念をもつのであるから、私が、私の身体から実際に区別され、身体なしにも存在しうることは確実である。」(「第六省察」VII, 78)

・「二つの実体は、一方が他方なしに存在しえるとき、実在的に区別されるといわれる。」(「諸根拠」VII, 162)

・「精神と身体とは実在的に区別される。…われわれは精神すなわち考える実体を、物体［身体］なしに、すなわちある延長した実体なしに、明晰に認識する（要請二より）。逆に、物体を精神なしに（すべての人が容易に承諾するように）認識する。それゆえ、少なくとも神の力によって、精神は身体なしに、また身体は精神なしにありえる。ところで実際は、その一方が他方なしにありえる実体は、実在的に区別される（定義十より）。しかるに、精神と物体とは実体であり（定義五、六、七より）、その一方は他方なしにありえる（いま証明されたように）。それゆえ、精神と身体とは実在的に区別される。」（同 169-170）

・「実のところしばしば私は、精神が身体とは別のものであることを認識するための基準、つまり、心の全本質は、それが思惟するということに存するが、物体の全本質はしかし、延長的な事物であるということに存する、ということ、また思惟と延長との間には共通するものが全く何もないということ、を提示しました。」（「第五答弁」VII, 358)

・「各人が自分が思惟するものであることを理解し、思惟する実体であれ延長をもつ実体であれ、他のすべての実体を思惟によって自分自身から排除することができるだけで、そのようにみなされた各人はすべて、他のすべての思惟する実体からも物体的実体からも実在的に区別されることは確かである。」（『原理』I-60)

・「われわれが精神と身体との二つの本性を異なるものとして明晰判明に理解するという、ただそれだけのことから、われわれは両者が真に異なるものであることを認識するのです。したがって、精神は身体なしに思惟することができることを認識します。」（某宛 1638.3. II, 38)

・「私の「われ思惟す、ゆえにわれあり」と若干関係がありますす聖アウグスティヌスの文章をお知らせ下さいましてありがとうございました。…それに反して、私は、思惟するこの「私」というものは、非物質的な実体であり、なんら身体的なところをもっていないということを知らしめようとして、こうした言葉を用いたのです。」（コルヴィウス宛 1640.11.14. III, 247-248）

・「あなたは、思惟がいかなる延長をも含まない実体の属性であり、反対に、延長はいかなる思惟も含まない実体の属性であることを認めることから、あなたは思惟する実体は延長する実体とは区別されることもまた認めなければなりません。」（レギウス宛 1642.6. III, 567）

・「しかし、私はこの観念は精神というものを、たとえ身体に属するすべてのものがそのなかから排除されているとはいえ、なお存在しうる一つの実体として私に表していると言うのです。そこから私は積極的な議論を導き出し、精神は身体なしに存在しうるものであると結論しています。」（メラン宛 1644.5.2. IV, 120）

9　思惟とは何であるか。

思惟という語で私が理解しているものは、われわれが意識しているときにわれわれのうちで生じており、しかもその意識がわれわれのうちにあるかぎりの、すべてのものである。[56]それゆえ、知性で認識すること、欲すること、想像することだけでなく、感覚することもまた、ここでは思惟することと同じである。というのは、もし私が「私は見る、あるいは私は歩く、ゆえに私はある」と言い、そして、これを身体によってなされる視覚作用または歩行のことと理解するならば、結論は絶対に確実ではない。なぜなら、夢においてしばしば起こるように、たとえ目を開けず場所を動かないとしても、そしてまたおそらくは、いかなる身体をもっていないとしても、私は見たり歩いたりしていると思うことができるからである。しかし、見たり歩いたりする感覚そのもの、あるいはそうした意識のことと理解するなら、結論はまったく確実である。なぜなら、このときそれは精神に関わるのであり、そしてまた、精神だけが、自分が見たり歩いたりすることを感覚する、すなわち思惟するからである。

【解釈】

思惟 cogitatio とは何であるか。「懐疑とは何か、思惟とは何かを知るためには、疑ったり考えたりするだけで十分なのです」(『真理の探求』X, 524)。それは定義するまでもなく、それ自身によって知られる(第10節)という考え方もある。だが、ここではそのことばの定義が試みられている。「思惟」は意識内容や意識作用の全体を指す広範な概念となっている。ちなみに「観念」は思惟の形相と定義される(「諸根拠」VII, 160)。ところでデカルトは、「思惟するもの res cogitans としての精神のうちには、精神がそれについて意識していない non conscius ものは何もありえない」(「第四答弁」VII, 246)という理解を当然のこととする。「精神の本質は思惟によって構成されるので、精神はつねに現実的

actu に思惟していなければならない」（アルノー宛1648.6.4. V, 193）。精神内のものはすべてつねに明確に意識され、意識されない思惟は現実的には存在しないのである。ただ、精神の作用 operatio はつねに現実的に意識されても、精神の能力 facultas はつねに現実的にものを意識している必要はなく、いつでも意識できる状態にある、つまり潜勢的 potentiâ にある（「第四答弁」VII, 246）ということで十分である。この点で、デカルトは意識にのぼらない思惟すなわち無意識を認めていることになる。

思惟が知性や意志の作用だけでなく、感覚や想像の作用も含めた精神作用の全般を指す、ということも論点の一つである。「思惟するものとは、…疑い、理解し、肯定し、否定し、欲し、欲さず、また想像し、感覚するものである」（「第二省察」VII, 28）とされるが、想像と感覚の作用を「思惟」に含めることにどういう意図があるであろうか。想像されたものや感覚されたものは虚偽かもしれない。だが、想像力そのものは私の意識において真であるし、感覚していること自体は意識の事実として疑えない。感覚や想像の対象は無でありえても、思惟様態 modus cogitandi として私のうちに確かにある。このことを言いたいのであろう。それは『省察』の文脈で考えれば、「第三省察」における神の存在証明への伏線（そこでは思惟様態としての観念が問題になる）と考えられる。あるいは「第六省察」への布石とも読める。すなわち「第六省察」のはじめで再び想像と感覚が論じられ、最終的には、私は知性と意志のみからなるのではなく、想像や感覚をもってこの世界を生きているという主張がなされるが、それへの布石になっているのかもしれない。もっとも、想像や感覚がものごとの真の認識をもたらすわけではない。物体の何たるかは感覚や想像によってではなく知性によって知られ、私の知性作用なしには感覚や想像の能力は理解できない（「第六省察」VII, 78）。しかし、『原理』の範囲内では、こうした細かい意図を見通すことは困難である。

「われ歩く、ゆえにわれあり」ego ambulo, ergo sum に関しては、ガッサンディの反論が背景にある。ガッサンディはデカルトの論理は「いかなるものであれ活動するものは存在する」ということであろうとした（「第五反論」VII, 259）。それに対してデカルトはホッブズに対して出した例（「第三答弁」VII, 174）を想起しながら、「私は歩く、ゆえに私はある」とは言えないと断じた。なぜなら、歩くという身体的行為は夢の中でも生じる（実際は歩いていない）ことがあるので、疑いの余地があるが、しかし歩いていると感覚することと自体は（かりに歩いていないにせよ）意識の事実であるので疑えないからである。それゆえ、身体の運動についてではなく、歩いているという思惟（意識）を介してのみ sum が帰結することになる（「第五答弁」VII, 352）。「私は呼吸する、ゆえに私はある」（某宛1638.5. II, 37–38）についても同様のことが言えよう。

【参照】

・「意志すること、理解すること、想像すること、感覚することなどは、まさに思惟することの異なる様式であり、すべて精神に属するのです。」(メルセンヌ宛 1637.5. I, 366)

・「省察することや意志することだけでなく、見ること、聞くこと、ある一つの行動へと決定することの働きもまた、それらが精神に依存するかぎり、すべて思惟なのです。」(某宛 1638.3. II, 36)

・「『私は呼吸する、ゆえに私はある』とある人が言ったとして、もしその人が、存在することなしに呼吸することはできないということから自分が存在することを証明しようというのであれば、その人は何も証明していないのです。…しかしその人が、自分は呼吸していると感じているということや、そのような信念を抱いているということから、自分が存在することを証明しようというのなら…その証明は適切なものです。」(同 II, 37-38)

・「この私は想像する私と同じ私でもある。というのは、私が想定したように、想像されたものはどれもみな真ではないということがおそらくあるのにせよ、しかし想像する力そのものは実際に存在しており、私の意識の部分をなしているからである。」(「第二省察」VII, 29)

・「明らかに私はいま光を見、喧騒を聞き、熱を感じているが、私は眠っているのだから、これらは虚偽である。しかし見ている、聞いている、熱くなっているとたしかに思っていること、このこと自体は虚偽ではありえない。これこそ本来、私において感覚すると呼ばれていることである。そしてこのように厳密な意味では、これは考えることにほかならない。」(同)

・「思惟 cogitatio という語には、われわれがそれを直接に意識しているという仕方で、われわれのうちにあるすべてのものが含まれる。かくして、意志、知性、想像力、感覚のすべてのはたらきは思惟である。」

(「諸根拠」VII, 160)

・「たとえば、「私は歩く、ゆえに私はある」、ということは、歩行することの意識が思惟であるというかぎりにおいてでなければ、推断することは許されません。ひとり思惟についてのみこの推断は確実でありますが、身体の運動についてはそうは行きません。[なぜなら] 夢のなかではときとして私には [自分が] 歩いていると思われるその場合にも、しかしまた、いかなる身体の運動も [実際には] ないということがあるのです [から]。かくして、私が私は歩いていると考えるというそのことからは、りっぱに私はそう考えているところの精神の存在を推断することはできますが、しかし歩いているところの身体の存在を推断することはできません。」(「第五答弁」VII, 352)

・「私の論じているのは、[身体的] 器官の介助によって生ずる視覚や触覚についてではなく、見ることおよび触れることの思惟―こうした思惟にとってそうした器官は要求されないということを毎日夢のなかでわれわれは経験しています―についてのみであったということ…。」(同 360)

10 最も単純で自明なものは論理学の定義によってさらに不明瞭にされる。そうしたものを学問によって獲得された認識のうちに数えるべきではない。

ここで私は、私がすでに使い、またこれから使用することになる他の多くの用語については、十分に自明であると思われるので説明しないでおく。そして私は、哲学者たちが最も単純で自明であるものを論理学の定義によって説明しようと努めた点で、誤っていることにしばしば気づいた。なぜなら、かれらはこのようにすることで、それらを逆に不明瞭にしたからである。それゆえ、「われ思惟す、ゆえにわれあり」というこの命題は、順序にしたがって哲学する人ならだれもが出会うすべての命題のうちで、最初の最も確実な命題であると私が言ったとき、だからといって、それ自身に先だって「思惟とは何であるか」、「存在とは何であるか」、「確実性とは何であるか」や、同様に「思惟するものが存在しないということはありえない」などを、知っておく必要があることを否定しなかった。しかし、これらは最も単純な概念であり、それらだけではいかなる存在する事物の知識をも示さないので、数えあげるまでもないと思ったのである。

【解釈】

それ自身で自明なことは、それ以上定義できないし、論理的に定義しようとすればかえって曖昧になるという主張である。たとえば「運動」や「真理」がそうである。それが自明である理由は、それが各人の精神に生まれつきア・プリオリにあると考えるからである。「真理とは何であるか」は、経験的に形成される知識ではない。それは「超越論的に明らかな概念」であり、生得的に知られる単純な概念である。論理学の定義は真理の理解に何ら寄与しない（メルセンヌ宛 1639.10.16. II, 597）。同じことが思惟や存在についても言えるとする。そうした自明的な知は原初的概念 notion primitive とも呼ばれる。それ自身は自明で、それを元にして他の知識が形成される原型となるからである（エリザベト宛1643.5.21. III, 665）。またパスカルも、定義するまでもない自明で原初的な語mot primitifがあるとして、空間、時間、運動、数、人間、光、そして存在を例にあげている（『幾何学的精神について』第一部）。

「思惟するものが存在しないということはありえない」Fieri non possit, ut id quod cogitet non existat という命題にはさまざまなヴァージョンがある。それは「思惟するものが、思惟しているまさにそのときに存在しないとみなすのは矛盾する」（第7節）、「思惟するものは、思惟している間は存在しなければならない」（第49節）、「存在するのでないかぎりは、思惟するということはありえない」Fieri non posse ut cogitet, nisi existat（「第二答弁」VII, 140）などと等価であろう。それを一般化したものが「思惟するところのものはすべてである、あるいは存在する」Illud omne, quod cogitat, est sive existit（同）、「考えるためには存在しなければならない」Pour penser, il faut être（『序説』VI, 33）であり、以上のすべては「無からは何も生じない」Ex nihilo nihil fit（第49節、「第三省察」VII, 40）に還元されるだろう。なお、スコラのユスタッシュにおいても「何であれあるものは、それがある間はあらねばならない」という原理が挙げられている（SP. IV, 27-28 第一問題「それらの諸原理とはなにか」）。

コギト命題と公理との認識論的な関係が問題である。『省察』の記述にしたがえば、はじめにコギトが直観されている。特殊的な認識としてのコギトの方が、一般的な認識（公理）よりも先に知られる。「一般的な命題を特殊なものの認識から形づくるのが、われわれの精神の本性である」（「第二答弁」VII, 140-141）。しかるに『原理』では、公理をコギト命題に先んじて知っておかねばならぬことを否定していない。それを説明するのが【参照】にも掲げた『ビュルマンとの対話』である。「思惟するものが存在しないということはありえない」という公理が、大前提としてコギト命題に先行することは認める。ただ、それはインプリシット（潜在的）に先行してはいても、つねにエクスプリシット（顕在的）にその先行が認識されているわけではない、と。潜在的・顕在的という区別はデカルトが窮地に陥った際にしばしば用いられる弁明である。要するに、認識の順序として、コギトは大前提の認識なしに最初に直観されるが、その後で論理的に分析し直してみると、コギトは一般的原理から暗黙裏に演繹されていたことが分かる、ということであろうか。だが「第二答弁」によれば、私の存在は「存在するのでないかぎりは思惟するということはありえない」と自らにおいて経験することから知られる。つまりコギトは、一般的な大前提から演繹されたものではなく、特殊的に私のうちで経験される公理によって知られる第一の知である（VII, 140）。すると、公理はコギトのなかにあらかじめ織り込まれているようにも読める。

問題はなお残されていると思われる。そもそも公理に関して特殊的と一般的という区別が有意味なのか。特殊的な公理とコギトとの関係はどうなっているのか。原理の知principiorum notitia と結論の知識 scientia conclusionum は異なるとされるが（「第二答弁」VII, 140）、原理の知（公理はその例である）が懐疑を免れるとするなら、何を根拠としてそれは確実とされるのか、などである。

【参照】

・「単純本質は、それ自身で充分よく知られるものである…。多くの場合、学者たちははなはだ器用にも、それ自身で明白で、無学者も知っているはずのことがらでさえ、分からなくする方法を発見しているのが常である。それ自身で知られる事物を、さらに明白な何ものかによって、かれらが説明しようと試みるとき、いつもそういう破目になる。そのときかれらは何か別のことを説明するか、もしくはまったく何も説明しないかであるから。…こうした事物［場所とは何か、運動とは何か］は、決して定義によって説明すべきものではない。なぜなら、それでは単純なものの代わりに複合物を捉えることになるから。」（『規則論』X, 426）

・「誰かが「この私は思惟する、ゆえに私はある、あるいは私は存在する」という場合には、かれは存在を、思惟から三段論法によって演繹するのではなくて、あたかも自ずから知られた事物として精神の単純な直観によって認知するのです。そのことは、存在を三段論法によって演繹するというのであれば、かれはそれよりも先に「思惟するところのものはすべてある、あるいは存在する」というこの大前提を知っていなければならなかったということになろう、ということよりして明らかであります。」（「第二答弁」VII,

140）

•「なるほど、［あらかじめ］「思惟とは何であるか、また、存在とは何であるかということを知っているのでなければ、何びとも、自分が思惟していることも、また、自分が存在していることも確知しえない」ということは真実です。が、だからといって、このためには反省された、あるいは論証によって獲得された知識が要求される、というわけではありません…。」（『第六答弁』VII, 422）

•「「私は考える、ゆえに私はある」という結論の前に、「すべて考えるものはある」という大前提を知ることができます。なぜなら、事実この前提は私の結論より先にあり、私の結論はそれにもとづくからです。こういうわけで『原理』では、著者はこの大前提が先立つと言っています。もとより、暗黙のうちに implicite いつでもそれが前提されており、それが先立っているからなのです。しかしだからといって、いつでもはっきりとあからさまに expresse et explicite それが先立つことを私が認識したり、自分の結論より先に知ったりするわけではありません。」（『ビュルマンとの対話』V, 147）

•「「私は考える、ゆえに私はある」という推理の真なることを完全に確信するに先立って、懐疑とは何か、…思惟とは何か、存在とは何かを知らねばならぬという点では、エピステモン、私は君と同意見です。けれども、それらを知るためには、われわれの精神に暴力をふるい迫害を加えて、それらおのおのの最近類と種差とを見つけだし、この両者から真なる定義を合成する必要がある、などと考えてはならないのです。…われわれが定義しようとすれば、かえっていっそうわかりにくくしてしまうようなものがいくつかあるのです。というのは、それらはきわめて単純できわめて明晰であるため、それらについては、それら自身によって認識し理解するにしくはないのだからです。」（『真理の探求』X, 523-524）

•「これらのもの［存在、懐疑、思惟］は、それ自身によってでなければ知られえず、それらについては、われわれ自身の経験や、各人がそれらを検討するときに自らのうちに見いだすところの、意識すなわち内

的証言によってでなければ、納得することができないのです。」(同 524)

- 「懐疑とは何か、思惟とは何かを知るためには、疑ったり考えたりするだけで十分なのです。こうすることが、われわれに、その点についてわれわれの知りうることをすべて教えてくれるのであり、どんなに正確な定義よりも、はるかに多くのことを示してくれさえするのです。」(同)
- 「真理とは、それを知らずにいることが不可能であるほど、超越論的に明らかな概念です。…その言葉の本質を知る助けとなるどんな論理的定義も与えることはできません…。形、大きさ、運動、場所、時間など、きわめて簡単で自然に理解されるような他の事物に関しても同様です…。」(メルセンヌ宛 1639.10.16. II, 597)
- 「「事物とは何であるか」「思惟とは何であるか」をわれわれは知らないというようなことを、私は決して認めません。そのことを人々に教える必要があるということも認めません。それはあまりに自明なことですから、それをさらに明らかにしようとしても何の役にも立たないでしょう。」(某宛 1641.8. III, 426)
- 「われわれのうちにはある種の原初的概念 notion primitive があります。それがいわば原型になり、それを型としてわれわれはすべての他の認識を形成していると考えます。そうした概念はきわめてわずかしかありません。というのは、まず存在、数、持続など、われわれが理解することができるものすべてに適合する最も一般的な概念があります。それに次いで、個々の身体についてわれわれは延長の概念を持つのみです。そこから形や運動の概念が出てきます。精神のみについてわれわれがもっている概念は、思惟だけです。思惟のうちには、知性の認識や意志の傾向が含まれています。最後に、精神と身体とを合わせたものについては、われわれは合一の概念しかもちません。この概念に、精神が身体を動かし、身体が精神に作用する力の概念が依存しています。それが感情や情念の原因になるのです。」(エリザベト宛 1643.5.21. III, 665)

11　いかにしてわれわれの精神は物体よりもよく知られるか。

ところで、われわれの精神は物体よりもただ単により先に、より確実に認識されるだけではなく、また、より明証的にも認識されることを知るためには、次のことが自然の光57によって最も明白であることに注意すべきである。すなわち、無にはいかなる状態も性質もないこと、したがって、われわれがそうした状態や性質を認める場合には、必ずそれらが属している事物すなわち実体が見いだされること、そして、われわれがその同じ事物すなわち実体において、より多くの状態や性質を認めれば認めるほど、それだけより明晰にその実体を認識すること、である。

ところで、われわれの精神のうちには、他のいかなるものにおいてよりも、より多くのものが認められる。そのことは、われわれが何か他のものを認識するなら、同時にまたいっそう確実に、われわれは自分の精神の認識へと必ず導かれることからして明白である。たとえば、私が大地に触れたり、大地を見たりすることから、大地が存在していると私が判断するなら、そのこと自身から、なおいっそう確実に私の精神は存在すると判断しなければならない。なぜなら、大地がたとえ存在しなくても、私が大地に触れていると判断することはおそらくありうるが、しかし、私がそのように判断しながら、そう判断している私の精神が無であるということはありえないからである。その他についても同様である。[58]

【解釈】

精神が物体よりもより明証的に認識されるという主題は、「第二省察」のタイトル（精神は身体より容易に知られる）に一致する。しかし、むしろ物体の方が精神よりもよりよく知られるとする考えが常識的であり、ガッサンディやマルブランシュもそれに与していた。それに対する詳しい批判的吟味は「第二省察」の蜜蠟の比喩に展開されている。

無にはいかなる状態 affectio も性質 qualitas もないという考え方は、「無からは何ものも生じない」という根本原理から来ている。無とは属性のない状態であり、属性がなければ実体もありえない。逆に言えば、実体には必ず属性が伴い、無でなく何か状態や性質などの属性があれば、必ずそれが帰属する実体があることになる。ユスタッシュも「実体はそれ自体による存在者、偶有性［属性］は他のもの［実体］による存在者と定義される」としている（SP. IV, 91 第一問題「実体と偶有性とはどう違うか」）。マルブランシュなどは、アリストテレス＝スコラ的なこの論理によってコギト命題を解釈している。「無はいかなる属性ももたない。私は思惟する、ゆえに私はある」（『形而上学対話』1）、と。

実体と属性との間には認識論的な関係があり、より多くの属性がそこに認められれば認められるほど、実体はそれだけより明晰に認識される。これもアリストテレス＝スコラによることである。つまり、実体は直接的に知られるのではなく、属性を通して間接的にしか知られない（『原理』I-52）。それゆえ精神について、その属性の多くを知れば、それだけ実体としての精神をよりよく知ることになる。精神が物体を認識するときでも、その認識を通して精神はよりよく知られる。たとえば、大地があると判断する場合、実際には大地はないかも知れないが、そう判断している精神は何らかの属性をもっているので確かにあると言える。したがって、物体の認識よりも精神の認識の方がよりよく知られるとされるのである。

【参照】

・「そして、私はいかなる身体ももたず、いかなる世界もなければ、私がいるいかなる場所もないと仮定できるとしても、だからといって私が存在しないと仮定できないこと、逆に、私が他の事物の真理性を疑おうとしているというまさにそのことから、私が存在することがきわめて明証的にきわめて確実に帰結すること。」（『序説』VI, 32）

・「想像されたものはどれもみな真ではないということがおそらくあるのにせよ、しかし想像する力そのものは実際に存在しており、私の意識の部分をなしているからである。…明らかに私は光を見、喧騒を聞き、熱を感じているが、私は眠っているのだから、これらは虚偽である。しかし見ている、聞いている、熱く

なっているとたしかに思っていること、このこと自体は虚偽ではありえない。」(「第二省察」VII, 29)

- 「なぜなら、私がまさに蜜蠟を見ることから、蜜蠟が存在すると判断するなら、私が蜜蠟を見ることから、私自身もまた存在することが、たしかに、はるかに明証的に帰結するからである。…だが私が見るとき、あるいは（いまはそれを区別しないが）見ると考えているとき、そう考えている私自身が何ものでもない、ということはありえないからである。…さらに蜜蠟が、視覚や触覚からだけでなく、多くの原因からも私に知られるようになり、蜜蠟の認識がきわめて判明になったと思われるとするなら、いまや私自身が私によってますます判明に知られることを認めなければならない。なぜなら、蜜蠟あるいは他の何らかの物体の認識に役立つことができるどんな理由も、同時に私の精神の本性をよりよく証明せずにはおかないからである。」(同33)
- 「私は、物体に帰せられるのが常であるところのものなしに考察された精神が、精神なしにみられた物体よりもいっそうよく知られるということを、論証したものと思っています。ひとりそのことのみをそこ[第二省察]では私は意図していたのです。」(「第二答弁」VII, 130)
- 「われわれが認識している何か（すなわち、その実在的な観念がわれわれのうちにある何らかの特性、性質、属性）が、基体のうちにあるように、あるいは基体によって存在するように、そこに直接内在しているすべてのものは、実体 substantia と呼ばれる。というのは、厳密な意味でわれわれが実体そのものについて有する観念はといえば、われわれが認識するところの何かが、つまりわれわれのもつ観念のうちに表象的にあるものが、そこでは形相的あるいは優越的に存在するところのものである、ということのみだからである。無にはいかなる実在的な属性もありえないことは、自然の光によって明らかであるからである。」(「諸根拠」VII, 161)
- 「いかなる事物についてもわれわれの精神についてほど多くの属性が認識されうることはない、ということが論決されるのであって、それというのも、他のどのような事物であれ、そこにいくつかの属性が認識されれば、それらを精神が認識するということから、それだけの数の属性が精神のうちにもまた数えあげられうるからです。それなればこそ、精神の本性は一切のもののうちで最もよく知られるものなのです。」（「第五答弁」VII, 360）

・「[他のいかなるものよりもその存在がわれわれによりよく知られるという] 第二の意味では、第一原理は、われわれの精神は存在するということです。というのは、その存在がわれわれによりよく知られるものは [他に] 何もないからです。」（クレルスリエ宛 1646.6 または 7. IV, 444）

12　なぜ精神はすべての人に等しく知られていないか。

順序にしたがって哲学をしなかった人たちが、別のような見方をしたのは、かれらが精神を物体から十分正確に区別しなかったからに他ならない。そして、たとえ自分自身が存在することが他の何ものよりもより確実だとかれらが思っていたとしても、ここで
59 は自分自身を単に精神のみと理解すべきであったことに、かれらは気づかなかった。むしろ逆に、かれらは目で見たり手で触れたりする身体、そして誤って感覚する力がそこに属するとされた自分の身体のみが、自分自身だと理解したのである。このことが、かれらを精神の本性を知ることから遠ざけたのである。

【解釈】

「順序ordoにしたがって哲学をする」という言い方は、第7節と第10節に既出である。スコラの認識論にもそれなりの順序があった。感覚経験の事実から出発し、それを次第に抽象して行って知的認識に達するというものである。「はじめに感覚のうちになかったいかなるものも、知性のうちにはない」(『序説』VI, 37) という古来の格率がそれを示している。しかしデカルトはその順序をとらない。「題材matièreの順序でなく理由raisonの順序にしたがって…容易なものから難しいものへと」(メルセンヌ宛1640.12.24. III, 266) 思想を導くのである。ではデカルト的な順序とはなにか。「最初に提示されるものが、いかなる後続するものの介助にも俟つことなく認識されねばならぬこと。そしてその後はそれ以外のすべてのものが、ひとり先行するものによってのみ論証されるように配列されていなければならぬことである」(「第二答弁」VII, 155)。すなわち、明証的で疑いえない原理の探求から出発し、その原理に依存する諸命題を演繹の手続きによって明らかな仕方で導き出すこと(『原理』「仏訳序文」IX-2, 2) である。『規則論』のことばで言えば、「明証的な直観と必然的な演繹」(X, 425) がデカルト哲学の手続きである。これに対して、ユスタッシュの形而上学は題材の順序で記述されていることになる。すなわち、存在者ensの本性、原理、特性、区分の順に論じられ、最後に「非創造的実体すなわち神について」で終わっている。

心身の区別に関して古代・中世の見方を一瞥するに、ホメロスにはたしかにプシュケー（精神）を「風や火やエーテルのような何か微細なもの」（「第二省察」VII, 26）とする考え方があり、精神は物体的なものとも見られていた。ソクラテスやプラトンになってはじめて、プシュケーはソーマ（身体）から区別された精神的原理となったとされる。アリストテレス＝スコラは精神 anima を三つに区分し、植物的精神 anima vegitativa、感覚的精神 anima sensitiva、知性的精神 anima intellectiva としている。もっとも、精神と物体との差はあまりなく、十分な区別がなされたとは言えない。しかるにデカルトにおいては、心身の区別は形而上学の核心をなす重要なテーマであった。第53節以下で、心身は互いに他を要しない実体であり、実在的に区別されることが論じられる。

「自分自身を単に精神 mens のみと理解する」とは、私の本性を思惟することだけに限り、私から精神作用以外のものを切り捨てることである。これに対しては、それでは私の精神の本性に属するかもしれない他の可能性を排除することになる、などの反論が多くあった。しかしデカルトは、事物の真理の順序でなく私の認識 perceptio の順序からすれば、私とは思惟するものであるとしか認識できない（『省察』「序言」VII, 8）と答えている。「自分自身を身体のみと理解する」のは、きわめて常識的な見方である。デカルト自身「私とは何であるかを考察するたびごとに、…まず最初に現れたのは、私が、顔、手、腕、およびこれらの肢体からなる全機構をもつということである。…私はそれを身体という名で呼んだ」（「第二省察」VII, 26）と述懐している。私は精神と合一した有機体と考えられ、身体がなくなれば私もなくなる。この普通の見方が否定されねばならない理由は、夢の仮説がなお効いており、身体の存在は疑いうるからである。また、身体の方が精神よりもはるかに判明に認識されるという日常的感覚も蜜蠟の比喩によって打破される。結局、私を私たらしめるのは精神であり、「たとえ物体がないとしても、精神はやはり精神でありつづける」（『序説』VI, 33）。そして「感覚する力を身体に帰属させる」ことも誤りである。なぜなら身体（物体）は、「多くの仕方で動かされるが自分自身によってではまったくなく、何か他のものによって触れられることで動かされるもののすべて」であり、「自分自身を動かす力、さらには感覚する力、あるいは思惟する力をもつことは、けっして物体の本性には属さない」（「第二省察」VII, 26）からである。感覚する力は思惟の一様態にほかならない。

このように心身は原理的には区別される。だが他方で、別の見方の下に心身は合一し混合している（「第六省察」VII, 81）ともみなされる。結局デカルトには、精神を純粋に思惟penserするものとする見方と、身体とのはたらき合いにおいて能動・受動agir et pâtirするものとして捉える見方との、二つがあることになろう（エリザベト宛1643.5.21. III, 664）。現代では心身の区別をなくす方向で物的一元論が主張されることが多いが、K・ポパーやJ・サールなどのようにデカルト的な心身二元論をとる論者も少なくない。

【参照】

・「多くの人は、神を知るのは困難であり、精神が何であるかを知ることさえも困難であると思い込んでいる。かれらをそう思い込ませているのは、かれらが自分の精神を感覚的な事物以上にけっして高めないからであり…。」(『序説』VI, 37)

・「自分自身を動かす力、さらには感覚する力、あるいは思惟する力をもつことは、けっして物体の本性には属さない。」(「第二省察」VII, 26)

・「われわれは、まったく不分明で感覚的な事物の観念と混合している観念を除くと、精神に属するものについては、これまでいかなる観念ももっていませんでした。この点に、魂と神について言われる事柄のいずれもが、十分に明晰に理解されえなかったのはなぜかということの、第一にして主要な理由があったのです。ですから、私が精神の特性ないし性質は、いかにして物体の性質から区別されなければならないかを教えてみせるとしたならば、私の仕事の価値には大きいものがあるでしょう。」(「第二答弁」VII, 130-131)

・「形而上学的な事物においては、いかなる事物にもまして第一の知見を明晰判明に認識するということこそ、骨の折れるところなのです。というのは、それらはその本性上、幾何学者によって考察されるものにも劣らず知られるもの、あるいはいっそうよく知られるものでさえありますが、もしそうであるとしても、しかしそれらにとっては、幼少の頃からわれわれが慣れてきている多くの感覚の先入見は相容れぬものでありますから、きわめて注意深くて思慮深い、そして精神を物体から、可能なかぎり、遠ざけるところの人々によってしか、それらは完全に認識されることがありません。」(同 157)

・「精神は、自らの固有な本性を意識してはおり、自らのうちにおいて思惟の観念を延長の観念と同様にもってはいたにしても、しかし何ものをも、同時にまた何ものかをも想像することなしには、理解することがなかったから、その両者を一つの同じものと解していて、知的な事物についてもっていた知見のすべてを、物体に関係づけていたのです。」(「第六答弁」VII, 441)

13　どういう意味で残りのものの認識が神の認識に依存するか。

ところで、自分自身を知ってはいるが、他のすべての事物についてはなお疑っている精神が、自分の認識をさらに広げようとしてあらゆる方向から周りを見まわすとき、まず自分のうちに多くの事物の観念があることを見いだす。それらの観念は、単に観想されるのみで、それに似たものが自分自身の外にあることを肯定も否定もしないかぎりは、誤ることはありえない。また、精神はある共通概念[60]をも見いだし、そこからさまざまな証明を構成する。そして、精神は共通概念に注意しているかぎり、それらの証明が真であることをまったく確信する。たとえば、精神は数や図形の観念を自分のうちにもっている。また、精神のもつ共通概念のうちには「互いに等しいものに等しいものを加えれば、その和は等しい」などがあるが、これらのことから「三角形の三つの角の和は二直角に等しい」などが容易に証明される。それゆえ、精神はそれらが演繹される前提に注意するかぎり、そうしたことがらを真と確信するのである。

しかし、精神はつねにそれらに注意していることはできないので、あとになって精神が、自分には最も明証的と思われることにおいてさえも、誤るような本性として創造されているかどうかをまだ知らないことを思い出すとき、そうしたことを疑うことも正当であること、そして、自分の起源の創始者[61]を知らないうちは、いかなる確実な知識ももつことはできないこと、が分かるのである。

【解釈】

精神が自己自身を省察して認識を広げるという状況は、「第三省察」のはじめと同じである。外界を遮断し、「私だけに語りかけ、私をより深く探索する」（「第三省察」VII, 34）のである。そして、もっぱら自分のもつ観念を吟味することになる。観念を外界の事物と結びつけないでそれ自体として吟味する場合は、ことの真偽は問題にならない。「観念に関しては、それを他の何かと関係させずに、それ自身においてのみ見るなら、観念は本来、虚偽ではありえない。というのも、私がヤギを想像しようとキマイラを想像しようと、私が一方を想像することは他方を想像することに劣らず、真であるからである」（同37）。

共通概念notio communisに注意する云々の議論は「第五省察」の後半部分を想起させ、

いわゆる循環問題にも関わる。すなわち、いま私がそれに注意して明晰に直観しているかぎり、私はそれを真と確信せざるをえない。しかし、それにいつも注意を向けてはいられないので、判断の根拠となったものに注意を向けない場合には、明証的なことがらについてさえも疑いの余地が出てくる（「第四答弁」VII, 245–246, 某宛 1641.8. III, 434）。要するに注意の不在を補うために神が必要ということになっている。神の保証が必要とされるのは、結論の知識であっても原理の知識 principiorum notitia ではない（「第二答弁」VII, 140）とも言われる。しかし、注意を伴った直観が真であるというのは、私の単なる確信 persuasio にすぎない（レギウス宛 1640.5.24. III, 65）。悪しき神によって私が誤るようにつくられているとするなら、私の注意の如何にかかわらず、私は本性的に誤りうるはずである。「私が精神の目でこの上なく明証的に直観していると思うものにおいてさえも、私を誤らせることは神には容易である」（「第三省察」VII, 36）からである。そして「われわれがきわめて明晰かつ判明に理解することはすべて真である」という一般的規則も、結局は神の認識に依存する（『序説』VI, 38–39）のである。明白と見えることにおいても神がわれわれを誤るように創造したかもしれない、という論点は第5節に出ているが、神は私の明証的な直観をも覆すといった強い表現は『原理』では抑制されている観がある。

ライプニッツはこの節についても批判的である。明証的なものまでも疑うことは明証性の本質に反することで奇妙である。かりにこうした懐疑が正当に立てられるなら、デカルト自身が困難に直面し、神を導入してもそれを乗り越えることは困難であろう（G. IV, 358）、としている。これはスコラ主義を代表する批判として読める。

【参照】

・「前提［公理］が明晰に理解されているかぎり、われわれはその真理性を認めざるをえません。だが、それに注意を払わずに、そこから導出された結論の方を記憶することがよくありますが、そういう場合はもし神を知らなければ、それらが明晰な原理から導き出されたことを記憶してはいても、その帰結は不確実であると考えることができます。」（レギウス宛 1640.5.24. III, 64）

・「実際、私は何かをきわめて明晰判明に認識しているかぎりは、それを真であると信じざるをえないのが私の本性ではあるが、しかしまた、私は精神のまなざしをいつも同じものに固定して、それを明晰に認識することができないのも私の本性である。そこで、なぜそのように判断したかの理由にもはや注意しない場合には、以前に下した判断の記憶がしばしばよみがえり、もし私が神を知らないなら、他の理由が持ち出されることができ、容易に私にその意見を捨てさせることになる。かくして私は、いかなるものについても真で確実な知識をもたず、単に茫漠として変わりやすい意見をもつにすぎないのである。」（「第五省察」VII, 69）

・「すべての知識の確実性と真理性とが、ひとえに真なる神の認識に依存することを明らかに見る。したがって、神を知る以前には、私はいかなる他のものについても完全に知ることができなかったのである。」（同 71）

・「それら以外にも、その認識が依存しているところの根拠にわれわれが十分に注意している場合には、いとも明晰にわれわれの知性によって認識され、かくてそれゆえその時点ではわれわれがそれについて疑うことのできない、というものがあります。が、そうした根拠を忘れてしまい、そこから演繹された結論をその際に想起する、ということがわれわれにはありえますから、これらの結論についてもまた堅固で不変の確信がもたれるかどうかを、…問われることになります。そこで私は答えます、この確信は、神によって自分たちに与えられている理解する能力が真なるものへと向かわぬことはありえないと理解するというほどまでに神を知っている人々によってはもたれこそすれ、が、しかし、それ以外の人々によってはもたれることがないのである、と。」(「第二答弁」VII, 146)

・「というのは、もし私たちが、真理がすべて神に起因することを知らなかったなら、たとえそのときに私たちの観念が明晰であっても、私たちはそれらが真であることも、自分たちが誤らないことも知らないでしょうから。すなわち、私たちがそれらの観念に注意しないときには、そしてただ私たちがそれらの観念を明晰判明に認識したことを記憶しているだけのときには、そうなのです。」(『ビュルマンとの対話』V, 178)

14　われわれがもつ神の概念のうちには、必然的存在が含まれていることから、神が存在することが正しく結論される。

次に、精神は自分がもっているさまざまな観念のうちの一つが、最高に知的で、最高に有能で、最高に完全な存在者の観念であり、すべての観念よりもはるかにすぐれていることを考察するとき、その観念のうちに存在を認める。しかも、精神が判明に認識する他のすべての事物の観念におけるように、単に可能的で偶然的な存在ではなく、むしろまったく必然的で永遠な存在を認めるのである。そして、たとえば三角形の観念のうちにはその三つの角の和が二直角に等しいことが必然的に含まれていることを認識することから、三角形が二直角に等しい三つの角をもつことが明らかに確信されるが、それと同様に、最高に完全な存在者の観念には必然的で永遠な存在が含まれることを認識することだけから、精神は、最高に完全な存在者が存在する、と明らかに結論しなければならない。

【解釈】

第14-16節は「第五省察」の証明（いわゆる存在論的証明）に相当する。私のもつ沢山の観念のなかから神の観念を特権的なものとして取り出すのは、「第三省察」と同じ思考方法である。すなわち、観念は意識の様態 modus cogitandi として見られるかぎり何の観念であろうとみな等しいが、観念があるものを表現 repraesento しているかぎりは、それは互いに異なってくる（異なった表象的実在性 realitas objectiva をもつ）と考えられる（「第三省察」VII, 40）。そして最高完全者を表す観念（神の観念）は、完全というその規定からして最も優れているとされる。優劣の程度は神・天使・人間・動物・物体という、存在のスコラ的階層にもとづいている。

ここでは最高完全者 ens summe perfectum という概念がキーワードになっている。トマス・アクィナスにおいて存在者 ens とは、無 nihil に対して在るものである。本質レベルにせよ存在レベルにせよ、何らかの仕方で存在 esse をもつものである。必ずしも現実に存在するものである必要はない。キマイラも無ではなく、それなりのある本質をもっているので存在者である（R.J. Deferrari, *A Latin-English Dictionary of St. Thomas Aquinas.* Boston. 1986)。ところが、デカルトは最高完全者の観念のうちには存在 existentia が認められると考える。なぜなら「存在は完全性 perfectio の一つ」（「第五省察」VII, 67）であり、存在することが存在の秩序のうえで優れていることであるからである。「存在を欠いた神を考えること、つまり完全性を欠いた最高に完全な存在者を考えることは、…矛盾である」（同 66）。ここで存在とは、被造物のような偶然的かつ可能的な存在ではなく、必然的で永遠な存在である。最高完全者たる神の観念にはそうした存在が本質的に含まれているので、そうと知ることから直ちに神の存在が帰結する。

この証明が論理的に成立するかどうかについては、昔から議論がある。有名なものでは、アンセルムスの証明（最大者は存在を含む）に対するトマスの批判、デカルトに対するカントの批判（完全性という概念から存在は出てこない）がある。デカルトの論点は次のことである。存在が述語づけられるのは、ユニコーンなどの不特定の概念についてではなく、神という明晰な観念に限ってのことである。神は自己の固有の力によって存在し、存在するということは神の本性に属する（「第一答弁」VII, 117-119）。「存在を欠いた神を考えることは私の自由にならない」（「第五省察」VII, 67）。こうした点で、それはアンセルムスを凌駕する洗練された議論になっていると解釈される（D. Henrich, *Der Ontologische Gottesbeweis.* Tübingen. 1960. S. 10-22）。

さしあたって次のことが問題となろう。（1）なぜ、またどういう意味で、存在が完全性であるかの理由が説明されていない。（2）三角形の例が示しているのは、三角形なるものを考えればpという性質をもつはずだということである。神の場合でも、神なるものを考えれば存在という属性をもつはずだということにとどまる。存在は実在的な述語にはならないというカントの批判がある（『純粋理性批判』B626）。（3）かりに神という主語のなかに存在という述語があらかじめ含まれているとしても、それは神のうちに「存在」existentiaという本性があることを言うだけで、そこから直ちに神が現実に存在することexistereにはならないのではないか。「思惟」という概念があることは現実に思惟することとではないように、「存在」と実際に存在することとは違うことではないのか。（4）最高存在者の観念には必然的存在が含まれると知ることから、直ちにそれが存在すると結論しているのは、「存在」を現実に存在することと理解するからである。だが、神にかぎって「存在」が現実存在となる特権を許すとするなら、それは神をあらかじめ存在するものと定義することであり、デカルトの弁明（「第五答弁」VII, 383）にもかかわらず論点先取ではないのか。

筆者の見るところ、「存在」の意味は問題ではあるが、この証明は、ライプニッツの内属論理で言えば、神の定義（完全性）のなかに含まれていたもの（存在）を外に取り出す手続きにほかならず、むしろ一種の同語反復に近い（したがって真なる命題を構成する）と読める。この点については、山田弘明『デカルト『省察』の研究』pp. 299-304を参照。デカルトのテキストにおける神の存在証明の順序も問題となろう。デカルトには三つの証明があるが、『原理』では『省察』や『序説』とは異なり、存在論的証明が最初に来ている。「諸根拠」も同じである。学生向けのテキストや総合の道の記述においては、この証明が最も分りやすいということであろうか。いずれにせよ、それはア・プリオリな証明はア・ポステリオリな証明を踏まえずに単独で成立することを示している。

スコラのトマス主義はこの証明を採用しない。ユスタッシュもトマスの「五つの道」を認めるのみで、存在論的証明には触れていない（SP. IV, 110-112 第二問題「神は証明されうるか、またいかにして証明されるか」）。ライプニッツは、証明そのものは認めつつも、完全性なるものを除去して、必然的存在者（その本質が存在を含む存在者）は存在するとした方がより厳密な証明になる（G. IV, 359）としている。

【参照】

・「私が有する完全な存在者の観念の吟味に戻れば、その観念には存在が含まれていることを私は見いだした。それはちょうど、三角形の観念にはその三つの角の和が二直角であることが含まれ、球の観念にはそのすべての部分が中心から等距離であることが含まれるのと同様、あるいはもっと明証的なことなのである。」(『序説』VI, 36)

・「第一の最高の存在者について私が考えよう…とするときにはいつも、その存在者にすべての完全性を帰属させることは必然的である。…こうした必然性は、後になって存在が完全性であると私が気づくとき、第一の最高の存在者が存在するということを私が正しく結論するのに、まったく十分である。」(「第五省察」VII, 67)

・「神の存在は、ただその本性の考察だけから認識される。証明。あるものが、なんらかのものの本性あるいは概念のうちに含まれる、ということは、それがそのものにおいて真である、というのと同じである(定義九より)。しかるに、神の概念のうちには必然的存在が含まれる(公理十より)。それゆえ、神について、神のうちには必然的存在が在る、あるいは神は存在するということは真である。」(「諸根拠」VII, 166-167)

15　他の事物の概念においては、同じように必然的存在が含まれているのではなく、ただ偶然的存在が含まれる。

精神は、他のどんな事物の観念においても、同じように必然的存在を含む観念は自分のうちには見いだされないことに注意するならば、このことをますます確信するであろう。なぜなら、精神はそこから次のことを理解するからである。すなわち、この最高に完全な存在者の観念は、精神自身によって作られたものでも、何かキマイラのような本性を表しているものでもなく、そこに必然的存在が含まれるがゆえに存在せざるをえない、真実で不変の本性を表している、ということである。

【解釈】

観念のうちで、セイレンやヒポグリプスなどは私自身によって作られた「作為観念」である。また、ものとは何であるか、真理とは何であるか、思惟とは何であるかは、「生得観念」であって、私の本性そのものから得られる（「第三省察」VII, 37-38）。神の観念は「第一の主要な観念」（同68）であり、真実で永遠不変なものとして生得観念に分類される。

この節から、最高に完全な存在者 ens summe perfectum の観念には必然的存在が含まれる、ということがこの証明の根幹であることが分かる。

【参照】

・「残すところはただ、私がその［神の］観念をいかなる仕方で神から受け取ったかを吟味することだけである。すなわち、私はそれを感覚から汲みとったのではないし、…またそれは私によって作られたのでもない。なぜなら、その観念からは何かを取り去ることも、それに何かを付け加えることもできないことは明らかだからである。したがって、残すところは、…その観念は私に生得的であるということである。」(「第三省察」VII, 51)

・「私に生まれつき備わっている真なる観念…のうちで、第一にして主要なものが神の観念である。というのは、神の観念が私の思考に依存する何か虚構 fictitius のものではなく、真にして不変の本性 vera & immutabilis natura の像であること…。」(「第五省察」VII, 68)

・「なるほど明晰かつ判明に理解されるところのすべてのものの概念ないし観念のうちには可能的存在が含まれていますが、必然的存在は神の観念のうち以外にはどこにも含まれていません…。」(「第一答弁」VII, 116)

・「真なる不変の本性を含んではいなくて、単に虚構され、知性によって複合された本性のみを含んでいる観念は、その同じ知性によって分割されうるということ、それも単に抽象[あるいは思惟の制限]によってだけではなくて、明晰かつ判明な作用によっても分割されうるということ、に気づかなければなりません。知性がそのように分割することができないものはかくて、知性自身によって複合されたのではない、ということとには、疑う余地がないのです。」(同 117)

・「読者が、最高に完全な存在者の本性の観想に長く、そして多くたずさわるよう、要請する。なかんずく、他のすべての本性の観念のうちにはたしかに可能的な存在が含まれるが、神の観念においては単に可能的な存在でなく、まったく必然的な存在が含まれることを考察するよう、要請する。というのも、読者はひとりこのことだけから、どんな議論も要することなく、神が存在することを知るからであり…。」(「諸根拠」VII, 163)

・「必然的な存在は…ひとり神にのみに適合し、そしてひとり神においてのみ本質の一部をなしているからです。」（「第五答弁」VII, 383）

16　さまざまな先入見によって、神の存在のこうした必然性がすべての人によって明晰に認識されることが妨げられている。

もし、われわれの精神が最初から先入見からまったく解放されていたなら、このことは容易に信じられるであろう、と私は思う。しかし、われわれは他のすべての事物において、本質を存在から区別するのに慣れ、また、けっして存在せず、また存在しなかった事物のさまざまな観念を、任意に作り上げることに慣れているので、われわれが最高に完全な存在者の観想に十分専心しないときには、それは、われわれが任意に作り上げた観念のうちの一つなのか、それとも少なくともその本質には存在が属さない観念の一つなのかを、疑うことが容易にありうる。

【解釈】

第1節でも見たように、先入見ないし偏見の除去というテーマがデカルト哲学には一貫してある。それはフランシス・ベーコンのイドラにも通じるものであろう。先入見とは、幼時からの感覚的・経験的知識やスコラ哲学の知識である。誤謬の原因は、第一に幼年時代からの先入見にあり、第二にわれわれがそういう先入見を忘れることができない点にある（『原理』I-71・72）。精神は先入見で覆われているがゆえに容易に真理を知りえないのであって、哲学の最初の仕事は先入見の除去である。懐疑のねらいの一つは、われわれを先入見から解放することにあった（『省察』「概要」VII, 12）。

存在と本質との区別はスコラの伝統から来ている。ユスタッシュによれば、被造的な存在者においては存在と本質とは区別されるが、神においては存在はその本質である（SP. IV, 39-40 第五問題「いかにして存在は本質から区別されるか」、同, 112-113 第三問題「神において存在はその本質か」）。一般に、ものがあることと、そのものがどうあるかとは区別して考えられる。「真の論理学の規則によれば、はじめにそれが何であるかを知らずして、それがあるかどうかを尋ねるべきではない」（「第一答弁」VII, 107-108）とも言われる。ライプニッツも「なぜものが無ではなくてあるのか、ものがなぜそのようにあらねばならないのか」（『理性に基づく自然と恩寵の原理』第7節）の二つを形而上学の根本問題とした。このように本質と存在とは被造物において区別される。それは被造物が可能的存在者にすぎないからである。だが、必然的存在者たる神においては、その本質は必ず存在を含むので両者は区別されないと考えられている。「その本質に存在が属しているどんなものも、ひとり神のほかには私は考え出すことができないからである」（「第五省察」VII, 68）。

神の観念は私が任意に作り上げた観念でもフィクションでもなく、生得観念である。それは「私の思惟に依存する何か虚構のものではなく、真にして不変の本性の像である」(同)。「最高に完全なる存在者」を観想せよとは、「神」の定義内容を反省せよということであろう。つまり、その本質に必然的存在が含まれているものを神という言葉で定義しているのであり、その神が存在しないとするならそれは定義に反する。したがって、神を観想すると同時にその存在は直ちに出てくることになる。これは先述したように(本書105ページ)論点先取ではなく、むしろ同語反復に近いと思われる。

【参照】

・「もっともこのことは、一見しただけではまったく明白であるわけではなく、むしろある詭弁の相を呈しているかもしれない。というのは、私は他のすべてのものにおいて、存在をその本質から区別することに慣れているために、神の存在もまたその本質から分離されることができる、かくして神は存在しないものと考えられる、と容易に私は説得されるからである。」(「第五省察」VII, 66)

・「ところで神に関しては、もし私が先入見にまみれておらず、感覚的事物の像が私の思考をまったく占拠していなかったならば、神よりも先に、またより容易に認識されるものはなかっただろう。なぜなら、最高の存在者が在ること、つまり存在がその本質に属する唯一のものである神が存在すること、このこと以上にそれ自身で明白なものが他にあろうか?」(同69)

17　そして、われわれの諸観念のうちのいずれについても、その表象的完全性がより大であればあるほど、その原因もより大でなければならない。

ところで、われわれがうちにもっている諸観念をさらに吟味すると、次のことに気がつく。すなわち、それらが何らかの思惟の様態であるかぎりは、それらは互いにあまり違いはしない。しかし、ある一つの観念がある事物を、他の観念が他の事物を表現しているかぎりでは、それらは大きく異なる。そして、自らのうちにより多くの表象的完全性を含めば含むほど、その原因もより完全でなければならない、ということである。それは、ある人が自分のうちに何かきわめて精巧な機械の観念をもつなら、それをかれがもつことになった原因を当然たずねることができるのと同様である。すなわち、他人によって作られたそういう機械をどこかで見たのか、それともそのように正確に機械学の知識を学んだのか、あるいはどこにも見たことがない機械を自分で考え出すことができるほどの才能がかれのうちにあるのか、と。というのも、その観念において単に表象的に、あるいはいわば映像として含まれる精巧さの全体は、その原因がどのようなものであれ、その原因のなかになければならないからである。しかも、少なくとも最初の主要な原因においては、単に表象的にあるいは表現的にではなく、実際に形相的にあるいは優越的に、含まれていなければならないからである。

【解釈】

第17-19節は『省察』の第一証明に相当する。それは、われわれの内なる神の観念（生得観念）の原因を遡り、その原因として神の現実存在を導き出すものである。論理の根幹には因果性の原理があり、これ自身は疑われない。観念が表している内容を問題としているが、ここには「われわれは観念 idea を介してのみ外界のもの res を認識している」（ジビュー宛 1642. III, 474）という信念がある。そして、観念とものとの間に何らかの因果的対応を認め、観念の表象的実在性とものの形相的実在性とが比例対応すると考えられている。この観点から、原因・結果の連鎖を遡及するなら、観念の原因は、観念ではなく最終的には原型としてものの実在にまで達する、とされる。

ここで表象的完全性 perfectio objectiva（この言い方は『省察』にはない）と言う場合の完全性は、実在性 realitas と置換可能であり、表象的実在性とも呼ばれる。それは、観念において表象されたかぎりでのものの存在性のことである。その多い少ないは、存在の秩序による。表象的 objective（表現的 repraesentative）にあるとは、ものとしてでなく観念としてあることである。形相的実在性はものレベルでの実在を指すが、表象的実在性とは観念レベルでの実在を指す。この表象的・形相的の用法はユスタッシュにも見いだされる（SP. IV, 9-12 第二問題「一般に形相的および表象的概念とは何か」）。他方、形相的 formaliter・優越的 eminenter に関しては、実在性に関してインプット（原因）とアウトプット（結果）との大きさを比べ、原因と結果とが等しい場合が形相的、原因の方が結果よりも大である場合が優越的と言われる。

この推論の妥当性については多くの批判があった。ただデカルトの論点は、われわれは第一原因を明確に認識できるということにあるのではなく、観念的な実在はまったくの無ではなく何らかの実在であると認める点にある。そのことが精巧な機械の例によって示されている。

【参照】

・「それらの観念が単にある意識様態であるかぎりは、それらの間にいかなる不平等も認められず、すべての観念は同じ仕方で私から出てくると思われる。だが、ある観念がある事物を、他の観念が他の事物を表現しているかぎりは、それらの観念が相互に非常に異なっていることは明らかである。」（「第三省察」VII, 40）

・「というのは疑いもないことだが、実体を私に示す観念は、単に様態あるいは偶有性のみを表現する観念よりも、いっそう大きな何かであり、いわばより多くの表象的実在性をそのうちに含んでいるからである。」（同 40）

・「このことは、現実的すなわち形相的実在性をもつ結果についてのみならず、そこにおいてはただ表象的実在性のみが考慮される観念についても、明らかに真である。つまり、たとえば以前にはなかったある石がいま存在しはじめるためには、その石のなかに置かれるすべてを、あるいは形相的あるいは優越的に自分のうちにもつ、あるものによって生み出されるのでなければ不可能である。」(同 41)

・「この観念が他の表象的実在性よりも、あれこれの表象的実在性を含むということは、たしかにその観念自身が表象的実在性について含むのと少なくとも同じだけの実在性を、形相的実在性について含む、ある原因によるのでなければならない。」(同

・「そして、たとえある観念が他の観念から生まれることがおそらくあるとしても、ここでは無限に遡ることはないのであって、ついにはある最初の観念にいたらねばならない。その観念の原因は、あたかも原型のようなものであって、そこでは観念においては単に表象的にあるすべての実在性が、形相的に含まれているのである。」(同 42)

・「そしてたしかに、この技巧のさまざまの原因を指示することができます。というのは、実在するこのような機械を以前に見たことがあって、それに似せてそうした観念が形成されたのか、あるいは機械学に関する偉大な学識がその知性の中にあるのか、あるいはもしかすると、偉大な精神の鋭さがあって、それの介助であらかじめ知識を所有していないのにその技巧を見つけだすことができたのか、いずれかであるからです。そして注目すべきことは、その観念のうちに表象的にのみあるところのすべての技巧は、必ずやその原因のうちに、その原因が結局のところはいかなるものであるにせよ、形相的にか、優越的にか、あるのでなければならぬ、ということです。」(「第一答弁」VII, 104)

・「私の論じているのは[神の]観念の表象的な完全性ないし実在性にすぎないのであって、このものは、きわめて巧妙に考案されたある機械の観念のうちにある表象的な技巧と同じく、この観念のうちに表象的にのみ含まれているところのもののすべてを実際に含んでいるような原因を要求するのです。」(「第二答弁」VII, 134-135)

・「「ただ表象的にのみ観念のうちにあるところの実在性ないしは完全性のすべては、形相的にか優越的にか、それらの観念の原因のうちにあるのでなければならぬ」、ということも第一の知見です。」（同 135）

・「同じものでも、それが、われわれが認識している通りに観念の対象においてある場合、観念の対象において形相的 formaliter にあるといわれる。認識している通りにではなくて、かえってこれを補うことができるほど大きなものである場合、優越的 eminenter にあるといわれる。」（「諸根拠」VII, 161）

・「何らかのもののうちにある実在性すなわち完全性はすべて、そのものの最初の十全な原因のうちに形相的にあるいは優越的にある。またここから、われわれの観念の表象的実在性は、それと同じ実在性が、そこでは単に表象的にではなく形相的にあるいは優越的に含まれている原因を要求する、ということが帰結する。」（同 165）

18　ここから再び神が存在することが結論される。

このように、われわれは神の観念、すなわち最高の存在者の観念を自らのうちにもっているのであるから、いかなる原因によってそれをもっているのかを当然調べてみることができる。そして、われわれはその観念のうちにきわめて大きな無辺性[62]を見いだすので、その観念は、すべての完全性を真に包括するもの、すなわち現実に存在する神によってでなければ、われわれのうちに付与されえなかったことが、そこから確信されるほどである。というのも、無からは何も生じないこと、また、より完全なものは、より不完全なものから、これを作用因や全体因として産出されないこと、それだけでなく、われわれのうちに何らかの事物の観念あるいは映像があって、そのあらゆる完全性を実際に含んでいる何か原型のようなものが、われわれ自身のうちであれ外であれ、どこにも存在しないということはありえないこと、これらは自然の光によって明白であるからである。

そして、われわれがその観念をもっているかの最高の完全性は、われわれのうちには見いだされないのであるから、このこと自体からして、その完全性はわれわれとは異なる何らかのもの、すなわち神のうちにある、あるいは少なくともかつてあったと、われわれは正しく結論する。また、ここからそれらの完全性が今もあることが最も明証的に帰結されるのである。

【解釈】

この節がいわゆる第一証明の本体をなしている。私がもつ神の観念の原因を因果的に問う際、神の観念の無辺性 immensitas が呈示されている。神の観念は広大無辺であり、そうした大きな観念を私に与えたものは、実際にすべての完全性をもった神以外にありえない。その理由として、(1)「無からはなにも生じない」A nihilo nihil fieri、(2) より完全なものはより不完全なものから産出されない、(3) 観念があるならその原型archetypusがどこかにあるはずだ、の三つがあげられている。この議論は「第三省察」の第一証明の簡潔なまとめになっている。

ライプニッツは、この証明は疑わしく、またわれわれはある観念をもっているつもりでもそれが矛盾した観念であることがあるので、厳密でない (G. IV, 359-360) としている。

【参照】

・「最も完全なものがあまり完全でないものの結果であり、それに依存しているということは、何かが無から生じることに劣らず矛盾であるがゆえに、その観念を私自身から得ることもまたできなかったからである。したがって残るところは、その観念は、私よりも実際により完全なある本性によって私のうちに置かれた、ということだけであった。」(『序説』VI, 34)

・「ところで、いまや自然の光によって明らかであるが、作用因および全体因のうちには、少なくともこの原因の結果のうちにあるのと、同じだけのもの [実在性] がなければならない。というのも、結果は、原因からでなくて、一体どこから自分の実在性を得ることができるだろうか? そして原因は、自分もまた実在性をもつのでなければ、いかにしてそれを結果に与えることができるだろうか? と私はたずねるからである。ここからして、無からは何も生じえないことだけでなく、より完全なものは、すなわち、そのうちにより多くの実在性を含むものは、完全性がより少ないものからは生じえないこともまた帰結する。」(「第三省察」VII, 40)

・「そして、たとえある観念が他の観念から生まれることがおそらくあるとしても、ここでは無限に遡ることはないのであって、ついにはある最初の観念にいたらねばならない。その観念の原因は、あたかも原型のようなものであって、そこでは観念においては単に表象的にあるすべての実在性が、形相的に含まれているのである。したがって、自然の光によって私には明らかなことだが、観念は私においてはいわば映像のごときであって、それらが取ってこられた元の事物の完全性を失うことは容易にありうるが、しかし、[元の事物よりも]より大きな、より完全なものを含むことはありえない。」(同42)

・「もし私のもつ観念のうちで、あるものの表象的実在性がたいへん大きく、その実在性が形相的にも優越的にも私のうちになく、したがって私自身がその観念の原因ではありえないことが確かであるほどなら、そこから必然的に帰結することは、ひとり私だけが世界に在るのではなく、その観念の原因となる何か他の事物もまた存在するということである。」(同)

・「われわれはすべての思惟されるべき完全性の含まれているところの神の観念をわれわれのうちにもっているのですから、そのことから、その観念は、すべての完全性もまたそのなかにあるところの原因に、つまり真実に存在する神に、依存しているということも明証的に結論されうるのです。」(「第一答弁」VII, 105)

・「われわれのうちにはこのうえもなく力能にすぐれているとともに完全な、そういう存在者のある観念があるということ、しかもまた、この観念の表象的な実在性が形相的にも優越的にもわれわれのうちには見出されないということ…。」(「第二答弁」VII, 135)

・「それがなぜ存在するかの原因が、どういうものであるかをたずねることができないようなものは、何も存在しない。なぜなら、このことは神そのものについてたずねることができるが、それは、神が存在するためには何らかの原因が必要であるということではなく、むしろ神の本性の広大さそのものが、神が存在

するためにはどんな原因も必要としないことの、原因あるいは根拠であるからである。」（「諸根拠」VII, 164-165）

・「いかなるものも、またいかなる現実に存在するものの完全性も、その存在の原因として無nihil、つまり非存在をもちえることはない。」（同 165）

19 われわれが神の本質を理解しないときでも、そのすべての完全性は他の事物よりもより明晰にわれわれによって認識される。

このことは、神の観念を観想し、その最高の完全性に注意することに慣れた人たちには、十分に確実で明白である。というのは、たとえわれわれは神の完全性を理解しないにしても――なぜなら、われわれのような有限なものによっては理解されないのが無限なものの本性だから――、しかし、われわれはそれらの完全性をどんな物体的事物よりもより明晰により判明に認識することができるからである。なぜなら、神の完全性はわれわれの思惟をより広く満たし、より単純であって、いかなる限界によっても不明瞭にされないからである。

【解釈】

神の存在を知るのはむずかしいと考える人は多い（『序説』VI, 37）。しかしデカルトは、神をよく観想 contemplor し、よく注意すれば、神の存在はおのずから見えてくるので、神ほど容易に知られるものはない、と考える。「これらすべてのうちには、細心な注意を払う者にとって、自然の光によって明白でないものはまったく何もない。しかし、あまり私が注意せず、感覚的な事物の像が精神の目をふさぐときには、私より完全な存在者の観念が、なぜ実際により完全なある存在者から由来しなければならないかを、私はそれほど容易には想起しない」（「第三省察」VII, 47）。また、われわれは神を全体的に理解 comprehendo することはできないが、知性によって認識 intelligo することはできる。神の全体を理解できなくとも、「思惟によって（神に）触れる attingo ことはできる」（同 52）と考える。たとえば、われわれは無限なる神の属性のすべては理解できないが、神が無限なものということ自体は知性によって認識できる、という。これはデカルトの持論である。

【参照】

・「この観念は最も明晰判明であり、他のいかなるものよりも多くの表現的実在性を含んでいるので、これ以上にそれ自体で真である観念、そのうちにわずかの虚偽の嫌疑も見出されない観念は、何もないからである。」（「第三省察」VII, 46）

・「なぜなら、有限である私によっては把握されないというのが、無限なものの本性だからである。」（同）

・「私が神と言っているのは、その観念が私のうちにあるのと同じ神、つまり、私は把握することはできないが、ある仕方で思惟によって触れることはできるところのすべての完全性をもち、どんな欠陥からもまったく免れている神である。」(同 52)

・「無限であるかぎりの無限は、なるほどいかなる仕方においても包括的に理解されはしません。しかしそれにもかかわらず、ある事物がいかなる制限もそのうちにまったく見いだされえないようなものであると明晰かつ判明に理解することは、その事物が無限であると明晰に認識することである、という意味において、無限であるかぎりの無限は理解されると言っておきましょう。」(「第一答弁」VII, 112)

・「神の個々の完全性に心を向け、それらを捉えるよりはそれらによって捉えられ、自己の知性のすべての力を挙げてそれらを観想することに専念しようと努める人は、まさしく神のうちに、いかなる被造的な事物のうちにおいてよりも、明晰かつ判明な認識のはるかに豊かで容易な素材を見つけ出すのです。」(同 114)

・「…「包括的に理解されえないこと」が、無限なものの形相的根拠のうちに含まれています。それでいてそれにもかかわらず、われわれが無限なものについてもっている観念は、たんにそのある一部分だけではなくて、実際に無限なものの全体を、それが人間的観念によって表象されるべき仕方において、表象するのです。」(「第五答弁」VII, 368)

・「[神の観念は] 無限にしてすべての増大化の不可能なる存在にわれわれが精神によって触れるということから、全体として同時に形成されるのです。」(同 371)

・「有限な精神が無限である神を包括的に理解 comprendre することはできません。しかしそれは有限な精神が神を知る apercevoir ことを妨げません。ちょうど人が山を抱きかかえることはできなくても、山に触れることは十分できるように。」(「第五反論について」IX, 210)

・「神は万物の作者であり、これらの真理は何ものかであり、したがって、神がその作者であることを私は知ります。私はこのことを知る savoir とは言いますが、把握する concevoir とも包括的に理解する comprendre とも申しません。というのも、われわれの精神は有限であるので神を把握することも包括的に理解することもできないにもかかわらず、人は神が無限であり全能であることを知ることはできるからです。このことはちょうど、われわれは両手で一つの山に触れることはできますが、一本の木とかその他何であれ、われわれの腕の大きさを越えないものを抱くことができるようには、山を抱くことはできないのと同様なのです。というのも、包括的に理解するというのは、思惟をもって抱くことですが、一つのものを知るためには、思惟をもって触れること toucher de la pensée で十分だからです。」(メルセンヌ宛 1630.5.27. I, 152)

20 われわれは、自分自身によってではなく神によって作られたのであり、それゆえ神は存在する。

しかし、すべての人がこのことに注意しているわけではないし、また、何か精巧な機械の観念をもつ人たちは、その観念をどこから得たかを知らないのがつねであるように、われわれはつねに神の観念をもっていたので、それがあるとき神からわれわれにやってきたことを覚えてはいない。それゆえ、神の最高の完全性の観念をうちにもっているわれわれ自身が、何によって存在しているのかをなお探求すべきである。というのは、実際、自然の光によって自明なことだが、自分よりも完全な何かを知っているものは、自分自身によって存在するのではないからであり——さもなければ、それは自分のうちにその観念をもつ完全性のすべてを、自分で自分に与えていたであろうから——、したがってまた、自分のうちにこれらすべての完全性をもたないもの、つまり神でない何かによってそれが存在することは、ありえないからである。

【解釈】

第20‐21節はいわゆる第二証明になっている。その着眼点は、私の存在の根拠を因果的に問うものである。「私は何によって存在しているのであろうか?」(「第三省察」VII, 48)と。私は自分で自分の存在を保存する力をもちえない。もしその力をもつとするなら、私自身が完全者(神)になるであろう。しかるに不完全者は完全者の原因になりえず、私は他のより完全なものによって存在する。ゆえに神は存在する。かくして「神の存在は、その観念をもっているわれわれ自身が存在することからも、また証明される」(「諸根拠」VII, 168)。要するに、私が現にここにあるということは、同時に神があるということである。この論理は『規則論』の「われあり、ゆえに神あり」sum, ergo Deus est (X, 421) に直結するであろう。

これに対してよくある批判は、われわれは神の観念を経験的に得るのであり、必ずしもみんなが一律に神の観念をもっているわけではない（「第五反論」VII, 286-287）、というものである。ライプニッツも、（神の観念の内在がいつも意識されているわけではないので）この証明は、神の観念がわれわれのうちにあることを無条件に認め、その観念をもつわれわれが存在することから神も存在すると結論している点で欠陥がある（G. IV, 360）としている。しかしデカルトにおいて、神の観念は、それを意識するしないにかかわらず、万人に生得的に備わっているものであった。

【参照】

・「というのは、もし私が唯一であって他のすべてから独立しており、したがって私が完全な存在者と分けもっているこのわずかなもののすべてを自分自身から得ているとするならば、同じ理由によって、私が自分に欠けていると知っている残りの完全性のすべてを私から得ることができたはずであり、かくして私自身、無限で、永遠で、不変で、全知で、全能であり、要するに、神のうちに見いだすことができたすべての完全性をもつことができたはずだからである。」（『序説』VI, 34-35）

・「それゆえ、その観念［私よりも完全な存在者の観念］をもつ私自身は、そうした存在者が何ら存在しないとするなら、はたして存在しうるかどうかを、探求しよう。…しかし、もし私によって存在するなら、私は疑うことも、願望することもなく、何かが私に欠けているということも、まったくなかったであろう。というのも、それについての何らかの観念が私のうちにある完全性のすべてを、私は私に与えていたであろうし、かくして私自身が神であったろうからである。」（「第三省察」VII, 48）

・「私は、両親から、あるいは神よりも不完全な、何であれ他の原因から作られたのかも知れない。いや、けっしてそうではない。…私は考えるものであり、神のある観念を私のうちにもっているので、私の原因にどのようなものが割り当てられようとも、その原因もまた考えるものであり、私が神に帰するすべての完全性の観念をもっていると認めなければならない。」(同 49)

・「むしろ私が存在すること、そして最も完全な存在者、つまり神の、ある観念が私のうちにあること、このことだけから神もまた存在するということが最も明証的に証明されると、たしかに結論すべきである。…すなわち、私がいまそうであるような本性をもつものとして、つまりうちに神の観念をもつものとして存在するためには、実際に神もまた存在するのでなければならない。」(同 51-52)

・「神の観念を自らのうちにもつこの能力は、もしもこの知性が、実際そうであるように、有限な存在でしかなく、それでいて、神がそれであるところの、自己の〔存在の〕原因を何らもたない、としたならば、われわれの知性のうちにあることはできないでしょう…。それゆえ私は、さらにそのうえに、「もし神が存在しないとするなら、私は存在することができるであろうかどうか」を探求したのです。」(「第一答弁」VII, 105-106)

・「私の原因が何であるかを私が問うたのは、私が思惟するものであるかぎりにおいてのみではなくて、わけてもまた特に、その他の思惟のうちで、このうえもなく完全なものの観念が私のうちにあることに、私が気がつくというかぎりにおいてでした。」(同 107)

・「われわれ自身の存在に基づく私の第二の証明が、第一の証明と異なったものとみなされるべきなのか、それとも単に第一の証明の説明であるとみなされるべきであるのかは、それほど重要な問題ではありません。私を創造したということがまさに神による結果であるように、私のうちに神の観念を置いたのも神による結果なのです。」(メラン宛 1644.5.2. IV, 112)

21　われわれの存在の持続は、神の存在を証明するのに十分である。

そして、われわれが時間つまり事物の持続の本性に注意するなら、何ものもこの証明の明証性を不明瞭にしえないだろう。その本性とは、時間の諸部分は互いに依存せず、けっして同時に存在しない、ということである。それゆえ、われわれがすでにあることから、われわれがすぐ次の瞬間にもあるであろうということは帰結しない。そのためには、何らかの原因が、すなわちわれわれを最初に産出した原因が、われわれをいわば連続して再生産する、つまり保存するのでなければならない。なぜなら、われわれのうちには、それによってわれわれ自らを保存するいかなる力もないこと、そして、それ自身とは異なったわれわれを保存するほどの力がそのうちにあるものは、それだけいっそう自分自身をもまた保存すること、あるいはむしろ、それはいかなるものによっても保存されることを必要としないこと、結局、神は存在することが容易に認識されるからである。

【解釈】

スコラの連続的創造説が背景にある。それはアウグスティヌスやトマスに由来する説で、ものは神から存在esseを与えられてはじめて存在する、神の協力がなくなればものは無に帰する、ものの持続のすべての瞬間は神に依存する、という思想が基本になっている。ユスタッシュも「すべてのものの保存conservatioは、ものの連続的産出continua productioにほかならないと思われる」(SP. III, 129 第四問題「世界はいかにして産出されたか」)としている。デカルトの言い方では、ものが持続する(保存される)とは、瞬間ごとに再創造されていることであり、保存と創造とは同義である(「第三省察」VII, 49)。言い換えれば、「それら[もの]は神なしには一瞬たりとも存続することができない」(『序説』VI, 36)。

デカルトの時間論の特徴は、時間を連続的な持続とせずに、互いに独立な瞬間の非連続な集合とする点にある。そして各瞬間をつなぐものとして神をもってきている。それゆえ、神なしにはものの存在には時間的な因果関係はなく、存在は非連続的であることになる。第57節を参照。

ここでの原因とは、「私をかつて生み出した原因だけでなく、なによりも現在において私を保存している原因」(「第三省察」VII, 50)である。つまり、生成原因causa secundum fieriではなく存在原因causa secundum esseが問題である。大工は家の原因であるというような生成原因の場合には、その結果は原因なしにも存続する。だが、太陽は光の原因であるというような存在原因においては、原因は結果の生産だけでなく、つねにその保存にも係わる（「第五答弁」VII, 369）。

これに対してライプニッツは、「われわれの持続の瞬間が他の瞬間からまったく独立であるとの前提には同意できない」（G. IV, 360）と反論している。

【参照】

・「だが、世界のなかになんらかの物体、あるいはなんらかの知性的なもの、あるいはその他の本性があるとして、それらがまったく完全ではないとすれば、それらの存在は神の力に依存しているはずであり、したがってそれらは神なしでは一瞬たりとも存続することができない、と。」（『序説』VI, 36）

・「いかなるものも神の協力 concursus なしには存在することができないということは、太陽なしには光線が存在し得ないということ以上に、より確実なことです。もし神が協力をやめるならば、神が創造したすべてのものはただちに無に帰すであろうことは疑いのないことです。」（某宛 1641. 8. III, 429）

・「なぜなら、人生のすべての時間は無数の部分に分割されることができ、しかもその各部分は、残りの部分にいささかも依存しないので、私が少し前に存在したことから、私がいま存在していなければならないということが帰結するためには、何らかの原因が、この瞬間に私をいわば再び創造する、つまり私を保存するということがなければならないからである。」（「第三省察」VII, 48-49）

・「というのも、時間の本性に注意する人には明らかであるが、どんなものも、それが持続する各瞬間において保存されるためには、そのものがまだ存在していないときに、それを新たに創造するのとまったく同じ力とはたらきを要するからである。したがって、保存はただ考え方の上で創造と異なるにすぎない…。それゆえいまや私は、いま存在している私を、すこし後でも存在するようにすることができる何らかの力をもっているかどうかを、私自身にたずねなければならない。…もし何かそうした力が私のうちにあったならば、疑いもなく私はそれを意識していただろうからである。しかし、私はなんらそのような力があることを経験していない。まさにこのことから私は、私とは異なるある存在者に依存していることを、きわめて明証的に認識するのである。」(同 49)

・「私については、私がかつていかなる原因によって産み出されたのか、ということよりも、私がいかなる原因によって現在の時点で維持されており、かくてすべての原因の継起から私が自由になっているかを、私は問うたのです。」(「第一答弁」VII, 107)

・「時間の諸部分は相互に分離されることができ、かくして私がすでにあることからは、ある原因が各瞬間に私をいわば再度創り出すというのでないかぎり、引きつづいて私があるであろうということは帰結しません。」(同 109)

・「時間の一つの部分は他の部分に依存しておらず、したがってその物体がその時までそれ自体から、言いかえれば原因なしに存在していたと仮定されるということからは、そのことをもってしては、その物体のうちに自らを不断にいわば再生産するある力能があるというのでないかぎり、またこれからもそれが存在するであろうということが十分ではないのです。」(同 110)

・「自己のうちに、一瞬間たりとも自己自身を維持するのに事足りるだけの何らの力能も見いだされないという場合には、自己が他のものに由因してあると、それも、それ自らに由因してあるところの他のものに由因してあると、結論して然るべきであります。」(同 111)

・「現在の時間は、すぐ直前の先行する時間には依存しない。したがって、ものを保存するためには、それを最初に産出するために要求されるよりも、より小さい原因が要求されるのではない。」(「諸根拠」VII, 165)

・「私自身によって、あるいはその力をもつ他のものによって、保存されるのでなければ、私は存在することができない（公理一、二により）。ところで私は、存在してはいても、今しがた証明されたように、私自身を保存する力をもたない。それゆえ、私は他のものによって保存されている。」（同168）

・「神が被造的な事物の原因であるのは、たんに「生成に関して」というばかりでなくて、また「存在に関して」もそうなのであって、それゆえかかる原因は常に同じ仕方で結果に対して、これを維持するというためにはたらきかけねばならないのです。」（「第五答弁」VII, 369）

・「ここで問題は、その点についてではなく、持続する事物の時間あるいは持続についてなのであり、あなたもその持続の個々の瞬間がそれに隣接するものから分離されうることを、言いかえるならば、持続する事物は各瞬間に存在することをやめうるということを否定されないでしょう。」（同370）

・「世界の持続のすべての瞬間は、他のすべてから独立しているのです。」（シャニュ宛1647.6.6. V, 53）

22　神の存在を認識するわれわれの仕方から、自然本性的な精神の力によって認識可能な神のすべての属性が、同時に認識される。

ところで、神の観念によって神の存在を論証するという、このやり方には大きな利点がある。つまり、われわれの本性の弱さが許すかぎりで、神がどういうものかをわれわれは同時に知るのである。すなわち、われわれに生得的である神の観念を反省することによって、われわれは神が永遠で、全知で、全能であり、すべての善と真理との源泉であり、すべてのものの創造者であることを知るのである。結局、そこにおいて何らかの無限な完全性、すなわちいかなる不完全性によっても限定されていない完全性が明断に認められうるすべてのものを、神は自らにおいてもっていることを知るのである。

【解釈】

神の属性が列挙される。すなわち、神は永遠で全知全能な創造者にして、善と真理の源であり、無限の完全性をもつ、とまとめられている。ちなみに、トマス・アクィナス『神学大全』第一部、第三問題以下では、神の本性として、単純、完全、善、無限、実在、不変、永遠、一性が挙げられている。同様のことはユスタッシュにおいても論じられている(SP. IV, 119-120 第十問題「神の主要属性はいかなるものか」)。

真理の源泉 fons は神であるという思想はアウグスティヌス以来のもので、デカルトはそれを永遠真理創造説として展開している。すなわち、真理の作者は神であり、真理が真理であることの根拠は、誠実なる神の知性にではなく意志に由来する(この点にデカルトの独自性がある)。かりに神も数学的真理に従属するとするなら、神は全能とは言えなくなる。全能なる神は、たとえば2たす3が5でないようにすることもできたはずである。数学の真理は、それが永遠真理だから神がそのように定めたのではなく、神によってそう定められたがゆえに真理である、などである。ただ、この説は『原理』ではあまり強調されていない。

【参照】

・「かくして私自身、無限で、永遠で、不変で、全知で、全能であり、要するに、神のうちに見いだすことができたすべての完全性をもつことができたはずだからである。」(『序説』VI, 35)。

・「真理の源泉である最善の神ではなく、ある悪しき霊で、しかも最高の力と狡知をもった霊が…私を欺こうとしている、と想定してみよう。」(「第一省察」VII, 22)

・「永遠で、無限で、全知で、全能で、自分以外の万物の創造者たる、ある最高の神…。」(「第三省察」VII, 40)

・「神という名で私が意味しているのは、ある無限で、独立した、全知で、全能な実体であり、私自身を創造し、何か他のものが存在するならそのすべてを創造した実体である。」(同45)

・「そこにおいて知識と知恵の宝がすべて秘められている真なる神…。」(「第四省察」VII, 53)

・「[このうえもなく完全な存在者の観念が私のうちにあり、私がそれに気づいているという」この一つのことに私の論証のすべての力は依拠しています。…それというのも第一に、その観念のうちには神の何であるかということが、少なくとも私によって理解されうるかぎりは、含まれているからです…。第二に、その観念そのものが、私が私に由因してあるのか、それとも他のものに由因してあるのか、ということを吟味し、そして私の欠陥を認知するという機会を私に与えてくれるからです。そして終わりに、その観念が、ある私の原因があることを教えてくれるばかりではなくて、そのうえまた、その原因にはすべての完全性が含まれており、したがってその原因が神である、ということをも教えてくれるからです。」(「第一答弁」

VII, 107-108)

・「われわれはわれわれのうちにある神の観念を神の存在を証明するのに使用していて、しかも、この観念のうちにははなはだ広大無辺の力能が含まれており、われわれはかくて、神が存在するとすれば、その神のほかに他の何ものかが存在するということは、それが神そのものによって創造されたというのではないかぎり、矛盾であるということを理解しているのです。」(「第三答弁」VII, 188)

23　神は物体的なものでもなければ、われわれのように感覚したり、罪という悪を意志することもない。[64]

というのは、たしかに何らかの完全性が認められる多くのものがあるにしても、しかし、そこには何らかの不完全性すなわち制限も認められる。したがって、それらは神に適合することはできない。かくして、物体的な本性においては、場所的延長と同時に、分割可能性が含まれており、分割可能ということは不完全性なのであるから、神が物体でないことは確かである。そして、われわれが感覚するということは、われわれにおいては何らかの完全性[65]であるにせよ、しかし、すべての感覚には受動があり、[66]受動することは他のものに依存することなので、神はけっして感覚すると考えるべきではなく、ただ認識し意志するとのみ考えるべきである。神は、われわれのように何か別々の作用によってそうするのではなく、唯一で、つねに同一の、最も単純なはたらきによって、すべてのものを同時に認識し、意志し、かつなすのである。すべてのものというのは、すべての事物ということである。罪という悪は事物ではないので、神はこれを意志しない。

【解釈】

場所的な延長は無限の広がりをもつので、完全性の一つと考えられている。この観点からマルブランシュは神を叡知的延長 étendue intelligible としたことが想起される。他方、分割可能性は古来、延長とともに物体の特性の一つとされてきた。精神は分割されないが物体は分割される、という仕方においてである。完全なものは単純であり、一なるものであって、それ以上分割も分解もできない。精神や神には分割可能性や合成はない。物体は分割されうるものから成る合成体である。それは多くの雑多なものから複合されているので、完全者とは言えない。「およそ合成とは依存の証左であり、依存とは明らかに欠陥である…」(『序説』VI, 35)。

感覚はわれわれにとっては、何らかの意味で完全性である。すなわち、痛みは身体のどこかが具合が悪いことを教えてくれ、身体の保全に有益である。『原理』の仏訳が言うように「感覚をもつことは人間にとって一つの利益である」(IX-2, 35)。だが感覚は外からの刺激を受け取るという受動性を含む。これは他に依存することであり、したがって感覚することは神の属性にはない。神は知性認識 intelligo し、意志 volo し、為す operor ものである。神のうちに多くのものがあるにしても、それらは一体をなしている。「神のうちにある、そうしたすべてのものの統一性、単純性すなわち不可分性 inseparabilitas こそは、神のうちにあると私が理解している主要な完全性のうちの一つであるからである」（「第三省察」VII, 50）。

アウグスティヌス以来、悪は実在するものではなく善の欠如だとされている。したがって悪は積極的な実在としての事物 res ではない。神はすべてをなすが、「すべて」のうちに悪は含まれず、悪の原因は神に帰されない。

【参照】

・「神においては、意志することと認識することとは一つです。」（メルセンヌ宛 1630.5.6. I, 149）

・「これらの永遠真理を産出するために神は何をなしたのかと、あなたはお訊ねです。私は、神はそれらの真理が永遠の昔からあることを意志し、認識する、というまさにこのことによって、それらの真理を創造した…と答えます。なぜなら神においては、意志すること、認識すること、創造することは、同一のことがらであり、一方が他方に先立つことは概念的にさえないからです。」（同宛 1630.5.27. I, 152–153）

・「神のもつ一性は、神におけるある種の独特で積極的な完全性を指示しています。しかし一般的な一性は、個々の個体の本性に何ら実在的なものを付け加えることがありません。この点で両者は大きく異なっています。」（「第二答弁」VII, 140）

・「私はあなたが…、何か物体的延長よりも広大に拡がる神的延長を想像し、そのようにして神を部分の外に部分をもつもの、分割可能なものだと想定し、徹底して物体的な事物の本質をすべて神に帰していることに驚きます。」（モア宛 1649.2.5. V, 274）

・「ところが欠如は、そこにおいてのみ虚偽と罪過の形相的根拠があるのだが、それは何ら神の協力を要しない。というのは、［実在的な］ものではなく、もしその原因として神に関係づけられるなら、それは欠如と言われるべきではなく、ただ否定と言われるべきであるからである。」（「第四省察」VII, 60-61）

・「［スコラの］哲学によれば、悪は何ら実在的なものではなく、ただ単なる欠如にすぎないのです。」（エリザベト宛 1645.10.6. IV, 308）

24 神の認識から被造物の認識へと進むには、神は無限であるがわれわれは有限であることを想起する必要がある。

ひとり神のみが、存在するもの、あるいは存在しうるすべてのものの真なる原因であるから、もしわれわれが、神そのものの認識から神によって創造された事物の説明を導き出すように努め、[67] かくして原因によって結果を知るという最も完全なる知識を獲得するならば、哲学する最上の道にしたがうことになるのは明らかである。しかし、このことを十分安全に、かつ誤る恐れなしにわれわれが企てるためには、事物の創始者である神は無限であり、われわれはまったく有限であるということを、つねにできるだけ思い起こすよう意を用いるべきである。

【解釈】

真なる原因からその結果を演繹すること、つまり神を基点としてそこから被造物（世界）を説明すること。これはスコラ哲学の常道であったが、デカルトもそれを哲学の本道だと考えている。若き日のデカルトは、第一原理の直観とそこからの明証的な演繹が「知識への最も確実な途」（『規則論』X, 370）であるとしていた。その確信は晩年になっても変わることがなく、『原理』の「仏訳序文」においても「第一の原因すなわち真なる原理を求め、そこから人の知りうるあらゆることの理由を演繹すること」（IX-2, 5）が哲学者の仕事であるとしている。第一原理とは、認識の順序から言えば私（精神）の存在の発見（同 10）である。だが存在の順序からすれば、私を介して発見された神こそが、ものごとの原理であり真なる第一の原因である。「第一に主要なことは、神があること、そしてそれにすべてのものが依存する…ということです」（エリザベト宛 1645.9.15. IV, 291）。

【参照】

・「私がこのことに関してとった順序は次のようなものである。第一に、世界においてある、あるいはありうるすべてのものについての原理すなわち第一原因を一般的に発見しようと努めた。ただしそのために、世界を創った神だけを考慮に入れ、それらの原理をわれわれの精神のなかに生まれつき備わっている真理のある種子だけから引き出そうとしたのである。そのあとで私は、これらの原因から演繹できる最初の最も通常の結果が何であるかを吟味した。」(『序説』VI, 63-64)

・「無限な実体においては、有限な実体においてよりも、より大きな実在性があり、したがって無限なものの認識が、有限なものの認識よりも、つまり神の認識が私の認識よりも、ある意味で先行して私のうちにあることを、私は明らかに理解しているからである。」(「第三省察」VII, 45)

25

神によって啓示されたことはすべて、それがわれわれの理解を超えていても、信じるべきである。

かくして、もし神が神自身について、あるいは他の何かについて、たとえば受肉や三位一体の秘儀がそうであるように、われわれの精神の自然的な力を超えたことをわれわれに啓示することがあるなら、たとえそれらを明晰に認識していなくても、われわれはそれらを信じることを拒まないだろう。また、あるいは神の広大無辺な本性において、あるいは神によって創造されたものにおいてさえも、われわれの理解を超えた多くのもの[68]のがあることに、われわれはけっして驚きはしないだろう。

【解釈】

神によって啓示されたものは、理性的認識とは別次元の、信仰の真理として肯定される。これは、「自然の光は、それに反するものが神自身によって啓示されないかぎりにおいてのみ、信頼されるべきである」(第28節)や「啓示されたものは、すべてのうちで最も確実であるものとして信じるべきである」(第76節)に通じることである。当時の書物(とくに教科書)の書き方として、啓示に対する敬意表明は自然なことであったろう。だが、それは理性的認識の破棄ではなく、啓示の対象と理性の対象との区別を意味すると読むべきであろう。伝記作家のバイエは「デカルト氏は、早くから信仰の対象は理性の対象たりえず、信仰を理性に服せしめることが無謀であることを理解していた」と証言している(A. Baillet, *La vie de Monsieur Descartes.* 1691. I. p. 132)。

事実、デカルトは三種類の問題を明瞭に区別している。すなわち、第一は信仰によってのみ信じられる問題(受肉 Incarnatio、三位一体 Trinitas)。第二は信仰に属していながらも自然的理性によって探求される問題(心身の区別、神の存在)。第三は信仰には属さず人間の推論にのみ委ねられる問題(円積法、錬金術)である(『掲貼文書への覚え書』VIII-2, 353)。この節が言わんとしているのは第一の問題であることは明らかである。啓示に関することがらは本来神学の問題であり、自分は哲学者として明晰に認識できるもののみを事とするというのがデカルトの基本的姿勢である。第76節を参照。なお、受肉や三位一体の秘儀については、「第四答弁」（VII, 248-256）に詳しく展開されている。

【参照】

・「けれどもこのことは、神により啓示されたことがらを、あらゆる認識に勝って確実であるとわれらが信じるのを妨げない。なぜなら、あらゆる不明なものについての信仰は、精神の作用でなく、意志の作用だからである。」（『規則論』X, 370）

・「これらの格率をこのように確保し、私の信念のうちでつねに第一のものであった信仰の真理とともに、それらを別にしておいたあとでは、私の意見の残りのものについては、すべてこれを取り壊すよう自由に企ててよいと判断した。」（『序説』VI, 28）

・「神から啓示された事柄は信じられるべきであるということは最も明証的であり、そして、恩寵の光は自然の光よりも優先されるべきであるということは、カトリックの信仰を真にもっている者にとっては、だれにも疑わしいことでも驚くべきことでもありえません。」（某宛 1641.8. III, 426）

・「信仰は普通は不明瞭なものについてであると言われていますが、もしそうだとしてもしかしそのことは、事物あるいは信仰の素材について理解されるにすぎません。しかし、だからといって、信仰の［素材としての］事物にわれわれがそれがために同意するところの形相的根拠が不明瞭である、というわけではないのです。というのも逆に、この形相的根拠は、ある内的な光において成り立っているからでありまして、この光によって神から超自然的に照り輝かされて、われわれは信ずべく提供されているところのものがその神によって啓示されたこと、そして、神が嘘をつくことはありえぬことを確信するのです。このことは、あらゆる自然の光よりもいっそう確実であり、また、しばしば恩寵の光のためにいっそう明証的でもある

のです。」(「第二答弁」VII, 148)

・「私は「われわれはそれを明晰に認識するのでなければいかなる事物にも同意してはならない」と主張したその場合に、私は「信仰に属するものと実生活の行為に属するもの」を常に除外したのです…。」(「第四答弁」VII, 248)

・「哲学においては自然的理性によって最も明晰に認識される事柄だけを扱うのですから、それらが神学と矛盾するということは、神学が理性の光に明らかに反するというのでないかぎりありえないこと、そして、だれも自らそんなことは言わないであろうことを、私は知っています。」(ディネ宛VII, 598)

・「われわれが普通もっているあらゆる知恵は、この四つの仕方によってのみ得られると思われます。というのも、ここで私は神の啓示を同列に置いていないからです。啓示は段階的にわれわれを導くのではなく、一挙に不可謬の信仰にまでわれわれを高めるものだからです。」(『原理』「仏訳序文」IX-2, 5)

・「神によってわれわれに啓示されたものは、すべてのうちで最も確実であるものとして信じるべきである…。そして、もしかして理性の光が、何か他のものを、このうえなく明晰で明証的であるとわれわれに示しているように思われることがあったとしても、われわれは自分の判断よりもむしろ、ひとり神の権威にのみ信頼を寄せるべきである。」(『原理』I-76)

26

無限についてはけっして論議すべきではなく、むしろ、そこにおいて単にいかなる限界も見いだされないだけのもの、たとえば世界の延長、物質の諸部分の分割可能性、星の数などを無際限とみなすべきである。

したがって、われわれは無限についての論議で疲れ果てるということは、けっしてないであろう。なぜなら、われわれは有限であるのだから、われわれが無限について何かを規定し、かくしていわばそれを限定し、全体を理解しようと努力することはたしかに不合理であろうからである。それゆえ、もし無限なる線があるとすれば、その半分もまた無限なのか、あるいは無限数は偶数か奇数か、などといったことを問う人たちに、われわれは答えようとは思わないであろう。なぜなら、そうしたことは、自分の精神が無限であると思っている人たちでなければ、考えるはずもないと思われるからである。

他方、われわれは、ある観点の下では、いかなる限界もわれわれが見いだすことができないものすべてを無限と主張するのではなく、無際限とみなすであろう。かくしてわれわれは、それ以上大きな延長がありうることを理解しえないほどの大きな延長を想像できないので、可能的な事物の大きさを無際限と言うであろう。そして、どんな物体も、それらの部分のそれぞれがそれ以上分割可能であることが理解されないほど、多くの部分に分割されえないので、われわれは量を無際限に分割されうると考えるであろう。また、神によってそれ以上多くの星は創造されえなかったと思われるほどの、多くの星を想像することができないので、われわれは星の数もまた無際限と想定する。そして他のものも同様である。

【解釈】

無限についての論争は古くからある。古代ではアナクシマンドロス、近世ではニコラウス・クザーヌス、ジョルダーノ・ブルーノなどが特に無限を論じている。ブルーノは、無限宇宙のような有限系列における「全体の無限」に対して、有限の超越としての「全的な無限」（神の無限）を考えている（『無限、宇宙と諸世界について』第一対話）。これはデカルトの無際限と無限との区別に相当するものであろう。デカルトにおいて、無際限は有限者の限りない集合であるが、無限は無際限という量的規定を超えるものである。量的・空間的に限定されないものが無際限だが、これに対して無限とは有限者の集合である無際限とは質の異なる実在である。延長の広がりや物質の分割など、無際限 indefinitum であるものは、われわれの目からすれば無限でありうるが、神の目からすれば有限である（『ビュルマンとの対話』V, 167）。結局、無限という言葉は神のためにとって置かれるのである（第27節参照）。したがって、地上的なこの世界には、無際限はあっても無限はないことになり、無限にまつわる無用な議論をする必要がなくなる。

有限な人間が何の資格で、またどういう仕方で無限なる神を捉えうるのかは大問題である。スコラでは存在の類比 analogia entis によって人間知性は無限なる神を捉えうるとした。近世のパスカルは、有限者と無限者との間には無限の開きがあり、両者は絶望的に隔絶しているとの直観をもっていた。しかし、デカルトは、両者は断絶しておらず、有限な人間は精神の内に宿る神の観念によって無限に触れることができる、と考えた。現代のレヴィナスはこの点にデカルト哲学の意味を認めている。

ライプニッツは、われわれは有限であっても、漸近線や無限空間などの多くのことを無限について知ることができる。さもなければ、神について確かなことを何も知りえないであろう。ものを知ることと、ものの内に隠されたすべてを理解することとは違う（G. IV, 360)、としている。

【参照】

・「ここに私は無際限と無限との間を区別するのであって、いかなる面からも制限が見つけ出されることのないもののみを本来的に無限と称するのですが、この意味では神のみが無限です。が、しかし、ある根拠のもとでのみ私が限界をそのなかに認知していないもの、たとえば想像的空間の延長、数の多、量の部分の可分性、およびこれに類するものを、私は無際限とこそ称しはしますが、無限とはしかし称しません。それというのも、それらはすべての面から限界を欠いているというわけではないからです。」（「第一答弁」VII, 113)

・「私が「無限」という言葉を、たんに限りがないということを意味するためにはけっして用いていない、ということに留意すべきです。限りがないということは消極的であり、私はこれには「無際限」という言葉を適用しました。私が「無限」という言葉を用いるのは、何らかの限りをもつあらゆるものよりも比較を絶して大きい、ある実在的な事物を意味するためです。」（クレルスリエ宛 1649.4.23. V, 356)

・「物質の…分割可能な諸部分を私がすべて数えあげることができず、したがってその数は無際限だと言うとしても、その分割は神によってもけっして完遂されないと主張することはできません。というのも、私の思惟によって把握できない多くのことを神がなしうることを、私は知っているからです。そして、物質のある部分のそうした無際限な分割は、実際に常々生じているのだということを、私は『原理』第2部第34節で認めました。」(モア宛 1649.2.5. V, 273–274)

27 無際限と無限との間にはどういう相違があるか。

こうしたものをわれわれは無限よりも無際限と言うであろう。それは一つには、無限という名を神だけに保存するためである。なぜなら、ひとり神においてのみ、すべての点でわれわれはいかなる限界をも認めないだけでなく、いかなる限界もないことを積極的に理解するからである。それはまた一つには、[69] 他の事物がある点において限界を欠いていることを、われわれは同じように積極的に理解するのではなく、たとえ限界があるにせよそれらの限界がわれわれによっては見いだされえないと、ただ消極的に承認するにすぎないからである。

【解釈】

限界 limes がないものを無際限と言う場合、それは消極的 negative な意味においてであって、われわれは有限であるがゆえに、ものの限界（果て）を認めることができない、ということである。これに対して、神においては実際に限界がないということが積極的positive に理解される。そうしたものを「無限」と呼ぶのである。スコラ文献において無限と無際限とが区別されることはなかった。たとえば、ユスタッシュにおいても無限について記述は多くある（SP. III, 82 第五問題「無限とはいかなるものか」など）が、無際限との区別は見当たらない。これはデカルトの独創ではないかと思われる。

【参照】

・「私は無限の形相的根拠あるいは無限性と、無限である事物との間を区別します。というのも、無限性について言えば、それがいやがうえにも積極的なものであるとわれわれは理解するにもせよ、しかしある意味で消極的に、すなわち、事物のうちにおいていかなる制限にもわれわれが気づかない、ということからしかわれわれは理解しません。実のところ、無限である事物そのものをなるほど積極的にわれわれは理解します。しかし、［その理解は］十全的に［行われうるもの］ではなく、言いかえるならば、その事物において可知的であるものの全体をわれわれは包括的に理解してはいないのです。」（「第一答弁」VII, 113）

・「われわれは限界の否定によって無限を理解するのではないということは、きわめて真なることがらです。そしてまた、限界は無限の否定を含むのであるから限界の否定は無限についての認識を含んでいると、われわれは推論することはできません。無限を有限から区別するところのものは、何らかの実在的かつ積極

的なものです。」（某宛 1641.8. III, 426-427）

28 われわれは被造物の目的因ではなく、作用因を吟味すべきである。

それゆえ、結局われわれ[70]は自然的な事物に関して、神あるいは自然がそれらをつくるときに立てた目的からその根拠を取り出そうなどとは、けっしてしないであろう。なぜなら、われわれは神の計画に参与していると考えるほどに思い上がるべきではないからである。むしろ、神をすべてのものの作用因と考え、神がそれについてわれわれに少なからぬことを知らせようと欲した神の諸属性から、われわれの感覚に現われるその諸結果について何を結論すべきか、われわれのうちに与えられた自然の光が示すところを見てみよう。しかし、すでに述べたように、[71]この自然の光は、それに反するものが神自身によって啓示されないかぎりにおいてのみ、信頼されるべきであるということを記憶すべきである。

【解釈】

目的因の排除はアリストテレス＝スコラの自然観への批判になっている。それはデカルトの機械論的自然観から来るものであろう。目的因は道徳においては意味があるかもしれない。しかし自然研究においては、神のつくった自然の作用因を問い、その仕組をわれわれが機械的に説明すればそれでよい。こうした考え方がデカルトにはあったと思われる。スピノザは目的因を徹底的に除去することになるが（『エチカ』第一部付録）、ライプニッツは目的因を肯定している（『形而上学叙説』第22節）。

神あるいは自然 Deus aut natura という言い方は、スピノザの神即自然 Deus sive natura を容易に想起させる。デカルトは神を自然の意味に使うことがある。「一般的に見た自然ということで私が理解しているのは、神そのもの、あるいは神によって制定された被造物の相互秩序」（「第六省察」VII, 80）である。ただし、それは限定的な使い方であって、スピノザのように実体としての神と自然とが直接的に一体化されることはない。

恩寵の光と自然の光との関係は微妙である。テキストを読むかぎり、恩寵の光が自然の光に優っているように読める。自然の光が認められるのは、啓示がそれを反証しないかぎりにおいてである、としているからである。たしかに教科書としては、そうした書き方が有効であろう。だが、その意味は、例えば恩寵の光は2＋3＝5を真でないようにすることもありうる、ということではないだろう。神は誠実であるので、自然の光に反することを啓示しないからである。ここでの主張は、恩寵の光の優越や啓示による反証可能性を言っているのではなく、第25節に示されているように、自然の光との領域の違いを言っていると読むべきであろう。

ライプニッツは、神の目的を考慮することは可能であり、有益であると批判している(G. IV, 360-361)。

【参照】

・「目的から取り出されるのが常である原因のすべての類は、自然学的なことがらにおいては何の効用もないと私は判断している。というのは、私が神の目的を探りうると考えるのは、無謀なことだと思うからである。」(「第四省察」VII, 55)

・「どのような目的でそれぞれのものを神が作ったかを、われわれが臆断することは分相応なことではありません。しかも、しばしば推量を用いることの許されるところの倫理学においては、いかなる目的を神が、宇宙を支配するに当たって、自らに提示したとわれわれは推量することができるかを考察することが、時としては敬虔であるにしても、確かに、すべてのものがいとも強固な根拠にもとづいているべき自然学においては、それは愚かしいことです。」(「第五答弁」VII, 375)

・「すべては神によってわれわれのために創られたというのは、神に感謝するよう促され、神への愛に燃えるためであるなら、道徳の見地からは敬虔なことであろうし、ある意味では真であろう。…しかし、すべてはわれわれのためにのみ創られたのであり、ほかにはいかなる用途もないということは、けっして真実とは思われない。そして、自然学上の考察においてそのようなことを想定するのは、明らかに愚かしい不当なことであろう。」(『原理』III-3)

・「私たちはけっして目的から推論してはならないという、このことは十分に守られなければなりません。というのも、目的の認識は私たちを事物そのものの認識へ導かず、その本性はあいかわらず隠されたままだからです。また、いつも目的から推論することが、アリストテレスの最大の罪過です。すべて神の目的は私たちに隠されており、そこまで飛び込んでいこうとするのは向こう見ずです。」(『ビュルマンとの対話』V, 158)

29　神は誤謬の原因ではない。

ここで考察される神の第一の属性は、神が最高に誠実であり、すべての光を贈与する者であることである。したがって、神がわれわれを欺くこと、すなわち神が、われわれが陥らざるをえないのを経験している誤謬の、本来的かつ積極的な意味での原因であることは、まったく矛盾であることになる。なぜなら、われわれ人間において、欺きうることはおそらく一種の知力の証拠であると思われるとしても、しかし、欺こうとする意志は、たしかに悪意あるいは恐れや弱さからでなければ由来しないので、それゆえ神に帰すことはできないからである。

【解釈】

神の存在はすでに証明されており、神の諸属性を吟味するなかで、この節では神が誠実であり、欺くものではないことが証明される。スコラ哲学からするならば、神が善であることは当然の前提であり、神が欺くかもしれないという仮定の方が、むしろおかしいと見えたはずである。だが、デカルトは伝統的神学の前提をも懐疑にかけている。神の善性や存在も含めて、神に関することはすべて「虚構」fictitiusとさえ想定している（「第一省察」VII, 21）。そして、まったくのゼロから出発して懐疑を進め、「神があるかどうか、もしあるなら欺瞞者でありうるかどうかを吟味しなければならない。というのも、このことが知られなければ、いかなる他のものについても、私はまったく確信することができない」（「第三省察」VII, 36）という地点にまで到達するのである。

神は、本来的かつ積極的proprie ac positiveな意味で誤謬の原因ではない。逆にいえば、消極的に非本来的には誤謬の原因であることはありうる。それは、ちょうど医者が患者に本当の病気のことを伏せて治療する場合、医者は邪意なしに虚言を呈する、つまり積極的にウソを言っているのではないのと同じである（「第二答弁」VII, 143）。

【参照】

- 「虚偽や不完全性がそういうものであるかぎり、神に由来するということは、真理や完全性が無に由来するということに劣らず矛盾であることは明白である。」（『序説』VI, 38-39）
- 「神は欺瞞者でありえないことは十分明らかである。というのも、すべての奸計と欺瞞とが何らかの欠陥に依存していることは、自然の光によって明白だからである。」（「第三省察」VII, 52）
- 「…神が私を欺くことはおよそありえないと私は認める。というのは、すべての詐欺や欺瞞のうちには、何らかの不完全性が見出されるからである。そして欺くことができることは、何らかの明敏さあるいは能力の証拠であると見えるかも知れないが、しかし欺こうと欲することは、疑いもなく悪意あるいは弱さを示すものであり、したがって神には適さない。」（「第四省察」VII, 53）

・「神は、このうえない存在なのですから、またこのうえもなく善にして真なるものでないということもありえないのであって、かくてそれゆえに、積極的に偽なるものへ向かう何かが神に由因してあるということは、矛盾です。」（「第二答弁」VII, 144）

・「人間が神によって欺かれるのは矛盾であるということはといえば、欺瞞の形相は非存在であって、このうえもない存在がそれへと赴かされゆくことはありえぬということから、明晰に論証されます。」（「第六答弁」VII, 428）

30　ここから、われわれが明晰に認識することはみな真であり、さきにあげた諸々の懐疑が取り除かれることが帰結する。

そして、ここから次のことが帰結する。すなわち、自然の光つまり神からわれわれに与えられた認識能力は、その光によって捉えられているかぎり、つまり明晰判明[72]に認識されているかぎり、真でないような対象を捉えることはありえない、ということである。というのも、もし神が、偽を真と受けとめるような歪んだ能力をわれわれに与えていたとするなら、神は当然、欺瞞者と言うべきだろうからである。かくして、われわれにはこのうえなく明証的と思われることにおいてさえも誤るような自然本性が、もしかしてわれわれにあるのかもしれない、ということから引き出されたあの最大の懐疑[73]は除去される。そればかりか、以前に列挙された他のすべての懐疑理由も、この原理からして容易に除去される。なぜなら、数学的真理は最も明白なのであるから、もはやそれがわれわれにとって疑わしいものであるはずはないからである。そして、われわれが、感覚において、あるいは目覚めや夢において、[74]何が明晰かつ判明であるかに注意し、それを不分明で不明瞭なものから区別するなら、どんなものにおいてであれ、何を真であるとみなすべきかをわれわれは容易に認識するであろう。

そして、ここでこれらについて多くを語る必要はない。なぜなら、それらはすでに『形而上学的省察』においてある程度論じられたからであり、それらについてのより詳しい説明は以下のことを知ることに依存しているからである。

【解釈】

神は欺瞞者ではないゆえに、われわれが明晰判明に捉えるものは真である。これを根拠として第4-5節に呈示された感覚的事物や数学の証明への懐疑が解かれる。神の誠実を前にすれば明証性への懐疑もその理由を失うからである。逆にいえば、神の誠実なしには、われわれは常に欺かれている可能性がある。懐疑は依然として持続し、確かな知識というものは成立しない。われわれはいわば素手で懐疑を解くことはできず、神の誠実が不可欠である。「神の存在を前提しないかぎり、この懐疑を取り除くのに十分ないかなる理由も示しえない」(『序説』VI, 38)。神によって与えられた自然の光によって真理を捉えるという思想の背後に、アウグスティヌスの照明説を読むことは十分可能であろう。

明晰判明に clare & distincte 認識されるものは真であるという規則は、単独で有効なのではない。それは「神があり存在すること、神が完全な存在者であること、われわれのうちなるすべては神に由来すること、のゆえにのみ確実なのである」(『序説』VI, 38)。そして、「神が在ることを認識した後では、同時にまた、他のすべてのものが神に依存すること、そして神が欺瞞者ではないことをも同時に理解しているので、そこから、私が明晰判明に認識するすべてのものは必然的に真であると結論した」(「第五省察」VII, 70) ことも保証される。

神が誠実である以上、感覚的事物において明晰判明なものを不分明で不明瞭なものから区別すれば、われわれ真理に達する。「眠っていても何かきわめて判明なある観念をもつことがあるなら、たとえば幾何学者が何か新しい証明を発見することがあるなら、眠っているからといってその証明が真でなくなるわけではない」(『序説』VI, 39)。結論として「結局、われわれが目覚めていようと眠っていようと、われわれの理性の明証性によってでなければ、けっしてものごとを確信すべきではないのである」(同)。『原理』では懐疑の解除手段として明晰判明な認識という基準が援用されているが、『省察』では必ずしもそうなっていない。『序説』、『省察』、『原理』の三著作において、懐疑の提示の仕方も、その解除の仕方も微妙に異なっている。『原理』が最後の形而上学であるなら、明晰判明の規則によって懐疑を解くのが、デカルトが最終的に目指したことなのであろうか。

【参照】

・「私は「われわれがきわめて明晰にきわめて判明に理解していることがらはすべて真である」ということを、一般的な規則として認めてよいと判断した。」(『序説』VI, 33)

・「神は存在すること、そして欺瞞者ではないことを確信させる根拠を明晰に理解した者は、…そうした確信のみならず、そのことについての真の知識…を、保持しつづけるでしょう。」(レギウス宛 1640.5.24. III, 65)

・「それゆえいまや、私がきわめて明晰判明に認識するものはすべて真であるということを、一般的な規則として立てることができると思われる。」(「第三省察」VII, 35)

・「神は私を欺こうと欲することはないので、この能力は私がそれを正しく用いても私が誤りうるようなものとして、神から与えられたのではむろんない。」(「第四省察」VII, 54)

・「なぜなら、明晰判明な知識はすべて疑いもなく「実在的な」何かであり、したがって無から出てくることはありえず、むしろ必然的に神をその作者としているからである。ここで神というのは、最高に完全なものであり、欺瞞者とは相容れないものである。したがって、そうした認識は疑いもなく真であるからで

ある。」(同 62)

・「しかし、私は神が在ることを認識した後では、同時にまた、他のすべてのものが神に依存すること、そして神が欺瞞者ではないことをも理解しているので、そこから、私が明晰判明に認識するすべてのものは必然的に真であると結論した。そこで、それを真であると判断した理由にもはや注意をしなくても、ただ私がそれを明晰判明に洞察したことを想起しさえすれば、それを疑うようにさせるどんな反対の理由がもち出されうるにしても、私はそれについて真にして確実な知識をもつことができる。」(「第五省察」VII, 70)

・「というのは、私がたとえ夢を見ていたとしても、何かが私の知性にとって明証的であるならば、それはまったく真であることは確かであるから。」(同 71)

・「また、それらを吟味するために、すべての感覚、記憶、知性を総動員した後に、これらのいずれによっても他のものと矛盾するいかなるものも私に知らされないならば、それらの真理性についてわずかでも疑うべきではない。なぜなら、神は欺瞞者ではないということから、そうしたものにおいて、私はまったく誤ることはないことが帰結するからである。」(「第六省察」VII, 90)

・「この能力が、少なくともこれを正しくわれわれが使用する場合に…、真なるものに向かうことがないとしたならば、その授与者たる神が欺瞞者と見なされようとも当然のことでしょう。」(「第二答弁」VII, 144)

・「神の存在することが認識されたのちは、明晰かつ判明にわれわれの認識するものにわれわれが疑いを差しはさもうと思うとするならば、神を欺瞞者であると仮想するということは必然的であること、そして、神が欺瞞者であると仮想することはできませんから、それらのものはおよそ真にして確実なものとして受け入れられなければならないこと、がおわかりいただけるでしょう。」(同

・「しかし、われわれが明晰判明に認識するものだけに同意を示すならば、けっして偽を真と認めることがないであろうことは確かである。確かであると私が言うのは、神は欺瞞者ではないのであるから、神がわれわれに与えた認識の能力が偽に向かうことはありえないからであり、また同意の能力も、明晰に認識されることだけに及ぶときには、偽に向かうことはないからである。」(『原理』I-43)

・「神は欺瞞者ではないことを証明し、そのことをあらゆる人間的確実性の基礎として確立するために、私は「欺く神という」想定を使用したのです。」(レイデン大学評議員宛 1647.5.4. V, 9)

31 われわれの誤謬は、神に関しては単に否定にすぎないが、われわれに関しては欠如である。

しかし、神が欺瞞者ではないとしても、それでもわれわれはしばしば誤ることがあるので、われわれの誤謬の起源と原因とを探求し、誤謬を防ぐことを学ぶには、次のことに注意すべきである。すなわち、誤謬は知性よりもむしろ意志に依存すること、そして誤謬は、それを産み出すのに神の実在的な協力が要求されるような事物ではなく、むしろそれは、神に関しては単なる否定だが、われわれに関しては欠如であること、である。

【解釈】

以下第42節まで誤謬論になっている。内容的に「第四省察」に対応するが、この問題については『原理』でも多くのページが割かれ、重要視されていたことが窺われる。神が誤謬の原因ではありえないことは第29節で示された。以下では、人間の側においてその起源と原因を探ることになる。この節では、誤謬は意志にかかわり、しかもそれはわれわれにおいては欠如にすぎないという基本線が示されている。

知性 intellectus と意志 voluntas との相互関係については「第四省察」に詳論されている。知性が認識の能力であるのに対して、意志は選択の能力である（VII, 56）。知性にも意志にも、それ自体には誤謬の原因はない。ただ意志は知性よりも広範囲に広がるので、「意志を知性と同じ範囲内に限らないで、私が理解していないものにまで押し及ぼすという、ただこの一つのことから」（同58）誤謬が生じる。これが誤謬論の骨子である。否定 negatio と欠如 privatio についても「第四省察」で触れられている。単にないのが否定であり、あるべき認識がないのが欠如である（同55）。「誤謬というものは、それが誤謬であるかぎりは神に依存する何か実在的なもの res ではなく、むしろ単なる欠陥 defectus である」（同54）。誤謬が積極的な実在ではないという点は、第29節にも指摘されているが、これは、悪は積極的な実在としての事物ではない（第23節）というのと同じ論理であろう。

【参照】

•「誤謬は純粋な否定ではなく欠如、すなわち私のうちに何らかの仕方であるべき認識が欠けていること…

である。」(「第四省察」VII, 55)

・「私自身にもっと近づいて、私の誤謬(それだけが私のうちにおける、ある不完全性を証明している)がどういうものであるかを探究してみると、それは同時にはたらく二つの原因によっていること、すなわち私のうちにある認識の能力と、選択の能力あるいは自由意志に、言いかえれば知性と同時に意志によっていることに私は気づくのである。」(同56)

・「欠如というものは、私に由来するかぎりの作用そのもののうちに内在するのであって、私が神から受け取った能力や、神に依存するかぎりの作用のうちに内在するものではない。」(同60)

・「ところが欠如は、そこにおいてのみ虚偽と罪過の形相的根拠があるのだが、何ら神の協力を要しない。というのも、[実在的な]ものではなく、もしその原因として神に関係づけられるなら、それは欠如と言われるべきではなく、ただ否定と言われるべきであるからである。」(同61)

・「過誤は推理する能力の欠陥であるからですが、もしそうであるとしても、当の欠陥が実在的であるということは帰結しません。」(「第三答弁」VII, 190-191)

32　われわれにおける思惟の様態は、知性の認識と意志の作用の二つだけである。

すなわち、われわれにおいて経験されるあらゆる思惟の様態は、二つの一般的な様態に帰されることができる。そのうちの一つは認識すなわち知性の作用であり、他は意欲すなわち意志の作用である。というのは、感覚する、想像する、純粋に認識することは、単に認識のさまざまな様態にすぎないし、また、欲する、避ける、肯定する、否定する、疑うことは意欲のさまざまな様態であるからである。

【解釈】

「思惟」の内容は広く多様である。「第二省察」では、思惟するものとしての私とは「すなわち、疑い、理解し、肯定し、否定し、欲し、欲さず、また想像し、感覚するものである」(VII, 28) と定義された。ここでは思惟の一般的な様態として、認識 perceptio (知性の作用) と意欲 volitio (意志の作用) とを区別し、それぞれにその特殊的な様態を配分している。認識に関しては、感覚、想像、純粋知性の三つがある。感覚や想像も思惟の一部ではあるが、デカルトの形而上学は感覚や想像を切り離して、純粋知性のみでものを考えることを理想としている。意欲に関しては、疑うことも意志の作用であることが明確に記されている。懐疑は知性ではなく意志にもとづくので、知性では疑いえないこと (数学の証明) をも疑うことができる。

【参照】

・「私の意識のうちのあるものは、いわば事物の像であり、それのみが本来、観念の名に適合する。…しかし他のあるものは、それに加えて何か別の形相をもっている。たとえば私が欲するとき、恐れるとき、肯定するとき、否定するとき、むろん私は常に何らかのものを私の意識の対象としてとらえているが、しかしそれら似姿以上の何ものかをも意識によって把握している。これらのもののうち、あるものは意志あるいは感情、あるものは判断と呼ばれる。」(「第三省察」VII, 37)

・「むしろ私は、意志することと認識することは同一実体の能動と受動としてのみ区別される、としたいと思います。というのは、厳密に言うならば、認識することは精神の受動であり、意志することは精神の能動だからです。」(レギウス宛 1641.5. III, 372)

・「魂のすべての特性は二つの始元的な特性に引き戻され、それらのうちの一つは知性の認識であり、だがもう一つは意志の決定である…。」(『掲貼文書への覚え書』VIII-2, 363)

・「われわれの思考は主として二つの種類のものからなっているのである。すなわち、一は精神のさまざまな能動であり、他は精神のさまざまな受動である。私が精神の能動とよぶものは、われわれの意志のはたらきのすべてである。…これに反して一般に精神の受動とよんでよいものは、われわれのうちにあるあらゆる知覚、いいかえれば認識である。」(『情念論』a. 17)

33　われわれは十分に認識されていないものについて、判断を下しさえしなければ誤らない。

ところで、われわれが何かを認識するとき、それについて何もはっきりと肯定も否定もすることさえしなければ、われわれが誤らないことは明らかである。また、このように肯定または否定すべきであると明晰判明に認識するものだけについて、肯定または否定するのであれば、やはり誤ることはない。しかし、(よくあるように)、われわれがあることを正しく認識していないのに、それでもそれについて判断するときにのみ誤るのである。

【解釈】

ものごとについて肯定判断も否定判断もしないのが、モンテーニュの勧める判断中止（エポケー）であった（『エセー』II-12）。それはニュートラルな立場であって、そこでは真偽の問題が生じない。だが、判断をする場合でも明晰判明な認識という条件を入れれば、その判断は真と言える。というのも、この段階では神の誠実が確保され、明晰判明という基準もすでに立てられているので、この条件は有効だからである。そこで、「私が明証的に真であると認めるのでなければ、どんなものも真として受け入れないこと、…そして私の精神にきわめて明晰かつ判明に示され、疑いを容れる余地のまったくないもの以外は、私の判断のなかに取り入れないこと」（『序説』VI, 18）が、規則として効力をもってくる。「正しく認識していない」とは、知性によって明晰判明に捉えられていないものである。それを鵜呑みにして意志が判断するから誤ることになる。過去に正しく認識したと思ったものが今ではそう思われないことがあるのは、実は明証的に認識していなかったからである（「第五省察」VII, 71）。

判断中止については、スピノザの反論がある。「私は、判断を控える自由な力が我々にあることを否定する。…我々が「ある人が判断を控える」と言う時、それは「彼が物を妥当に知覚しないことに自ら気づいている」と言うのにほかならない。…ゆえに判断の差控えは実は知覚であって自由意志ではない」（『エチカ』第二部定理49備考）。

【参照】

- 「何が真であるかを私が十分明晰判明に認識してはいないときに、私が判断を下すことをさし控えるなら、私は正しく行っており、誤ることがないのは明らかである。しかし、もし私が肯定したり否定したりするなら、そのとき私は自由意志を正しく用いていないのである。」（「第四省察」VII, 59）
- 「事物の真理が明らかでない場合にはいつも判断を下すのを控えるべきことを想起することのみに依存するもう一つの仕方で、誤謬を免れることができる。」（同 62）
- 「われわれがいっそう明晰に何ものかを、それに同意するに先立って理解すればするほど、過誤の危険につきまとわれることがそれだけ少なくなること、かくして然るべき理由を知らぬがままに判断をくだす人々は過ちを犯すこと、を認めないものがかってあったでしょうか。」（「第二答弁」VII, 147）
- 「真理の観想ということについてのみ論じられている場合はと言えば、不明瞭で十分に判明に洞察されていないものに対しては同意をさし控えるべきである。」（同 149）
- 「われわれが明晰判明に知覚するものについて以外には何ら判断を下さないならば（それは私が常にできる限り守っている規則なのですが）、同一のものに対して、あるときには他のときとは別のように判断を下すことはできないでしょう。」（某宛 1641.8. III, 431）
- 「それらの観念は、単に観想されるのみで、それに似たものが自分自身の外にあることを肯定も否定もし

ないかぎりは、誤ることはありえない。」(『原理』I-13)

34 判断するためには知性だけでなく意志もまた要求される。

そして、判断するためにはもちろん知性が要求される。なぜなら、われわれがまったく認識していないことについては、何も判断できないからである。しかし、何らかの仕方で認識されたものに同意を与えるためには、意志もまた要求される。だが、(少なくともどんな仕方であれ判断するためには)事物の完全無欠な認識が要求されるわけではない。というのも、われわれは、はなはだ不明瞭にかつ不分明にしか認識していない多くのものにも、同意することができるからである。

【解釈】

判断には、知性と意志とが車の両輪のごとく必要である。知性はものを認識し、意志はそれを判断して同意を与える役割をもつ。知性によって情報が与えられ、それが判断の材料となる。それがまったくない場合には意志は判断できない。しかし、不明瞭な認識しかない場合でも、とにかくただ判断することだけならば可能である。明晰判明なものについてわれわれは不可抗的に同意せざるをえないが、不明瞭なものについても意志は(無責任に）同意することができる。デカルトはここに誤謬の原点を見ようとしている。

【参照】

・「ただ理性の自然的光明を増すことのみを心掛けるべきである。しかもこれは、…生活の一々の状況において知性が意志に何を選ぶべきかを示すようにするためなのである。」（『規則論』X, 361）

・「私の誤謬（それだけが私のうちにおける、ある不完全性を証明している）がどういうものであるかを探究してみると、それは同時にはたらく二つの原因によっていること、すなわち私のうちにある認識の能力と、選択の能力あるいは自由意志に、言いかえれば知性と同時に意志によっていることに私は気づくのである。というのは知性のみによっては、それについて判断を下すことができる観念を私は認識するだけであるから…。」（「第四省察」VII, 56）

・「知恵に必要なのは、知性の認識と意志の傾向という二つのことです。」（『原理』献辞 VIII-1, 3）

・「肯定することあるいは否定することにおいてでなければ成り立つことのない、判断する働きそのものを、知性の認識にではなく意志の決定に引き戻したのである。」（『掲貼文書への覚え書』VIII-2, 363）

35　意志は知性よりもより広くに及び、誤謬の原因はそこにある。

そして実際、知性の認識は、知性に示されるわずかなものにしか及ばず、つねにきわめて限られている。しかし、意志はある意味で無限であると言われることができる。なぜなら、何かわれわれとは別のものの意志の対象、あるいは神のなかにある広大無辺な意志の対象でありうるもので、しかも、われわれの意志もまたそこに及ばないものは、まったく認められないからである。その結果、われわれは容易に意志を、明晰に認識するものの域を超えて及ぼすのである。われわれがそうしたことをする場合、誤ることがあってもまったく驚くには及ばない。

【解釈】

人間の知性は有限であるが意志は無限である。その射程の違いから誤謬が生じるという主張である。これは後のカントを想起させる。カントは純粋理性を認識の法廷に立たせ、理性の認識対象を経験的な現象界に限った。現象の世界を超えて、物自体の域にまで認識を拡張しようとするなら、それは理性の越権行為であり、誤謬推理になるとした（『純粋理性批判』第二版序 XIX-XXII）。

ライプニッツは、この節と第35節に対して長いコメントをしている。すなわち、誤謬は知性よりも意志に依存するという考えには反対である。誤謬はある意識や記憶によるものであり、計算間違いと同じである。それを避けるにはものごとによく注意し、自覚しておけばよい（G. IV, 361-362）、としている。また、スピノザも「私は、意志が知覚一般あるいは思惟能力一般より広きにわたることは、これを否定する」（『エチカ』第二部定理49備考）と反論している。

【参照】

・「意志はいかなる限界によっても限られていないことを私は実際に経験しているからである。そして、とくに注意すべきことと思われるのは、意志はきわめて完全で、きわめて大きいので、これ以上に完全でより大きい他のものが私のうちにありうるとは考えられない、ということである。…ひとり意志つまり自由意志だけは、それ以上大きなものの観念が考えられないほど大きいものであることを、私において経験している。したがって、私が神のある像と似姿を担っていると理解しているのは、主として意志を根拠としてである。…それ自身において形相的にかつ厳密に見られるなら、意志は［私におけるよりも神において］より大きいとは思われないからである。」（「第四省察」VII, 56-57）

・「それでは私の誤謬はどこから生じるのであろうか？　すなわちそれは、意志は知性よりもより広範囲に広がるので、私が意志を知性と同じ範囲内に限らないで、私が理解していないものにまで押し及ぼすという、ただこの一つのことからである。」（同 58）

・「神が知性よりも広く及ぶ意志を与えたことに不平を言う理由もない。というのは、意志はただ一つのもの、いわば不可分なものからなっているので、意志から何かが取り去られうることを、意志の本性が許すとは思われないからである。」（同 60）

・「私が判断を下すにあたって、知性によって意志に明晰判明に示されているものだけに及ぶように、意志を制限しさえするなら、私が誤ることはまったくありえないのである。」（同 62）

・「私は、われわれが知性で認識することとわれわれが欲することとが範囲を等しくする、ということを否定します。というのは、われわれは同じ一つの事物についてすこぶる多くのことを欲することができ、それでいて、ごくわずかのことしか知性で認識することができないからです。」（「第五答弁」VII, 377）

・「各人が自分自身のうちにただ降りていきさえして、完全で絶対的な意志を自分が持っていないか、また、何か意志の自由によって自分にまさるものを把握できるか、を経験すべきなのです。誰ももちろんそれ以外の経験をすることはないはずです。彼においては、だから意志は知性よりも大きくて、いっそう神に似ているのです。」（『ビュルマンとの対話』V, 159）

・「神はわれわれに制限をもたない意志を与えました。われわれが神の似姿のうちに創造されたと言うことができるのは、主としてわれわれのうちなるこの無限な意志によってです。」（メルセンヌ宛 1639.12.25. II, 628）

・「われわれは自分がまったく把握しない何かについて意志することは決してありませんが、しかし、経験の明らかに示すところによれば、所与のいかなる事物についても、われわれの意志はわれわれの認識よりもより広い範囲に及ぶことができます。」（某宛 1641.8. III, 432）

36　われわれの誤謬を神に帰すことはできない。

しかし、神がわれわれに全知の知性を与えなかったからといって、神をわれわれの誤謬の作者と想定することはけっしてできない。なぜなら、有限であることが被造的な知性の本性であり、すべてのものに及ばないことが有限知性の本性であるからである。

【解釈】

以下、人間の誤謬をめぐる弁神論となっている。世界の作者を神とするかぎり、必然的にこの問題は生じてくるであろう。ライプニッツは『弁神論』でこの問題を引き継ぐことになる。

【参照】

・「神が、私に現に与えてくれているよりも、もっと大きい認識能力を与えるべきであったということを証明するいかなる論拠も、私はもち出すことができないからである。」(「第四省察」VII, 56)
・「たとえば理解の能力を考えてみると、それは私において、きわめて狭小で、はなはだ限られていることを私はただちに認識する…。」(同 57)
・「また理解する力も〔誤謬の原因では〕ないこと。というのは、その力を私は理解するために神から得たのであるから…。」(同 58)
・「実際、神は現に私に与えたよりも、もっと大きな理解する力を、つまりもっと大きな自然の光を与えてくれなかった、と不平を言ういかなる理由もない。」(同 60)

37 自由に行為する、つまり意志によって行為することが、人間の最高の完全性である。これによって、人間は賞賛や非難に値するものとなる。

実際、意志が最も広く及ぶことは、これまた意志の本性に適合することである。そして、人間が意志によって、つまり自由に行為すること、したがって、人間はある特別な意味で自分の行為の作者であること、そして、その行為によって賞賛に値することが、人間におけるいわば最高の完全性である。実際、自動機械は、設定されたすべての運動を正確に行うからといって賞賛されることはない。それは必然的にすべての運動をそのように行うからである。しかし、その機械の製作者は、かくも精密なものを製作したことで賞賛される。なぜなら、かれはそれを必然的にではなく自由に作ったからである。それと同じ理由によって、[75]われわれが真理を捉えているということは、意志によって行うがゆえにそれを捉えている場合の方が、捉えざるをえないで捉えている場合よりも、よりいっそうわれわれに帰されるべきである。

【解釈】

自動機械 automata（時計のような精密機器、機械仕掛けで跳ぶハト、言葉を発する自動機械など）は器官の配置によって、機械的・必然的に動くのみである。機械的必然性に対して、人間には自由がある。それは本来的には自発性の自由である。すなわち、あることを「何か外的な力によってそう判断することを強いられたわけではなく、むしろ知性における大きな光から、…いっそう自発的にかつ自由に」（「第四省察」VII, 59）行うことである。デカルトは、そこに神ならぬ人間の最高の完全性 perfectio があると見ている。

【参照】

・「機械は認識によって行動しているのではなく、ただその器官の配置によって動いているだけだ、ということが見いだされるであろう。…理性が普遍的な道具であって、どんな場合に出会っても使うことができるのに対して、これらの器官は、個々の行動のそれぞれについて何か個々の配置を必要とするからである。」(『序説』VI, 57)

・「われわれに、自らを尊重する正しい理由を与えうるものとしては、ただ一つのものしか私には見あたらない。すなわち、われわれの自由意志の使用であり、われわれが自らの意志作用に対してもつ支配である。事実われわれが理由ある賞賛や非難をうけうるのは、この自由意志に依存する行為についてのみである。」(『情念論』a. 152)

38 われわれが誤るのは、われわれの行為の欠陥であって、本性の欠陥ではない。そして、家来の過失は、しばしば別の人である主人に帰せられるが、神に帰せられることはけっしてできない。

しかし、われわれが誤りに陥ることは、われわれの行為すなわち自由の使用における欠陥であって、われわれの本性における欠陥ではない。その本性は、正しく判断するときも正しく判断しないときも同じだからである。そして、たとえ神はわれわれの知性に、けっして誤らないように洞察力を与えることができたにせよ、しかし、われわれにはそれを神に要求する何の権利もない。また、われわれ人間のうちで、だれかが何らかの悪を防ぐ力をもちながら、それを防がないとするなら、かれがその悪の原因であるとわれわれは言うだろう。だが、それと同じように、神はわれわれがけっして誤らないようにすることができたはずだからといって、神がわれわれの誤謬の原因だと考えるべきではない。というのは、ある人々が他の人々に対して有する力は、他の人々を悪から引き戻すために使うよう設定されているが、しかし、神がすべてのものに対して有する力は、最高に絶対的で自由であるからである。したがって、われわれはたしかに、神が与えてくれた善に対して、神に最大の感謝をささげる義務こそあれ、神が与えることができたはずだと思われるすべてを与えなかったと、苦情を言う権利は何もない。

【解釈】

誤謬は判断における誤りであり、自由の誤った使用に由来する。われわれの本性そのものに欠陥はない、と考えている。パスカルは人間本性そのものに腐敗を見る悲観主義者であったが（『パンセ』B60-L6-S40）、デカルトはむしろ楽観的である。人間本性は神によって与えられたよきものであるのに、人間がそれをうまく運用しないがゆえに人は誤る。誤謬の責任は人間にあって神にない、と見ている。神は人間が誤らないようにするべきではなかったか、という異議申し立てについては、それは神の絶対的な自由裁量である、と退けている。

【参照】

・「神から私が得た意志する力は、それ自体として見た場合、私の誤謬の原因ではないこと。というのは、その力はきわめて広大であり、その類において完全であるからである。また理解する力も［誤謬の原因では］ないこと。というのは、その力を私は理解するために神から得たのであるから、私が何を理解しようと、私はそれを疑いもなく正しく理解し、この点において私が誤るということはありえないからである。」（「第四省察」VII, 58）

・「最後にまた、意志のはたらき、すなわちそこで私が誤ることになる判断を引き起こすのに神が私と協力している、と苦情を言うべきではない。なぜなら意志のはたらきは、それが神に依存しているかぎり、まったく真にして善であり、私がそうしたはたらきを引き起こすことができることは、できないとした場合よりも、私においてはある意味でより大きな完全性であるからである。」（同 60-61）

・「しかし私が自由のままで、有限な認識をもつままであっても、それでも神は、私がけっして誤らないようにすることが容易にできたはずであると思われる。…［しかし、だからといって］私が世界において、すべてのうちで主要でも最も完全でもない役を演じることを神は欲した、と不平を言ういかなる権利も私

にはないのである。」（同61）

39　意志の自由は自明である。[76]

しかし、われわれの意志のうちに自由があり、多くのものに同意することもしないことも任意にできることはきわめて明白であるので、それは、われわれにおいて生得的な、第一の、最も共通な概念のうちに数えられるべきである。そして、このことが最も明らかになったのは、すこし前に[77]われわれがすべてのことを努めて疑い、われわれの起源の創始者である何か最も有能なものが、あらゆる仕方でわれわれを欺こうと努力している、と想定するにまで及んだときであった。なぜなら、それにもかかわらず、われわれは、十分に確実でなく吟味されていないものに信を置くことをさし控えることができるという、この自由をわれわれのうちに経験したからである。そして、[78]そのとき疑いなしと思われたこと以上に、自明で透明なものはありえないのである。

【解釈】

多くのことに同意することもしないこともできるというのは、非決定 indifferentia の自由である。『省察』では、意志の本質は、われわれがあることをすることもしないこともできるという点にあるが、そうした非決定は「もっとも程度の低い自由」（「第四省察」VII, 58）であり、「非決定は…人間的自由の本質には属さない」（「第六答弁」VII, 433）とされた。しかし、『原理』では一転して非決定の自由が大きく肯定されていることになる。

自由意志を生得的な共通概念（公理）とみなすのは、他のテキストにはないと思われる。それほど自由意志は自明で重要なことと位置づけられている。人間が自由か否かと問う以前の事実として、自由はすでに経験されている。はじめに自由ありきということであろうか。「自由」の定義内容は別としても、自由を経験において既知のこととするのはスコラのユスタッシュやスアレスにおいても同様であった（E. Gilson, *Index*. P. 157）。デカルトは合理論者といわれるが、知的分析以前に経験されていることは根源的事実として認めざるをえないという、現象学的な発想があることになろう。

ライプニッツは、判断をさし控えるのは意志に属することではなく知性の仕事である（G. IV, 362-363）と批判している。

【参照】

・「実際またこの非決定は、知性がまったく何も認識しないものに及ぶだけではなく、一般に、意志がそれを熟慮しているまさにその時に、知性が十分明らかに認識していないものすべてに及ぶ。というのは、たとえ蓋然的な憶測によって私が一方の側に引っぱられるにせよ、それが単に憶測であって確実で不可疑の理由ではないという認識だけで、私の同意を反対の側に押しやるのに十分であるからである。このことを私はここ数日、十分に経験したのである。」(「第四省察」VII, 59)

・「意志の非決定についてあなたが否定しておられるところは、自ずから明瞭ではありますが、もしそうだとしても、私はしかし、あなたの目の前でそれを証明することを引き受けたいとは思いません。というのは、それは、論証によって説得さるべきであるというよりはむしろ、誰もが自らのうちにおいて経験すべきである、といった性質のものであるからです。」(「第五答弁」VII, 377)

40 すべては神によって予定されていることもまた確実である。

しかし、われわれはすでに神を知り、神のうちには広大無辺な力があることを認識しているのであるから、神によって前もって予定されていなかった何かを、われわれがなしうると考えることは、罪だとわれわれには思われるほどである。もしこの神の予定を、われわれの自由意志と調和させ、両者を同時に理解するよう努めるならば[79]、われわれ自身は容易に大きな困難に巻き込まれかねないのである。

【解釈】

神の決定と人間の自由という古典的な問題が取り上げられている。古代、中世、近世を通して論じられてきた難問である。デカルトの基本的な立場は、神はすべてを決定しているはずだが、その恩寵によって人間に自由意志の余地を残している、というものである。スピノザもライプニッツも、神の決定は人間の自由を疎外しないとの立場である。だが、決定と自由とは同じ土俵では論理的に両立しない。それがここにいう「大きな困難」である。のちのカントも『純粋理性批判』の第三アンチノミーで、そこに二律背反があることを指摘している。すなわち、世界の現象には自由な原因が存在するということと、一切は因果的に必然的に決定されているということとは、同じ権利をもって同時に定立される（B472-479）、と。カントはこれを打破するために、決定を現象界に、自由を物自体の世界（叡智界）にそれぞれ配することになる。

これに対してライプニッツは、デカルトは問題を断ち切っただけで解いてはいない。その前提から生じる矛盾した命題をとりあげ、どこに間違いがあるかを示さねばならない（G. IV, 363-364）と批判している。

【参照】

・「神の意志が、作られたところのもしくはいつか作られるであろうところの、すべての事物に対して、永遠の昔から非決定でなかったということは矛盾です。」（「第六答弁」VII, 431-432）

・「神の広大無辺さに注意する者にとっては、神に依存しないようなものはおよそ何もない…というばかりではなくて、またいかなる命令も、いかなる法も、あるいは真と善とのいかなる根拠もありえない、ということは明瞭です。というのは、そうでないとすると、…神は、彼が作ったものを作るのに、まったく非決定であったということにはならなくなってしまうことでしょうから。」(同 435)

・「ここでは神の存在を証明し、神が人間の自由意志に依存しないあらゆる結果の第一で不変の原因であることを証明するあるゆる根拠は、同様にまた神が人間の自由意志に依存するすべてのことがらの原因でもあることを証明するように思われる、と言っておきます。というのは、神の存在を証明できるのは、神を最高に完全な存在者と考えることによってのみであり、もし神に全く由来するわけではないものが、この世界で何か起こり得るとするなら、神は最高に完全ではなくなるからです。」(エリザベト宛 1645.10.6. IV, 313-314)

・「自由意志については、われわれ自身のことだけを考えるなら、それが独立であると見なさないわけにはいかないことを認めます。しかし神の無限の力を考えるとき、すべてのものは神に依存し、その結果われわれの自由意志もその例外ではないと、信じないわけには参りません。」(同宛 1645.11.3. IV, 332)

41　われわれの自由意志と神の予定とは、いかにして調和させられるか。

しかし、次のことを思い起こすならば、われわれはその困難を免れるであろう。すなわち、われわれの精神は有限であるが、神の力は無限であって、神はそれによってすべてであるものおよびありうるものを、単に永遠の昔から予知していただけでなく、意志しかつ予定してもいた、ということである。それゆえ、たしかにわれわれは神のうちにそうしたものがあることを明晰判明に認識するほど[80]十分にその力を捉えているが、しかし、なぜ神は人間の自由な行為を非決定のままにしたのかが分かるほど十分にはそれを理解していない。他方、われわれのうちにある自由すなわち非決定は、これ以上明証的で完全に理解しているものは何もないほど、われわれには意識されている。実際、われわれが、その本性からしてわれわれには不可解であるはずだと分かっている一つのことを理解しないからといって、内的に理解され、われわれ自身において経験されている他のことまで疑うことは、不合理であろう。

【解釈】

神は無限であるゆえに、すべてを意志によって予定 praeordino していることは十分明白である。神がなぜ人間の自由を非決定のままにしたかは不明ではあるが、われわれにおいて自由が意識されていることは疑えない、という趣旨である。デカルトのこの主張が、決定と自由との理論的な調停になっているかどうかは疑問であろう。およそ自由と決定とは同じ次元では両立しない。人間が自由でありかつ決定されているとすることは矛盾である。そこでデカルトは理論的な理解よりも内的経験を優先させ、自由は実際に経験されているという実践的な見方に立っている。大枠で神の決定を理論的に認めながらも、実際には自由が意識されている、という仕方で調停をはかっている。自由と決定の問題は、『序説』でも『省察』本文でも正面から取り上げられることがなかった。これに対して『原理』は一歩踏み出して、スコラ的な伝統的問題を意識した内容になっていると言えよう。

【参照】

- 「なぜなら私の本性はきわめて弱く限られているが、他方、神の本性は広大で、把握しがたく、無限であることを私はすでに知っているので、このことからまた、その原因を私が知りえない無数のことを神はなしうるということも、私は十分に知っているからである。」（「第四省察」VII, 55）
- 「神の予定を顧慮する場合、どのようにしてわれわれの自由がこの予定と両立 consisto するのかを理解できない者が、おそらく多々あるでしょうが、もしそうだとしても、自分自身をのみ顧慮する場合、意志的であることと自由であることとが一にして同じものであることを経験しない者は誰ひとりありません。」（「第三答弁」VII, 191）
- 「われわれは、自分自身において自由意志を経験し、感得していますから、神の存在の認識がわれわれに自由意志を確信しないようにさせるはずがないように、自由意志の認識が神の存在を疑わせるはずはありません。というのは、われわれにおいて経験し、感じている独立性は、われわれの行為を賞賛または非難するに十分ですが、それは、すべてのものは神に服するという、それとは異なる性質である依存性と、両立しないものではないからです。」（エリザベト宛 1645.11.3. IV, 332-333）
- 「神は、われわれをこの世に送りだす前に、われわれの意志のあらゆる傾向がどういうものであるかを正確に知っていたのです。…神は、われわれが自分の自由意志によってこれこれのものに決定されることを知ったのです。神はものがそのようにあることを欲したのですが、だからといって神はそれを自由意志に強制することは欲さなかったのです。…神学者たちも、神に絶対的で独立的な意志と相対的な意志とを区別します。前者によって神はすべてのものが現在そうあるようにあることを欲し、後者は人間の功罪に関するものですが、それによって神は人が神の法にしたがうことを欲します。」(同宛 1646.1. IV, 353-354)

•「すべては神の摂理に導かれており、摂理の永遠の決定は、まったく不可謬かつ不可変であり、したがって、この決定そのものによってわれわれの自由意志に依存せしめられた事がら以外は、われわれにとって、必然的でいわば宿命的でないようなことは何も起こらず…。」(『情念論』a. 146)

42　われわれは誤ることを欲しないのに、どうしてわれわれの意志によって誤るのか。

ところで、われわれは誤謬がすべて意志に依存していることを知っているのであるから、およそわれわれが誤るということは不思議であると思われるかもしれない。だれもすすんで誤ることを欲する人はいないからである。しかし、誤ることを欲することと、そこに誤謬が見いだされるかもしれないものに同意することを欲することとは、まったく別のことである。そして、たとえ実際ことさら誤ることを欲する人はいないにしても、しかしながら、本人も知らない誤謬が含まれているものに、しばしば同意しようとしない人も、ほとんどいないのである。それどころか、真理を追求すべきだという欲求そのものから、どういう仕方で追求すべきかを正しく知らない人たちが[81]、自分の認識していないものについて判断を下すようになり、かくして誤るようになることが、きわめてしばしばあるのである。

【解釈】

デカルトによれば、誤謬の発生は、われわれがよく知らないものに同意してしまうことにある。その例としては、毒入りのリンゴ（「第五答弁」VII, 377）のように、ある食べ物の味のよさにつられて、その中にひそんでいる毒をもあわせて食べてしまうこと（「第六省察」VII, 83-84）が挙げられよう。明晰な認識を欠くものを、そのまま鵜呑みにしてしまうことから人は誤る。われわれが誤謬を犯すのは、「あることを正しく認識していないのに、それでもそれについて判断するときにのみ」（『原理』I-33）である。つまり「われわれは、はなはだ不明瞭にかつ不分明にしか認識していない多くのものにも、同意を与えることができる」（同 I-34）ので、「意志を、明晰に認識するものの域を超えて、及ぼすのである。われわれがそうしたことをする場合、誤ることがあってもまったく驚くには及ばない」（同 I-35）。その根本には知性と意志との不整合がある。正しい真理探求の仕方とは、それを心得ておくことである。

【参照】

・「私の誤謬（それだけが私のうちにおける、ある不完全性を証明している）がどういうものであるかを探究してみると、それは同時にはたらく二つの原因によっていること、すなわち私のうちにある認識の能力と、選択の能力あるいは自由意志に、言いかえれば知性と同時に意志によっていることに私は気づくのである。」(「第四省察」VII, 56)

・「それでは私の誤謬はどこから生じるのであろうか? すなわちそれは、意志は知性よりもより広範囲に広がるので、私が意志を知性と同じ範囲内に限らないで、私が理解していないものにまで押し及ぼすという、ただこの一つのことからである。そうしたものに対して意志は非決定であるので、容易に真と善から逸れ、かくして私は誤り、罪を犯すのである。」(同 58)

43　ただ明晰判明に認知されたものにだけ同意していれば、われわれはけっして誤らない。

しかし、われわれが明晰判明に認識するものだけに同意を示すならば、けっして偽を真と認めることがないであろうことは確かである。確かであると私が言うのは、神は欺瞞者ではないのであるから、神がわれわれに与えた認識の能力が偽に向かうことはありえないからであり、また同意の能力も、明晰に認識されることだけに及ぶときには、偽に向かうことはないからである。このことは、いかなる仕方でも論証されないとしても、すべての人の心に生まれながらにして深く刻み込まれているので、われわれは何かを明晰に認識するたびごとに、おのずからそれに同意し、それが真であることをいかにしても疑いえないほどである。

【解釈】

第43-46節は、誤謬論との関連で明晰判明の話になっている。明晰判明の規則は第30節に登場している。その根拠は、神から与えられた自然の光が誤るならば神が欺瞞者と言わねばならない、ということであった。「神からわれわれに与えられた認識能力は…明晰判明に認識されているかぎり、真でないような対象を捉えることはありえない」(『原理』I-30)。かくして「肯定または否定すべきであると明晰判明に認識するものだけについて、肯定または否定するのであれば、やはり誤ることはない」(同I-33)とされた。明晰判明な認識が真であることは、論理的に証明するまでもない。そうした認識に同意するのがわれわれの本性である。ただ実際の生においては、いつも明晰な認識を要求できるわけではない。「行為すべきことがらの必要性は、そうした綿密な吟味の猶予をいつも許すわけではないので、人間の生活が個別的な事物に関して、しばしば誤謬に陥り易いことを告白しなければならず、われわれの本性の弱さを承認しなければならない」(『第六省察』VII, 90)。

【参照】

・「私が明証的に真であると認めるのでなければ、どんなものも真として受け入れないこと…。すなわち、注意深く速断と偏見とを避けること、そして私の精神にきわめて明晰かつ判明に示され、疑いを容れる余地のまったくないもの以外は、私の判断のなかに取り入れないこと。」(『序説』VI, 18)

・「すなわちこの最初の知識のうちには、私が肯定するものについての、何らかの明晰で判明な認識以外の何ものもないのである。もし、このように私が明晰判明に認識しているものが偽であるということが、いつか起こりうるとするなら、その認識は事物の真理を私に確信させるには十分でないことになろう。それゆえいまや、私がきわめて明晰判明に認識するものはすべて真であるということを、一般的な規則として立てることができると思われる。」(「第三省察」VII, 35)

・「というのは、私が判断を下すにあたって、知性によって意志に明晰判明に示されているものだけに及ぶように、意志を制限しさえするなら、私が誤ることはまったくありえないのである。なぜなら、明晰判明な認識はすべて疑いもなく[実在的な]何かであり、したがって無から出てくることはありえず、むしろ必然的に神をその作者としているからである。ここで神というのは、最高に完全なものであり、欺瞞者とは相容れないものである。したがって、そうした認識は疑いもなく真であるからである。」(「第四省察」VII, 62)

・「私が明晰に認識するものがすべて真であることは、すでに十分に私が証明したところである。そして、かりにそれを私が証明しなかったとしても、少なくとも私がそれを明晰に認識しているかぎりは、やはりそれに同意せざるをえないのが、たしかに私の精神の本性なのである。」(「第五省察」VII, 65)

44　明晰に認識されていないものに同意するときには、たとえ偶然に真理に行き当たっても、われわれはつねに間違って判断している。そして、こうしたことが起こるのは、それらは以前にわれわれによって十分に洞察された、と想定するところからである。

また、われわれが認識していない何らかの理由に同意するとき、われわれは誤るか、あるいは[82]単に偶然に真理に行き当たるかであり、かくしてわれわれが誤っていないということも知らない、ということは確かである。しかし、われわれが認識していないと気づいているものに同意することは、もちろんめったに起こらない。なぜなら、自然の光は、認識されたものについてでなければ判断すべきではないと、われわれに教えているからである。しかし、われわれが最もしばしば誤るのは、われわれが多くのことをかつて認識したと思い込み、実際にはけっして認識してはいないのに、記憶にたよって、あたかも完全に認識されたものであるかのように、それらに同意してしまう点においてである。

【解釈】

真理の認識において偶然性という要素は排除されなければならない。ものごとをしかるべき秩序で正確にとらえなければ学問にならない。それゆえ学問研究においては、真なる認識へと必然的に導かれる確実な規則を立てるべきである。「事物の真理を探求するには方法が必要である」(『規則論』X, 371) と言われるのは、この意味においてである。なお、デカルトにおいては、アウグスティヌスとは違って、記憶の認識論的な価値は高くはない。

本来、記憶とは「観念を保存する」（『序説』VI, 55）ものだが、「豊かで生き生きとした記憶を持ちたい」（同2）、「記憶が弱る」（『規則論』X, 379）、「あてにならない記憶が表象するもの」（「第二省察」VII, 24）などという言い方がされている。

【参照】

・「すべての化学者、大多数の幾何学者、少なからざる哲学者が…迷い歩くうちに時として幸いにも何らかの真理を発見することのあるのを、私は否定しない。けれども、だからといって、かれらが他の人よりも有能だというわけにはゆかない。より運がよいといえるだけである。ともかくも、事物の真理を探ねるのに、方法なしでやるくらいなら、それを全く企てないほうが遥かにましなのである。というのは、そういう無秩序な研究や不明瞭な省察によって自然的光明が曇らされ精神が盲にされるにきまっているからである。」（『規則論』X, 371）

・「しかしながら、以前に私はまったく確実で明らかであると認めたが、しかし後になって疑わしいと気づいたものが多々ある。…しかしそれとは別のあるもので、私が肯定しそれを信じる習慣から明晰に認識していると思っていたが、実は私はそれを本当は認識していなかったというものがあった。すなわち、何らかのものが私の外にあり、そこからその観念が送り出され、そして観念はそれにまったく似ている、ということである。この点において、私は誤っていたか、少なくとも私の判断が真であったとしても、それは私の認識の力によって生じたことではなかったのである。」（「第三省察」VII, 35）

・「もし他の側をつかんでも、たまたま私が真理に行き当たることはあっても、だからといって責めを免れることはないだろう。なぜなら、自然の光によって明らかなように、知性の認識が常に意志の決定に先行

しなければならないからである。」（「第四省察」VII, 60）

・「いまや何が私に反論されるであろうか？……私はかつて多くのものを真で確実だとみなしたが、後になってそれらが偽であると判明したことか？　だが私はそれらのどれも明晰判明に認識していなかったのである。」（「第五省察」VII, 70）

45　明晰な認識とは何か、判明な認識とは何か。

それどころか、多くの人たちは一生の間、確かな判断を下せるほど、ものを十分に正しく認識してはいないのである。なぜなら、確実で疑いえない判断の拠り所となりうる認識においては、単にそれが明晰であるだけでなく、判明であることも要求されるからである。私が明晰と呼ぶ認識は、注意する精神に現前し、かつ明らかである認識である。たとえば、直観している目に現前し、それを十分強くかつはっきりと刺激するものは、われわれによって明晰に見られる、とわれわれが言うようにである。他方、判明と呼ぶ認識は明晰であると同時に、他のすべてのものから分離され、かつ切り離されていて、自らのうちに明晰なもの以外は何も含まないような認識である。

【解釈】

確実で疑いえない判断の必要十分条件として、明晰な認識だけでなく、判明な認識も要求される。ただ、判明の方は難しい。このことは次の第46節で痛みの例によって説明される。

明晰 clarus とは、ものがそれ自体で直証的に自明であることであるが、その定義内容には、注意 attendentus、現前 praesens、明らか apertus、直観する intuens などの要素がある。他方、判明 distinctus には明晰に加えて、分離 sejunctus とか、切り離された praecisus という区別の要素が入っている。「明晰」の基本が同一性の意識なら、「判明」には他のものとは明らかに違うという差異性の意識がある。判明に見ているとき、明晰はすでにそこに含まれている。明晰判明という概念がこのように立ち入って説明されるのは『原理』においてのみであり、他のテキストにはないことである。ユスタッシュのテキストでも、とくにそれは取り上げられてはいない。

なお、ライプニッツは『認識、真理、観念に関する考察』において、明晰判明の区別に触れている。「認識は、不明瞭 obscurus な認識と明晰 clarus な認識とに分れる。明晰な認識はまた、不分明 confusus な認識と判明 distinctus な認識とに分れる。…明晰な認識というのは、それによって表現されている事象を私があれだなと認めることができる時の認識である。これがさらに不分明な認識と判明な認識とに分れる。一つの事象を他の事象から識別するのに十分な徴表を、別々に列挙することができない場合には、…その認識は不分明な認識である」(G. IV, 422)。

【参照】

・「しかしただ、われわれが判明に理解しているものとはどういうものかを首尾よく見てとるには、いくらかの困難がある。」(『序説』VI, 33)

・「明晰判明な認識のすべての例、さらには不明瞭で混乱したものの例を熟慮することによって、明晰に知られるものを不明瞭なものから区別する習慣をつけるよう、要請する。」(「諸根拠」VII, 164)

46　痛みの例は、認識は判明でなくても明晰でありうるが、明晰でなければ判明でもありえないことを示す。

それゆえ、だれかが何か大きな痛みを感じている間は、その痛みの認識は、その人においてたしかにきわめて明晰ではあっても、しかしつねに判明であるわけではない。というのも、人は一般に痛みの認識を、痛みの本性についての自分の不明瞭な判断と混同し、われわれが明晰に認識しているのは痛みの感覚だけであるのに、これと似たものが痛む部分にあると思い込むからである。かくして認識は判明でなくても明晰でありうるが、しかしいかなる認識も明晰でなければ判明ではありえない。

【解釈】
明晰よりも判明の方が概念として狭い。明晰かつ判明というが、それは実は判明であるということである。明晰はよいが判明は難しいというのは、明晰であっても判明でないもの（つまり不分明 confusus なもの）があるということであろう。その例が痛みである。痛みの知覚そのものは明晰であるが、その痛みとは何かがよく分からない場合がある。そして、痛みの感覚に似たものが痛む部分にあると判断するなら、それはものごとの帰属を明瞭に区別した判明な認識ではないことになる。痛みの例については、第67-68節でさらに詳しく説明される。

感覚による認識は「つねに判明であるわけではない」と言われていることから、判明である場合もあるとすべきかもしれない。以下の【参照】に引いたように、感覚の知覚は「たんに感覚としてのみ考察される場合」や「複合体にとっての好・不都合を精神に示すかぎりにおいて」は、明晰判明に知られるとも言われている。また「われわれには雪が白く見えるにも劣らず、黄疸病患者にはそれが明晰かつ判明に黄色く見えている」（「第二答弁」VII, 145）という表現も見られる。

明晰判明の概念について、ライプニッツは「明晰判明さの標識が示されなければ、それは公理として無益である」（『認識、真理、観念に関する考察』G. IV, 425）と批判した。同じ趣旨のことが『原理批判』においても繰り返され、アリストテレスや幾何学者の規則の方がまだましである（G. IV, 363）と酷評している。

【参照】

・「「われわれがきわめて明晰にきわめて判明に理解していることがらは、すべて真である」ということを一般的規則としてよいが、しかしただ、われわれが判明に理解しているものとはどういうものかを首尾よく見てとるには、いくらかの困難がある。」（『序説』VI, 33）

・「［私が感覚によってとらえたものすべてについて］私は何を明晰に認識していたのか？　すなわちそれらの観念そのもの、あるいは意識が私の精神に現れることである。」（「第三省察」VII, 35）

・「私が本来直接に感覚していたのはそれら［物体の諸性質の観念］のみであったので、私の意識とはまったく異なったあるもの、つまり、そこからその観念が由来する物体を感覚しているつもりになったのは、たしかに理由のないことではない。…感覚によって捉えられた観念は、…［作った観念や記憶に刻印されている観念よりも］はるかに生き生きとして鮮明であり、それなりにはるかに判明であった…。」（「第六省察」VII, 75）

・「感覚知覚は本来、精神をその一部としている複合体において、何が好都合あるいは不都合であるかを精神に示すためにのみ、自然によって与えられたものであり、そのかぎり十分に明晰判明であるが、…物体の本質については、はなはだ不明瞭で不分明にしかものを示さないのである。」（同 83）

・「どれほど明晰にではあっても、ひとり感覚のみによってわれわれの知覚するところのものについても、かかる確実性ないし確信はもたれないのでありまして、…われわれには雪が白く見えますが、われわれにそう見えるにも劣らずそれは明晰かつ判明に黄疸病患者には黄色く見えているのです。」（「第二答弁」

VII, 145）

・「これら［感覚、感情、欲求］もまた、もしわれわれが細かく注意を払い、われわれの知覚のうちに含まれ、かつわれわれが内的に意識しているものにかぎって判断するならば、たしかに明晰に認識されることができる。」（『原理』I-66）

・「痛みや色やその他同様なものは、単に感覚すなわち思惟としてみられるときは、明晰かつ判明に認識される。」（同 I-68）

・「ライオンの頭が山羊の体に結びつけられていることや、それに似たことを、私たちがどれほど明晰に想像してみても、やはりそこからはそのものが存在するということは帰結しないのです。私たちはそれらのものの間にある、いわばあの結び目を明晰に認識しないからです。ちょうどペトルスが立っているのを明晰に私が見ていても、立つことが含まれ、ペトルスと結びつけられているのを私が明晰に見ないのと同じです。」（『ビュルマンとの対話』V, 160）

47　幼年期の先入見を改めるためには、単純概念を考察し、その各々において何が明晰かを考察すべきである。

そして実際、幼年期において、精神は身体にどっぷり漬かっていたので、多くのことを明晰に認識しても、何ら判明には認識していなかった。それにもかかわらず、精神はそれ以来多くのことを判断してきたので、そこからわれわれは多くの先入見に染まり、それは大多数の人において以後もけっして除去されていないのである。これに対して、私は、われわれがそうした先入見から解放されうるために、ここでわれわれの思惟を構成しているすべての単純概念[83]をまとめて枚挙し、それら各々のうちで何が明晰で、何が不明瞭[84]か、すなわち何においてわれわれが誤りうるかを区別しよう。

【解釈】

この節以下第70節まで、われわれの思惟 cogitationes を構成する諸概念が延々と論じられている。その理由は先入見を除去するためと言われているように、それは誤謬の防止という大きな観点からの論述になっている。第31節に始まる誤謬の話は、この第47節以下を経て、誤謬の原因を説明した第74節まで続いていると読める。『原理』第一部のテーマ構成は、懐疑とコギト（1-7）、心身（8-12）、神（13-30）、誤謬（31-46）、思惟の構成概念（47-70）、誤謬の原因（71-74）、哲学するための要件（75-76）となっている。その後半は誤謬論に沿った展開になっており、誤謬の問題が大きな比重を占めている点で、『省察』の順序とはやや異なっていると言えよう。

この節は、幼児が言及される第1節とも、また第71節「誤謬の主要な原因は幼年時代の先入見から生じる」とも呼応している。デカルトによれば、幼年期においては精神と身体とが癒着し、感覚の教えるところがそのまま実在として受け取られる。それは「太陽は地球の周りをまわっている」との認識がそうであるように、明晰であっても判明ではないことが多い。そこで「古い意見の習慣」(「第二省察」VII, 34)が定着する。スコラの哲学も同じであり、古い意見を打破する手段が懐疑であると考えられていた。

以下、実体、持続、順序、数、属性、様態、思惟、延長、区別などの諸概念を、煩を厭わず精査することになる。これは「第三省察」で私の意識や観念の分類をしている箇所(VII, 37)に対応するであろうが、一々の概念について詳しい説明がなされ、はるかに組織的・スコラ的な内容になっている。ここにも『原理』の特徴がある。

【参照】

・「単純なる事物の概念を、それから複合された概念より分ち、そして両者のいずれに虚偽が存在しうるかを見てそれを避け、どの概念が確実に認識されるかを見て、ただそれのみに携わる…。」(『規則論』X, 417)

・「自然の光を蔽っているであろう先入見から自らを解放して、不明瞭かつ虚偽ではあるが長い慣用によって精神に刻みつけられているところの意見よりはむしろ、これ以上に明証的もしくは真実なものは何もありえない第一の知見を信じる習慣を身につける…。」(「第二答弁」VII, 135)

・「私は、最初にすべての先入見を取り除き、そのあとですべての主要な観念を枚挙し、明晰な観念を不明瞭な、もしくは不分明な観念から区別しました…。」(「第五答弁」VII, 362)

・「身体と結合されてから間もない幼児の精神は、この結合に、いやむしろほとんど混合に由来する観念

——痛み、くすぐり、熱さ、冷たさ等々の観念——だけを混乱して認識することに、すなわち感覚することに占有されていると、このように考えるのがもっとも理に適っています。」(某宛 1641.8. III, 424)

・「幼年期においては、われわれの精神は身体ときわめて密接に結ばれていたので、もっぱら身体への刺激を感覚する思惟だけを事とし、それ以外の思惟には関わらなかったのである。…こうした無数に多くの先入見が、幼児期にわれわれの精神に浸透したのであり、ついで少年期においても、それらを十分に吟味しないままに受け入れたことを想起せずに、それらをいわば感覚によって知られたもの、あるいは自然によって自分に植えつけられたものとして、きわめて真で、きわめて明証的なことと認めたのである。」(『原理』I-71)

・「精神は、子供のあいだは身体にそんなふうにひたされていたので、身体に属するもののほかはなにも考えないくらいです。というのも、身体がいつも精神を考えるさいに妨げるとしても、そのようにそのことをいちばん多くしたのは幼少期だからです。」(『ビュルマンとの対話』V, 150)

48

われわれの認識に入って来るすべてのものは、あるいは事物、あるいは事物の状態、あるいは永遠真理とみなされる。ならびに事物の枚挙。

われわれの認識に入って来るものは何であれ、事物であるか、事物の何らかの状態であるか、あるいはわれわれの思惟の外には何ら存在をもたない永遠真理であるか、のいずれかであると考えられる。事物と考えられるもののうちで最も一般的なものは、「実体」、「持続」、「順序」、「数」、およびすべての事物の類に及ぶこうした種類のものである。しかし、事物の最高類として私は次の二つ以上を認めない。一つは知性的すなわち思惟的事物の類、つまり精神すなわち思惟実体に属する事物の類である。他は物質的事物すなわち延長実体つまり物体に属する事物の類である。認識、意欲、およびすべての認識の様態、意欲の様態は思惟実体に帰される。他方、大きさすなわち長さ、幅、深さにおける延長、形、運動、位置、諸部分の可分性その他は、延長実体に帰される。しかし、単に精神だけにも、物体だけにも帰されるべきではない、ある種の他のものもわれわれにおいて経験されている。それらは以下に適当な場所で主張されるだろうが、われわれの精神と身体との密接で内的な合一に由来するものである。すなわち、飢えや渇きなどの欲求がそうである。同様に、情念すなわち心の受動がそうである。それらはただ思惟のみから成り立つのではない。たとえば怒り、喜び、悲しみ、愛の情念などがそうである。そして最後に、すべての感覚、たとえば痛み、快感、光と色、音、香、味、熱、堅さ、その他、触覚的性質の感覚がそうである。

【解釈】

われわれの認識の対象になるものの分類である。それは、事物 res、事物の状態 affectio（変容、変状とも訳せる）、永遠真理 aeterna veritas の三つに分れる。永遠真理は公理のような思考の内にある論理的規則であり、思考の外に実在するものはすべて事物とその状態とに還元される。この節では事物とその状態（属性、様態）とが説明される。普遍的事物としては実体、持続、数などの一般概念。事物の最高類として精神と物体。そして、ある種の他のものとして心身合一が挙げられている。この分類はスコラのいわゆる一般存在論をデカルト的に書き直したものと考えられる。

最高類 summa genera については、デカルトは精神と物体（身体）の二実体のみを認めるが、これとは別にわれわれが経験している事実として心身合一を認めている。心身合一は、精神や身体とは別の第三の概念であり、いわば生活世界のことである。心身合一の概念は『情念論』で展開されることになる。それぞれの様態は以下のようになる。

思惟実体（精神）―認識（知る）、意志（欲する）
延長実体（物体）―大きさ、形、運動、位置、可分性
心身合一―欲求（飢え、渇き）
情念（怒り、喜び、哀しみ、愛）
感覚（痛み、快感、光と色、音、香、味、熱、堅さなど）

【参照】
・「私は、物を、最も単純な本質と、複雑なすなわち複合的な本質とに分ける。単純な本質はすべて、精神

的なもの、あるいは物体的なもの、あるいはそれらのいずれにも属するもの、のいずれかである。」(『規則論』X, 399)

・「われわれの知性に関して単純といわれる事物は、あるいは純粋に知性的なもの、あるいは純粋に物質的なもの、あるいは共通的なものである。純粋に知性的なものとは、ある生得の光によって、かつ物体的心像の助けをまったく借りずに、知性が認識するものである。…純粋に物質的なものとは、物体においてのみ存するとわれわれの認識するところのものである。例えば形、延長、運動など。最後に、共通的というべきものは、…存在、統一、持続などである。またかの共通原理をもここに属させるべきである。」(同419)

・「それら[物体的な事物]の観念において私が明晰判明に認識するものは…大きさ、つまり長さと幅と深さにおける延長、その延長の限定から生じる形、さまざまな形をもつものが互いに占有する場所、運動つまりその場所の変化、それに実体、持続、数を加えることができよう。しかしその他のもの、たとえば、光と色、音、香り、味、熱と冷、その他の触覚的性質は、きわめて不分明に不明瞭にしか私に意識されない。」(「第三省察」VII, 42-43)

・「苦痛、快楽のほかにも私は、私の内部において飢え、渇き、その他このような欲求を感覚したし、同様に、ある喜び、悲しみ、怒りや、その他の感情に向かうある身体的傾向性を感覚した。しかし外部においては、物体の延長、形、運動のほかに、物体において堅さ、熱、その他の触覚的性質をも感覚した。さらに光、色、香り、味、音を感覚し…。」(「第六省察」VII, 74-75)

・「また自然は、これらの苦痛や飢えや渇きなどの感覚によって、私は水夫が舟に乗っているような具合に、私の身体にただ乗っているだけではなく、身体ときわめて緊密に結ばれ、いわば混合されており、したがって身体とある一なるものを構成している、ということをも教えている。」(同81)

・「たとえば、痛み、くすぐったさ、渇き、飢え、色、音、味、香り、熱さ、冷たさ、およびこれに類するものの知覚が…精神の身体との合一といわば混合とに起因するということ。」(「第六答弁」VII, 437)

・「われわれのうちには、ある種の原初的概念があります。それがいわば原型になり、それを型として、われわれはすべての他の認識を形成していると考えます。そうした概念はきわめてわずかしかありません。というのは、まず存在、数、持続など…最も一般的な概念があります。個々の身体についてわれわれは延長の概念をもつのみです。…精神のみについてわれわれがもっている概念は、思惟だけです。…最後に、精神と身体とを合わせたものについては、われわれは合一の概念しかもちません。」(エリザベト宛 1643. 5.21. III, 665)

・「相互の比較によって知られるのではなく、それぞれある特定の仕方で知られる三種類の観念ないしは原初的概念を、私は区別しました。すなわち、精神の概念、身体の概念、および精神と身体との合一の概念…。」(同宛 1643.6.28. III, 691)

49　永遠真理はこのように数えあげることができないし、その必要もない。

こうしたものすべてを、われわれはあるいは事物あるいは事物の性質すなわち様態と考える。ところで、無からは何かが生じるようなことはありえない、とわれわれが認めるとき、「無からは何も生じない」というこの命題は、何か存在する事物でも、事物の様態とも考えられない。むしろ、それは、われわれの精神のうちに座を占める何らかの永遠真理と考えられ、共通概念または公理と呼ばれる。この種のものとしては、「同じものが同時にありかつあらぬことは不可能である」、「いったんなされたことは、なされなかったことにはなりえない」、「思惟するものは、思惟しているその間は存在せざるをえない」など無数にあり、それらをすべて列挙するのはたしかに容易にはできない。だが、それを考える機会が生じ、先入見によってわれわれが盲目にされていなければ、必ずや知られるのである。

【解釈】

共通概念については第13節に既出である。永遠真理（共通概念・公理）が真理である根拠は、神がそれをわれわれの精神の内に据えつけたことにある。だがその意味は、神がたとえば「なされたことは、なされなかったことにはなりえない」のような公理を、それが真であるが故にそう設定したということではない。神がそう設定したが故にそれが真理となるのである。アリストテレスやトマスは、それを神も侵すことのできない真理として認めた。しかしデカルトの永遠真理創造説によれば、神はそれを真でないようにすることも自由であった。天使にはできないものがあっても「神によって何かがなされえないと言うべきではない」（アルノー宛 1648.7.29. V, 223）。当然ながらユスタッシュは公理を最も確固たる第一原理とし、永遠真理についてもデカルトとは異なる考えに立っている（SP. IV,

28-30 第二問題「すべての原理のうちで第一の最も確固たるものは何か」、同 35-37 第三問題「事物の本質は永遠であるか」)。

共通概念または公理は、しばしば「自然の光によって明らかであること」(「第三省察」VII, 40) とも表現され、夥しい具体例が挙げられている。「無からは何も生じえない」(同)、「全体は部分よりも大きい」(プレンピウス宛 1637.12.20. I, 476)、「等しいものから等しいものが取り除かれるならば、残りは等しい」(同) などは問題ないだろう。だが、「あるものの知的本性が独立的であるならば、それは神である」(メルセンヌ宛 1638.12.15. II, 435)、「結果は原因に似ている」(『ビュルマンとの対話』V, 156) なども公理と認定されているのは、当時のスコラの考えによるものだと思われる。【参照】に挙げた「諸根拠」の十項目の公理もまた、スコラ的な色彩の濃い命題であろう。

【参照】

- 「同一の第三者に等しい二つのものは相互に等しい」また「同一の第三者に、同じ仕方で関係づけられえない二つのものは相互にまた何か差異をもつ」等の共通概念…。」(『規則論』X, 419)
- 「同一のものが同時に存在し、かつ存在しないことは不可能である」という、かの大きな原理、すなわちすべての認識がそれに還元され、それに帰着するところの、土台とも中心ともなっている、あの原理…。」(『真理の探求』X, 522)

・「私は思惟するときには存在すること、一度なされたことはなされなかったことではありえないこと。これらははなはだ判明で単純であって、それが真であると信じることなしには思惟することができません。」(「第二答弁」VII, 145)

・「「同じものが同時にありかつあらぬことはできない」、「無は何らかのものの作用因ではありえない」などといった、読者が自らにおいて見出す、自明な命題を注意深く考察するよう…要請する。」(「諸根拠」VII, 162-163)

・「一、それがなぜ存在するかの原因が、どういうものであるかをたずねることができないようなものは、何も存在しない…。二、現在の時間は、すぐ直前の先行する時間には依存しない…。三、いかなるものも…その存在の原因として無、つまり非存在をもちえることはない。四、何らかのもののうちにある実在性すなわち完全性はすべて、そのものの最初の十全な原因のうちに形相的にあるいは優勝的にある。五、観念の表象的実在性は、それと同じ実在性が、そこでは単に表象的にではなく、形相的にあるいは優勝的に、含まれている原因を要求する…。六、実在性すなわち存在性の程度は、さまざまである…。七、思惟するものの意志は…自らにおいて明晰に認識された善に向かう…。八、より大きなこと、あるいはより困難なことをなしえるものは、より小さなこともまたなしえる。九、実体を創造しあるいは保存することは、実体の属性すなわち諸性質を創造しあるいは保存することよりも、より大きなことである…。十、…制限されたものの概念のうちには、可能的ないし偶然的存在が含まれ、しかし最高に完全な存在者の概念のうちには、必然的で完全な存在が含まれる。」(同 164-166)

・「「結果のうちには、前もって原因のうちに存在しなかったようなものは何も存在しない」という公理…。」(「第五答弁」VII, 366)

・「[「思惟するものが存在しないということはありえない」などということは]、最も単純な概念であり、そ

れらだけではいかなる存在する事物の知識をも示さないので、数えあげるまでもない。」（『原理』I-10）

・「共通概念のうちには「互いに等しいものに等しいものを加えれば、その和は等しい」などがある。」（同I-13）

・「われわれの意志のうちに自由があり、多くのものに同意することもしないことも任意にできることは…最も共通的な概念のうちに数えられるべきである。」（同I-39）

・「無には何らの属性もなく、いかなる特性あるいは性質もない、というこの共通概念…。」（同I-52）

・「「無からはなにも生じない」などの永遠真理についての多くの命題の知識…。」（同I-75）

・「「同じものが同時にありかつあらぬことは不可能である」は、一般的に利用可能な原理であって、正確にいえば、事物の存在を何ら知らせることなく、ただすでに知られたものの真理を確証するだけです。」（クレルスリエ宛1646.6または7. IV, 444）

・「同じものがありかつあらぬことは不可能である」については、感覚的な人々は考察もせず、注意も向けません。しかし、これらの原理ははっきり生まれながらに備わっています。…もしかれらが考察するなら、だれもそれらの原理について疑わないでしょう。」（『ビュルマンとの対話』V, 146）

50　これらは明晰に認識されるが、先入見のために、そのすべてがすべての人によって明晰に認識されるわけではない。

そして、たしかにこれらの共通概念に関しては、それらが明晰判明に認識されうることは疑いない。なぜなら、さもなければ共通概念とは言えないからである。しかし、また実際のところ、それらのうちのあるものは、すべての人によって等しく認識されるわけではないので、すべての人において等しくその名に値するのではない。しかし、これは私が思うに、ある人の認識能力が他の人のそれよりもより広きに及ぶからではなく、おそらくそれらの共通概念がある人たちの先入見と対立し、そのためそれらを容易に捉えることができないからである。これに対して、そうした先入見から解放されている他の人たちは、それらをきわめて明証的に認識するのである。

【解釈】

この節は次のようにパラフレーズすることができよう。共通概念の真理性は、先入見に覆われてさえいなければ、だれでもそれを容易に知ることができる。生得的に真であるという点に「共通」部分がある。その真理性はいつも顕在的に意識されているわけではないが、それに目を向ければいつでも了解される。なるほど精神の能力（思考の敏速さ、想像力、記憶力）には個人差があるが、理性は各人に完全なものとして備わっている。その意味で人間の認識能力は平等である（『序説』VI, 1-2)。共通概念を真と捉えることができない人は、先入見によって見る目を曇らされ、別のことを考えているからである。それゆえ、たとえば神の観念をだれもがすぐに真と知るわけではないが、先入見を取り去れば、容易にそれは明証的に真であると認識される。

【参照】

・「読者が自らにおいて見つけ出す、自明な命題を注意深く考察するよう、要請する。そして、知性の明察さは、自然によって自らに植え込まれてはいても、しかし感覚の表象によって、このうえなく混乱させられ、不明瞭にされているのが常であるが、その明瞭さを純粋で感覚から解放されたものとして使用するよう、要請する。」(「諸根拠」VII, 162-163)

・「… [それら(永遠真理)は] 先入見によってわれわれが盲目にされていなければ、必ずや知られる。」(『原理』I-49)

・「しかしこれらの原理はあれほどはっきり彼らに生まれながらに具わって… いるのですから、彼らはそれらの原理を見逃し、混然とした仕方でしか考察しないで、いちどでも抽象においてまた質料と個別的なものから切り離して考察したことがないのです。というのも、もし彼らがそのように考察するならば、誰もそれらの原理について疑わないでしょうから。」(『ビュルマンとの対話』V, 146)

51　実体とは何か、その名称は神と被造物とには一義的には適合しない。

ところで、事物あるいは事物の様態とみなされるものについては、それぞれのものを[85]別々に考察する必要がある。「実体」ということでわれわれが理解しうるのは、それが存在するのに何ら他の事物を要さないような仕方で存在する事物に他ならない。そして、たしかに[86]まったく他の事物を要さない実体は、ただ一つのもの、すなわち神しか理解されえない。実際、他のすべての実体は神の協力なしには存在しえない、とわれわれは認識している。それゆえ、実体という名称は神とそれらの実体とには、スコラにおいて言われてきたように「一義的に[87]」は適合しない。すなわち、神と被造物とに共通な実体という名称の意味は、判明には理解されえないのである。[88]

【解釈】

実体 substantia は第11節などにすでに出ているが、ここで改めてその定義がなされる。すなわち、他のものなしに存在するもの、つまりそれ自体として存続するもの res per se subsistens（「第三省察」VII, 44）という観点から定義されている。自体性あるいは自存性が実体の要件である。これはスコラの定義とも正確に合致している。実体を、トマスは「それ自体として存在する存在者」ens per se existens と言い、ユスタッシュも「存続する、つまりそれ自体として存在する存在者」ens subsistens seu per se existens（SP. I, 96–97 第一問題「実体とは何か」）としている（Gilson, *Index*. pp. 275–277）。スピノザが「実体とはそれ自身において存在し in se est、それ自身によって考えられる per se concipitur もの、換言すれば、その概念を形成するために他のものの概念を必要としないもののことである」（『エチカ』第一部定義3）と定義したのも、これを継承している。厳密な意味での実体とは神のみであり、この限りではスピノザの考えもデカルト説と符合する。ただ、そのような実体が概念としては認められても実在として認めうるかどうかが、ロック、バークリ、ヒューム、カントなど後の哲学者によって批判的に論じられるところとなる。

ライプニッツは「存在するためには神の協力以外を必要としないもの」という定義を批判し、属性との相互関係から実体を説明すべきだとしている（G. IV, 364）。だが、この批判への回答は次の第52節によって与えられている。

【参照】

- 「石は実体である、つまりそれ自身で存在しうる事物である…。」（「第三省察」VII, 44）
- 「われわれが認識している何か（すなわち、その実在的な観念がわれわれのうちにある何らかの特性、性質、属性）が、基体のうちにあるように、あるいは基体によって存在するように、そこに直接内在しているすべてのものは、実体と呼ばれる。」（「諸根拠」VII, 161）
- 「それ自らによってper se、他のいかなる実体の介助もなしに存在しうるという、この知見こそが実体についての知見なのであって…。」（「第四答弁」VII, 226）
- 「実体、すなわち、それ自身によって存続する事物…。」（レギウス宛1642.1. III, 502）
- 「どんな実体であれ、その属性の一つは、それがそれ自身によって存続するということである。」（『掲貼文書への覚え書』VIII-2, 349）

•「神やまた天使、そして、それ自身によって存続する他のどんな事物であれ…。」（モア宛 1649.2.5. V, 269)
•「いかなる働きの様態も、神と被造物とには一義的には適合しません。」(同宛 1649.4.15. V, 347)
•「いかなる本質も一義的に神と被造物とに適合するということはありえません。」(「第六答弁」VII, 433)

52 精神と身体には実体という名称が一義的に適合する。いかにしてそれらは認識されるか。

しかし、物体的実体と、精神すなわち被造的な思惟実体とは、この共通な概念の下に理解されうる。それらは存在するために、ただ神の協力しか必要としない事物だからである。しかしながら、[89]実体はただそれが存在する事物であるということだけから、最初に気づかれうるわけではない。なぜなら、それだけではわれわれを触発しないからである。そうではなく、われわれが実体を容易に認識するのは実体の何らかの属性からであり、無には何らの属性もなく、いかなる特性あるいは性質もない、というこの共通概念によってである。というのも、われわれは何らかの属性が現にあると認識することから、属性がそれに帰属しうる何らかの存在する事物、すなわち実体もまた、必然的に現にあると結論するからである。

【解釈】

第51節から明らかであるように、一次的な意味（創造の観点）では神のみが無限な実体である。神は自分自身が存在の原因であって、存在するためには他を要しないからである。だが、二次的な意味（被造物の観点）では精神も物体も有限な実体と言える。なぜなら、それらは神の協力を要することは別としても、神以外の他の被造物を必要とせずに自らによって存在するからである。たとえば、精神は「存在するためには、いかなる場所も要らないし、いかなる物体的なものにも依存していない」（『序説』VI, 33）。精神も物体も、ともに自体性という実体の条件を満たしているので、共通の概念とされる。ただ一次的・二次的の区別には分かりにくい点があり、仏訳は曖昧さが残らぬよう敷衍して説明している（前節注88参照）。

実体の認識に関して言えば、実体そのものだけではわれわれを触発しない。実体のもつ属性に触発されてはじめて、実体が認識される。物体の場合であれば、延長（大きさや形）という属性によって触発されてはじめて、物体的実体が知られることになる。すでに第11節にもあるように、属性が多ければ多いだけ、それだけ実体はよりよく知られる。属性を認識することから実体が知られるという基本構図は、コギト・エルゴ・スムの論理でもあろう。そもそも何かものがなければ属性もありえない。逆に、何らかの属性があるのであれば、それが帰属する実体（基体）が必ず存在するはずである。「そのように思惟しているわれわれが無であると想定することはできない。なぜなら、思惟するものが、思惟しているまさにそのときに存在しないとみなすことは矛盾するからである」(第7節)。

この節に対してライプニッツは、次のようにコメントしている。それぞれの実体にその本性を表す主要属性があることは認めるが、延長が物体の本性であるとは単純に言えない。運動や運動に関する自然法則は延長の概念から出てくるわけではなく、それはさらに多くのものに分解される(G. IV, 364-365)、と。

【参照】

・「しかし実体そのものを、直接それ自身によってわれわれは認識するのではなくて、それが若干の働きの基体であるというそのことによってのみ認識するのです…。」(「第三答弁」VII, 176)

・「われわれは実体を直接的に認識するのではなくて、ただある形相ないしは属性をわれわれが認知するということからのみ認識するのです…。」(「第四答弁」VII, 222)

・「もし人が実体をまったくそれ単独で、その偶有性を思惟することなく、考察するなら、このことは人が実体をきわめてよく認識することを妨げます。というのも、実体の本性が明らかにされるのは、その偶有性によってだからです。」(「第五反論について」IX-1, 216)

・「無にはいかなる状態も性質もないこと、したがって、われわれがそうした状態や性質を認める場合には、必ずそれらが属している事物すなわち実体が見いだされること、そして、われわれがその同じ事物すなわち実体において、より多くの状態や性質を認めれば認めるほど、それだけより明晰にその実体を認識する

ことである。」(『原理』I-11)

53 各々の実体には一つの主要属性がある。精神の思惟と物体の延長というように。

たしかに、どのような属性からも実体は認識される。しかし、各々の実体には一つの主要な固有性があり、これがその実体の本性と本質を構成し、他のすべての固有性はそれに帰されるのである。すなわち、長さ、幅、深さにおける延長が物体的実体の本性を構成し、思惟が思惟する実体の本性を構成する。というのは、物体に帰属しうる他のすべてのものは延長を前提し、延長する事物の何らかの様態にすぎないからである。同じように、精神のうちに見いだされるすべてのものは、さまざまな思惟の様態にすぎない。このように、たとえば形は延長する事物においてしか理解できないし、運動は延長する空間においてしか、また、想像も感覚も意志も思惟する事物においてしか理解できない。しかし、それとは逆に、延長は形や運動なしでも理解できるし、思惟は想像や感覚なしでも理解できる。他のものでも同様であり、このことは注意する人なら誰にでも明らかである。

【解釈】

精神については思惟 cogitatio が、物体については延長 extensio が、それぞれ主要属性である（思惟と延長については第8および第48節に既出）。主要ならざる属性というものはなく、それらは様態 modus とみなされる。思惟に関しては想像や感覚などが、延長については、形や運動などがそれである。属性は様態なしに理解されるが、逆に様態は属性なしには理解されない。たとえば、思惟は想像力や感覚なしに理解される。思惟する精神を感覚的事物から引き離し、その本質である純粋知性 intellectus purus として捉えることが、デカルト形而上学の基本的態度であった。以下の節で、実体、属性、様態がスコラ的に（あるいはスコラ的意味を超えて）詳しく論じられることになる。

【参照】

・「私とは一つの実体であって、その本質つまり本性はただ考えることのみであり、その実体が存在するためには、いかなる場所も要らないし、いかなる物体的なものにも依存していないこと。したがって、この「私」、すなわちそれによって私が私であるところの精神は、物体から完全に区別されており、…たとえ物体がないとしても、精神はやはり精神でありつづけるであろうことを知った。」（『序説』VI, 33）

・「私とは何であることになるのか？　考えるものである。これはどういうことか？　すなわち、疑い、理解し、肯定し、否定し、欲し、欲さず、また、想像し、感覚するものである。」（「第二省察」VII, 28）

・「私が存在していることを私は知っていること、そしてその際、私の本性あるいは本質に属していると認められるのは、私が考えるものである、ということ以外にはまったくないことから、私の本質は、私が考えるものである、というこの一つのことに存することを正しく結論するのである。」(『第六省察』VII, 78)

・「思惟という語には、われわれがそれを直接に意識しているという仕方で、われわれのうちにあるすべてのものが含まれる。かくして意志、知性、想像力、感覚のすべてのはたらきは思惟である。」(「諸根拠」VII, 160)

・「たとえば、大きさ、形状、運動、および場所的延長なしには思惟されることのできない他のすべて…の働きの内在する実体を、われわれは「物体」と呼ぶのであって、…これらすべての働きは、延長という一つの共通の根拠のもとに合致しています。…たとえば、知性で理解する、意志する、想像する、感覚する等々…はすべて、思惟、ないしは認識、ないしは意識という共通の根拠のもとに、合致しております。かくて、これらの働きの内在する実体を、われわれは「思惟するもの」、ないしは「精神」と言うのであり…。」(「第三答弁」VII, 176)

・「延長していること、可分的であること、形状をもっていること、等々は、それによってわれわれが、物体と呼ばれる実体を認知するところの、形相ないし属性なのですが、それと同様に、知性で認識するものであること、欲するものであること、疑うものであること、等々は、それによってわれわれが、精神と呼ばれる実体を認知するところの、形相なのであって…。」(「第四答弁」VII, 223)

・「しかし、われわれは、長さ・幅・深さの延長を有する、ある特定の物質——そのさまざまな形を与えられ、さまざまな運動をし、さらには色や香りや苦痛等々さまざまな感覚をわれわれがもつように作用しさえするところの物質——を感覚する。」(『原理』II-1)

・「物体の本性は、堅さや重さや色をもったもの、あるいはそのほかのなんらかの仕方で感覚を刺激するも

のであるということに存するのではなく、長さ・幅・深さの延長を有するものであるということにのみ存する。」（同 II-4）

・「思惟を非物体的な実体の主要属性として、延長を物体的な実体の主要属性として考察したのは、私こそが初めてなのだから…。」（『掲貼文書への覚え書』VIII-2, 348）

54　われわれはいかにして思惟する実体、物体的実体、そして同じく神について、明晰判明な概念をもつことができるか。

かくして、思惟のすべての属性を、延長の属性から明確に区別するならば、われわれは二つの明晰判明な概念あるいは観念を容易にもつことができる。すなわち、一つは被造的な思惟する実体の観念、他は物体的実体の観念である。また、われわれは被造的でない独立の思惟する実体、すなわち神についても、明晰判明な観念をもつことができる。ただしそれは、神の観念が、神においてあるすべてのものを十全に示しているなどと想定したり、また、神の観念のうちにありもしない何かを捏造《ねつぞう》せずに、神の観念のうちに実際に含まれるもの、そして最高に完全なる存在者の本性に帰属すると明証的に認識されるものだけに、われわれが注意する場合にかぎるのである。また、たしかに人間精神のうちには神についての知識はまったくないと思い込んでいる人でもなければ、そうした神の観念が自分のうちに内在することをだれも否定することはできない。

【解釈】

思惟実体、延長実体については第48節に既出である。ここでは、神という被造物ではない increatus 思惟実体を、いかに明証的に知るかが問題である。スコラの考えでは、有限な人間知性は無限なる神の全体を本来知る立場にないが、しかし存在の類比 analogia entis によってある程度神を知ることができる、とされた。これに対してデカルトは、人間の内なる神の観念 idea Dei によって神は知られるとした。もっとも、われわれがもつ神の観念は、神の全体を余す所なく表現しているわけではなく、その本性のほんの一部を捉えているにすぎない。また、神の観念はわれわれの知性による虚構ではない。想像力でなく純粋知性によって神を捉えるならば、永遠、全知、全能、無限、存在などの属性が明証的に取り出されるであろう。この意味でわれわれは神の明晰判明な観念をもつと言える。神の観念は生得観念としてわれわれの精神のうちに植え込まれている（「第三省察」VII, 51）。神についての知識 notitia などまったくないと誤認する人があるのは、感覚や想像にとらわれるあまり、それと気づかないからである、とされる。

ライプニッツは、デカルトが思惟実体には延長がなく、延長実体には思惟がないことを十分証明したとは思われない（G. IV, 365）としている。

【参照】

・「この［最も完全な、無限の存在者の］観念は、この上なく明晰判明でもある。なぜなら、実在的にして真であり、何らかの完全性をそなえていると私が明晰判明に認識するものはすべて、この観念のうちに含まれているからである。」（「第三省察」VII, 46）

・「しかし一方で私は、私が延長するものではなく単に考えるものであるかぎり、私自身についての明晰判明な観念をもっており、他方で身体が考えるものではなく単に延長するものであるかぎり、身体の判明な観念をもつのであるから、私が、私の身体から実際に区別され、身体なしにも存在しうることは確実である。」（「第六省察」VII, 78）

・「神は明晰かつ判明に認識されうると私が言ったときはいつでも、この有限な、そしてわれわれの知能の小さな容量に釣り合った認識についてのみ理解したのです。」（「第一答弁」VII, 114）

55　いかにして持続、順序、数もまた判明に理解されるか。

「持続」、「順序」、「数」もまた、次のように考えるならば、われわれによってきわめて判明に理解される。すなわち、それらにけっして実体の概念を加えたりせず、それぞれの事物の持続とは、その事物が存続するかぎりその下にわれわれがその事物を捉える様態にすぎないと考えるならば、である。そして同様に、順序も数も、順序づけられ数えられる事物とは異なる何かではなく、その下にわれわれが事物を考察するところの様態にすぎないと考えるならば、である。

【解釈】

持続、順序、数は、第48節では「最も普遍的なもの」として、実体と同列に記されていた。だが、実はそれらは実体ではなく、事物がどうあるかの規定すなわち様態modusにほかならない。それらの様態の下にわれわれは事物を捉えるのである。数もまた思惟様態であることは第58節で示される。

【参照】

・「物体的事物の観念において明晰判明であるもののうち、あるものは私自身の観念から借り出すことができたと思われる。すなわち実体、持続、数、その他これに類するものがそうである。……いま私が在ることを認識し、以前にもしばらくのあいだ在ったことを想起するとき、そして私がさまざまな思考をもっていて、その数を理解するとき、私は持続と数の観念を獲得する。その後では、これらの観念を他のどんな事物にも移し変えることができる。」(「第三省察」VII, 44-45)

56 様態、性質、属性とは何か。

そして、たしかにここで「様態」ということで、われわれは、他の所で「属性」あるいは「性質」ということで理解するものとまったく同じものを理解している。しかし、実体がそれらによって触発されたり、変化を被ると考えられる場合、それらをわれわれは「様態」と呼ぶ。そうした変化によって実体がしかじかと名づけられうると考える場合、それらをわれわれは「性質」と呼ぶ。そして最後に、より一般的には、それらがただ実体に内在すると考える場合、それらを「属性」と呼ぶのである。したがって、神にはいかなる変化も理解されるべきではないので、われわれは、神のうちには本来、様態も性質もなく、ただ属性のみがあると言う。そして、被造物においても存在し持続する事物における存在や持続のように、それらにおいてけっして多様なあり方をしないものは、性質でも様態でもなく属性と言われるべきである。

【解釈】

実体の属性について、三つの言い方があるとしている。すなわち、それが一般的に実体の内にある場合には属性 attributum だが、実体を触発し変化させる場合にはそれは様態 modus と言われ、変化された実体を名づける場合には性質 qualitas と言われる。たとえば、精神という実体に関して思惟はその一般的な意味で属性であるが、私が悲劇を見て涙を流す場合にはそれは様態、私が感受性の強い傾向を示す場合には性質と呼ばれるということか。様態や性質は多様で変化するが、属性はそうではない。神は変化するものではないので、神のうちには様態も性質もなく、ただ完全、全能、全知という恒常的な属性があるのみである。

【参照】

・「私は、本来的な意味で言われた様態と、それがなければそれが属するところの事物が存在することができないような属性とを区別します。…形や運動は、厳密な意味において、物体的実体の様態です。」(某宛1645または1646. IV, 348-349)

・「「属性」ということで、様態以外の何ものでもないものを、ここでわれわれが理解しないように、用心しなければならない。なぜというに、何らかのある事物に本性上帰属するとわれわれが認識するものは何であれ、それが変化しうる様態であれ、当の事物の全く変化しえないまさしく本質であれ、その事物の「属性」とわれわれは呼ぶ［ことがある］からである。たとえば、神のうちに多くの属性はあるが、その一方、様態はないというように。たとえば、どんな実体であれ、その諸属性のうちの一つは、それ自身によって存続するという属性である、というように。また、たとえば、何らかのある物体の延長が、なるほど自分のうちに多様な様態を受け入れうる、というように。」(『掲貼文書への覚え書』VIII-2, 348)

・「肯定することは、否定することとは別の思惟することの様態であり、…だが実に、思惟そのものは、それらの様態がそこから生じ、それに内在する内的原理なので、様態ではなく属性として理解される。」(同349)

57　ある属性は事物のうちにあり、他の属性は思惟のうちにある。持続と時間とは何か。

ところで、属性のうちのあるものは、事物それ自身のうちにあり、事物の属性あるいは様態と呼ばれる。だが、他の属性は、われわれの思惟のうちのみにある。たとえば、われわれが時間を一般的に解された持続から区別し、運動の数であると言うとき、時間は単なる思惟様態である。なぜなら、われわれは運動のうちに、運動していないもののうちにおけるのとは別の持続を理解するわけではたしかにないからである。それは、二つの物体があるとして、一時間の間に一方は遅く他方は速く運動するなら、たとえ一方にはるかに多くの運動があっても、一方において他方よりもより多くの時間を数えるわけではない、ということから明らかである。しかし、すべての事物の持続を測るために、われわれはその持続を、最大で最も平均した運動[90]の持続と比較するのであり、そのことによって年と日が生じるのである。そして、そうした持続をわれわれは時間と呼んでいる。それゆえこの時間は、一般的に解された持続に、思惟様態以外の何も付加しないのである。

【解釈】

事物のうちにある属性と、思惟のうちにある属性（様態）とを区別している。すなわち、時間の例で言うなら、時間を太陽の運動と比較して一般的に持続とみなすとき、時間は事物のうちに内在する属性と考えられる。しかし、それをアリストテレスにしたがって「運動の数」とするとき、時間は単に思惟の様態にすぎない。時間は運動物体にも静止物体にも関係なく流れているし、物体の動きの遅速にかかわらず（運動の数はちがっていても）流れる時間は同じであるからである。後の『原理』第62節では、「思惟の様態」が観念的区別との関連で言及されている。

なお、スピノザは『デカルトの哲学原理』の附録「形而上学的思想」で次のように言っている。「われわれは事物を説明するための思惟様態をも持つ。これは事物を他の事物と比較して規定するものである。われわれがこの目的に用いる思惟の様態は時間、数、尺度——他にもまだいくつかあるであろう——と呼ばれる。これらのうち時間は持続を説明するのに役立ち、数は非連続的量を説明するのに、また尺度は連続的量を説明するのに役立つ」(Gebhardt. I, 234)。時間については同書で次のようにも述べられている。「持続を決定するためにわれわれは、その持続を、一定の確実な運動を有する他の事物の持続と比較する。この比較が時間と呼ばれる」(同 244)。「時間は事物の状態ではなくて、ただ単なる思惟の様態にすぎない。あるいはすでに述べたように、理性の有にすぎない。即ち時間は持続を説明するのに役立つ思惟の様態なのである」(同)。

【参照】

・「われわれが部分を全体をつくるものとして見る時、「数える」といわれ、逆に全体を部分に分たれたものとして見る時、われわれはその全体を「測る」のである。例えば、われわれは世紀を、年によって、日によって、時によって、瞬間によって測る。反対に、瞬間、時、日、年を数えるならば、最後に世紀に達するのである。上述よりして明らかなことは、同一の主体の中に無限の異なる次元が存しうること、またそれら次元は、測られた事物に何ものをも付加することがなく、その次元がその主体の中に実在的基礎をもとうと、またわれらの精神の自由によって案出されたものであろうと、いずれも同様に考えられるということである。…世紀の、年や日への分割はある実在的なものであるが、これに対して日の、時や瞬間への分割はそうではない。」(『規則論』X, 448)

・「私は、本来的な意味でいわれた様態と、それがなければそれが属するところの事物が存在することができないような属性とを区別します。あるいはまた、事物それ自体の様態と、思惟の様態とを区別します。…存在、持続、大きさ、数、そしてすべての普遍者は、本来的な意味でいわれた様態であるとは私には思われません。…それらは、より広い名称によって、属性あるいは思惟の様態といわれるのです。」(某宛1645または1646. IV, 348-349)

・「『原理』第一部第57節で説明しておいたように、運動の持続と、運動していないものの持続とは異なるものだとするスコラの見解に私は強く反対します。」(アルノー宛1648.6.4. V, 193)

・「私は、運動しているものの継起的持続、あるいは運動それ自体の継起的持続が、運動していないものの継起的持続とは別のものであるとは考えません。というのも、いかなるものであれその持続における「より前より後」ということは、自らの思惟――それによって他のものが共存するわけですが――のうちに把握する継起的持続の「より前より後」によって、私に知られるからです。」（同宛 1648.7.29. V, 223）

58　数およびすべての普遍者は単に思惟様態にすぎない。

同様に、数もまた何らかの被造物においてではなく、単に抽象的にあるいは一般的に考察されるとき、それは単なる思惟様態にすぎない。われわれが「普遍者」と呼んでいる他のすべてのものも同様である。

【解釈】

アルキエによれば、スコラのいう普遍者 universalia（つまり一般的概念）は思惟の外にある事物ではなく、思惟の内なる様態であるとすることで、デカルトは普遍論争に関して概念主義をとっていることになる。普遍者はかれの哲学に何の役にも立っていないが、デカルトはそれを数学的概念の問題に還元して活用することになる。だからデカルトは数を普遍者と同一視し、思惟の外にはないことを強調している（Alquié, p. 126）という。この解釈は傾聴に値するが、問題はむしろなぜ普遍者をわざわざここで論じたのか、ということであろう。

普遍者については、当然ながらユスタッシュにおいて多くが語られている（SP. I, 40-49

第一問題「普遍者とは何か」、SP. I, 52-53 第四問題「普遍者とはどういうものか」)。

【参照】

・「数が問題になる時、われわれは、多くの単位で測られるある主体を想像する。そして、知性がさしあたりその主体の多性を考えるのはよいとしても、進んで、「数えられるものはわれらの表象から全く排除されている」と前提して何かの結論を下すに至らないよう、われわれは警戒するであろう。」(『規則論』X, 445)

・「多くの等しい部分への分割それ自身——それが実在的なものであろうと、あるいは単に知性のなす分割に過ぎないものであろうと——は、本来の意味において、われわれがよって以って物を数えるところの次元であり、このように数を生み出すところの様式もまた、本来の意味で次元の一種であるといわれる。」(同 448)

・「物質の量は、「数」が「数えられたもの」と異ならないのと同様に、物質の実体と異ならない。」(『世界論』XI, 36)

・「量が延長実体と異なるのは、事実のうえでのことではなくて、ただわれわれの概念のうえでのことなのであり、数が数えられる物と異なるのも同様である。…一〇なる数の概念は、この一〇フィートという寸法に関係させられようと、ほかのどんなものに関係させられようと、全く同一だからであり、かつまた、一〇フィートという連続量も、これだけの量をもつなんらかの延長実体なしには理解することができないとはいえ、この特定の実体がなくても理解することはできるからである。」(『原理』II-8)

59　いかにして普遍者は生じるか、通常の五つの普遍者すなわち、類、種、種差、固有性、偶有性とは何か。

これらの普遍者は、相互に似ているすべての個体を思惟するために、同じ一つの観念が使われることからのみ生じる。同じようにまた、その観念によって表現されたすべての事物に対して、同じ一つの名称が与えられるのであって、これが普遍的名称である。たとえば、われわれが二つの石を見て、それらの性質ではなくそれらが二つあるということのみに注意するとき、われわれは二と呼ばれる数の観念を形成するのである。そして、のちに二羽の鳥あるいは二本の木を見て、今度もそれらの性質ではなくそれらが二つあることのみを考察するとき、われわれは前と同じ観念を思い起こすのであり、したがってこの観念は普遍的である。そして同じように、われわれはその数を二という同じ普遍的な名称で呼ぶのである。同様にして、われわれが三つの線で囲まれた図形を眺めるとき、われわれはそれについてある観念を形成してそれを三角形の観念と呼んでいる。そしてのちに、この観念を普遍的なものとして、三つの線で囲まれた他のすべての図形をわれわれの心に示すために用いるのである。

そして、他の三角形のうちであるものが直角をもち、他のものはもたないのに気づくとき、われわれは直角三角形の普遍的な観念を形成するが、それは先行する、より一般的な観念に対して「種」と呼ばれる。そして、それによってすべての直角三角形が他の三角形から区別されるところの直角は、普遍的な「種差」である。さらに、直角三角形において底辺の二乗が他の二辺の二乗の和に等しいということが、それらのすべてに、しかもそれらのみに適合する「固有性」である。最後に、そのような三角形のあるものは動き、他のものは動かないと想定するなら、このことはそのような三角形における普遍的な「偶有性」であろう。かくして一般に五つの普遍者すなわち、「類」、「種」、「種差」、「固有性」、「偶有性」が数えられる。

【解釈】

思惟様態の例として、ポルフュリオスに由来するスコラの五つの普遍概念（類 genus、種 species、種差 differentia、固有性 proprium、偶有性 accidens）の形成が説明されている。ユスタッシュもこれらの普遍概念の説明に多くのページを費やしている（SP. I, 39-81において、類、種、種差、固有性、偶有性が順次詳述されている）。もっともデカルト自身はこれらの用語をごく限られた場面でしか使わない。「ポルフュリオスの普遍」という語句は「第二答弁」で一度だけ用いられている。すなわち、それは事物のうちにではなくて知性のうちにあるにすぎない普遍的な一性である。しかし神の有する諸完全性の一性は、ポルフュリオスの普遍と同じ仕方で形成されるものではない。神の一性は神における独特で積極的な完全性を指示するが、通有的一性は実在的なものを個々の個体の本性に何も付け加えることがない（「第二答弁」VII, 140）とされる。『真理の探求』にも「かの有名なポルフュリオスの樹」（X, 516）という表現が出てくる。「普遍者」に関しては「第五答弁」に次のような記述がある。「（ガッサンディ氏が）弁証家たちの普遍者に反対して述べておられることは、私は普遍者というものを彼らのようには理解していないのですから、私にはかかわりがありません」（VII, 380）。デカルトがここで弁証家の普遍者理解として想定しているのは、事物の存在に先立って事物の本質が永遠にあるというものであろう。だが、デカルトはこの見解に与しない。逆に、幾何学的図形の本質に関して、「われわれのうちにあるそれらのものの観念は個別的なものから取得されたものではない」（同）として、ガッサンディを批判している。

「固有性」は proprietas として第53節に既出である。「偶有性」については、「諸根拠」定義7で「形・位置・場所的運動など、延長が前提する偶有性」（VII, 161）と言われている。「第三省察」には「様態あるいは偶有性」modus sive accidentia（VII, 40）とあり、様態と偶有性とを区別しない場合もある。人間が衣服を着ているという場合、「着ているということ」は偶有性である（「第六答弁」VII, 435）が、「人間ということから観れば様態にすぎない」（『掲貼文書への覚え書』VIII-2, 351）。また、衣服は人間との関係で性質

qualitas である（「第六答弁」VII, 441-442）とも言われている。

スピノザは『デカルトの哲学原理』の附録「形而上学的思想」で、偶有性を単に関係を表示するだけのもの、それゆえ思惟様態にすぎないとしている。その例として「三角形が運動すると私がいう場合、この運動は、三角形の様態ではなくて運動する物体の様態である。従ってこの運動は三角形に関しては偶有性とよばれる」（Gebhardt. I, 237）ということを挙げている。

【参照】

- 「例えば、普遍的なものは、個別的なものよりも、いっそう単純な本質をもつゆえに、いっそう絶対的であるが、しかしそれは、存在するためには個物に依存するがゆえに、またいっそう相対的であるともいうことができる、等。…個物を考察する時、種はある絶対的なものであるが、類を考察する時は、種はある相対的なものである。」（『規則論』X, 382）
- 「より多いとかより少ないとかいうことは、同じ「種」における「個体」の「偶有性」の間にあるのみであって、「形相」すなわち本性の間にはないのである。」（『序説』VI, 2-3）
- 「人間身体は、他の物体と異なっているかぎり、もろもろの器官の一定の配置と、他の同じような偶有性だけから構成されている。」（『省察』「概要」VII, 14）
- 「人間的身体はしかし、それがそれ以外の物体とは相異なるというかぎりにおいて、単なる肢体の組成ならびに他のこの種の偶有性からのみ成っています。」（「第二答弁」VII, 153）

・「類は、あれやこれやの種差なくして理解することができるでしょうが、もしそうだとしてもしかし、いかなる意味でも種は類なくしては、思惟することができません。……われわれは円のいかなる種差をも、同時に図形についてわれわれが思惟するということがなければ、理解することはありません。」（「第四答弁」VII, 223）

・「おそらく三角形というものは、具体的には三角の形状をもつ実体として解せられることができるとしても、底辺上の正方形が他の二辺上の正方形の和に等しいという固有性が実体ではない、ということは確かです。」（同 224）

・「固有性という名称が、ここではおよそそう解されて然るべきであるように、任意の属性あるいは事物について述語されうるところのすべてのものと解されるときに、なぜ存在が全能とおなじく固有性と言われることができないのか、私にはわかりません。」（「第五答弁」VII, 382-383）

・「偶有性の形相をもっているのは、実体そのものではなくて、ひとりそのことが生起するその仕方のみ、すなわち、たとえば着物が人間にたまたま張りつくという場合、偶有的なのは、着物そのものではなくてただ単に「着られているということ」のみ、であります。」（「第六答弁」VII, 435）

・「それの基体となるものを破壊することなしに、現前したりしなかったりするものはすべて偶有性と呼ばれます。もっとも、着物が人間にとって偶有的である場合のように、ある偶有性はそれ自体で捉えられるならば、おそらく実体であるのですが。」（レギウス宛 1641.12. III, 460）

・「物体における可触性や不可入性は、人間における笑う能力と同様に、通常の論理学の方式にしたがえば、第四番目の固有性にほかならず、延長のうちにあると私が主張する真で本質的な種差ではありません。」（モア宛 1649.2.5. V, 269）

60 さまざまな区別について、まず実在的区別について。

ところで数は、事物それ自身においては事物相互の区別によって生じるが、こうした「区別」には「実在的」、「様態的」、「観念的」の三つがある。「実在的区別」は本来、二つまたはそれ以上の実体の間にのみ存する。われわれが、それら実体が互いに実在的に区別されていることを知るのは、一つの実体を他の実体なしに明晰判明に理解できることからのみである。なぜなら、われわれは神を知っているので、われわれが判明に理解するものを神は何でもなしうることは確かであるからである。[91]

したがって、たとえばわれわれがすでに延長をもつ実体すなわち物体的実体の観念をもつことだけから、たとえそうしたものが実際に存在することをまだ確かに知らなくても、それが存在しうることは確かであり、またもし存在するなら、われわれの思惟によって限定されたその実体のいかなる部分も、他の部分から実在的に区別されることも確かである。同様に、各人が自分が思惟するものであることを理解し、思惟する実体であれ延長をもつ実体であれ、他のすべての実体を思惟によって自分自身から排除することができるだけで、そのようにみなされた各人はすべて、他のすべての思惟する実体からも物体的実体からも実在的に区別されることは確かである。

そして、たとえ神が、あるそうした思惟する実体にある物体的実体を、それ以上は不可能であるほど緊密に接合し、そしてその二つの実体からある一つのものをつくりあげたと仮定しても、それにもかかわらず、それらは依然として実在的に区別されているのである。なぜなら、神がそれらをいかに緊密に合一したとしても、以前にそれらを分離するために、すなわち一方を他方なしに保存するためにもっていた力を神が失うことはありえなかったし、神によって分離され、別々に保存されうるものは、実在的に区別されたものであるからである。

【解釈】

以下三節にわたって区別の議論が展開される。この議論にはいわば気合が入っており、ユスタッシュなどのスコラの議論（SP. IV, 80-83 第六問題「実在的区別とはどのようなものか」、第七問題「事物の本性による区別とはどのようなものか」、第八問題「観念的区別とはどのようなものか」）を十分に踏まえていると思われる。デカルトの意図は、それを批判的に受けとめ、自らが提起する心身の区別を詳しく説明したいということであろう。

実在的区別 distinctio realis とは、二つ以上の実体の間の区別を言う。私が明晰判明に理解するものをすべて神はつくり出す能力があるので、たとえば物体的実体を私が明晰判明に理解するなら、それが実際に存在するかどうかが知られていない時点でも、権利上それは神によって存在しうることになる。そして、その実体が実際に存在するなら、私がいま考察している物体の部分Aは、他の部分Bから実在的に区別される。また、私を思惟するものと規定するとき、私は物体的実体からも他の思惟実体（すなわち他者）からも実在的に（つまり異なった実体として本質的に）区別される。さらに、実在的区別とは神の力potentiaによって実体が分離され、保存されるということである。たしかに、精神と身体とは生きた人間において事実上、緊密に合一している。それは「真なる合一」（レギウス宛 1642.1. III, 493）とも、「実体的合一」unio substantialis（「第四答弁」VII, 228）とも呼ばれる。だが、その合一は「本性による一性」ではなく、異質なものの偶然的な同居であり「複合物の一性」unitas compositionis（「第六答弁」VII, 423）にすぎない。それゆえ、神はそれらを権利上、分離することができるのであり、この点に実在的区別の根本的な意味があると思われる。

アルキエは、実在的区別には次の三つのケースがあると解釈している。（1）物体的実体の間（ある部分は他の部分なしに思惟されるので）、（2）精神の間（私の思惟は他の思惟を介することなく意識されるので）、（3）精神と物体の間。そして（1）のケースには曖昧さが残るとしている（Alquié, p. 129）。

【参照】

・「われわれが本来それによって事物を認識している能力は、純粋に精神的なものであり、かくして、血が骨から、手が眼から区別されるのと同様、全身体から区別される…。」(『規則論』X, 415)

・「異なる実体として明晰判明に把握されるものはすべて、実際に互いに実在的に区別された実体である。」(『省察』「概要」VII, 13)

・「私がそのように［明晰判明に］認識することができるすべてのものを、神がつくりだすことができることは疑いないからである…。」(「第六省察」VII, 71)

・「私が明晰判明に理解していることはすべて、私が理解するとおりに神によって作られうることを私は知っているゆえに、あるものが他のものから区別されると私が確信するためには、一方を他方なしに明晰判明に理解できることで十分である。なぜなら、それらは少なくとも神によって、別々に措定されうるからである。」(同78)

・「私は、…物体については精神の本性に属するもののすべてを否定することによって、理解します。そしてそれとは逆に、私は精神が、そのなかには物体の観念のうちに含まれるものの何かがあることを私が否定するにしても、…十全的な事物であると理解します。このことはおよそ、精神と物体との間に実在的区別がないとしたならば、生じえないことでしょう。」(「第一答弁」VII, 121)

・「一つの事物を他の事物によることなくわれわれが理解するということをもってすれば、それらが実在的に区別されることをわれわれが認知するのには十分です…。」(「第二答弁」VII, 132)

・「二つの実体は、一方が他方なしに存在しえるとき、実在的に区別されるといわれる。」(「諸根拠」VII, 162)

・「私はここで神の力を媒介として用いたが、それは、精神を身体から分離するためには、何か通常以上の力が必要であるからではない。…どういう力によって二つのものが分離されるかは、それらが実在的に区別されていることをわれわれが知るためには関係がない。」（同 170）

・「二つの実体を二つの別個の概念によって認識した者は、誰であれ、その二つの実体が実在的に区別されていると判断しなかったことはけっしてありませんでした…。」（「第四答弁」VII, 226）

・「二つの事物が実在的に他から区別されることを示すためには、神の力能によってその事物が他から分離されうるということ以外には、何も言えません…。」（同 227）

・「神が、ある物体に思惟する力を（実際にそれを人間の身体に植えこんだように）植えこんだとするならば、この力そのものを〔彼が欲するであろうときには〕それらから分離することができるのであって、このようにしてその力は、それらの物体からやはり実在的に区別されているわけなのです。」（「第六答弁」VII, 445）

・「私は精神と物体を、一方を他方なしに、さらに一方にかんして他方を否定してさえ、認識しうるような二つの実体として、認識します。」（ジビュー宛 1642.1.19. III, 476）

・「神がどのような絆によって二つの実体を結合しえたのであれ、私は、神は同様にまたそれらを分離することもできるのであり、したがって絶対的に言えば、それらは分離可能だと呼ぶ理由があるのだと確信しています。」（同 477-478）

・「二つの実体が他の実体と異なることを認識する徴としては、一方を他方なしにわれわれが認識するということ以外、われわれはもっていません。そして、たしかに神はわれわれが明晰に理解しうることを何でもなすことができます…。ところで、われわれは思惟実体が延長しないこと、そして延長実体が思惟しないことを、明晰に理解しえます…。神は目下両者をできるかぎり結合し合一してはいますが、だからといって、神はその全能を自身から取り去ったり、両者を分離する能力を自身から奪い取ったりすることはできないのであり、ゆえに両者は依然として区別されるのです。」（レギウス宛 1642.6. III, 567）

61　様態的区別について。

「様態的区別」には二通りある。すなわち、一つは本来の意味での様態と、その様態が属する実体との間の区別であり、他は同じ実体の二つの様態の間の区別である。前者の区別が知られるのは、われわれは実体を、実体とは異なるといっている様態なしにも明晰に認識できるが、しかし、逆に実体なしにはその様態を理解することはできない、ということからである。たとえば、形や運動がそれらの内在する物体的実体から、また肯定や記憶が精神から、様態的に区別されるごとくである。これに対し、後者の区別が知られるのは、たしかに一つの様態は他の様態なしに認識でき、その逆も可能だが、しかしどちらの様態もそれらが内在する同じ実体なしには認識できない、ということからである。

たとえば、石が運動し、かつ四角であるなら、その四角の形は運動なしに理解され、逆にその運動は四角の形なしに理解されうる、しかし、その運動もその形も、石という実体なしには理解されえないごとくである。ところで、ある実体の様態が他の実体と、あるいは他の実体の様態と異なる場合の区別、たとえば、ある物体の運動が他の物体または精神と異なる場合の区別や、運動が懐疑[92]と異なる場合の区別は、様態的というよりもむしろ実在的と言うべきだと思われる。なぜなら、それらの様態は、それらがその様態であるところの、実在的に区別された実体なしには明晰に理解されないからである。

【解釈】

様態は、第56節で概略説明されたように、実体のもつさまざまな属性や性質のことであり、実体なしには様態はありえない。様態的区別 distinctio modalis とは、同じ実体に関して、（1）様態とその実体との間の区別、（2）あるいは同じ実体の様態相互の間の区別のことである。だが、区別が他の実体との関係に及ぶ場合は、デカルトは様態的区別ではなく実在的区別と言う。たとえば、ユスタッシュの様態的区別とは「存在者が様相によって他の存在者から区別されること」（SP. IV, 82 第七問題「事物の本性による区別とはどのようなものか」）であるから、これは実在的区別に相当することになる。デカルトのこの新解釈に対してライプニッツは、様態の間に実在的区別を認めないのは、ことばの通常の用法を必要もなく変えることになる（G. IV, 365）と批判している。

【参照】

・「そこから私は、ちょうど様態が事物から区別されるように、それらの能力［想像する能力と感覚する能力］が私から区別されることを認識する。」（「第六省察」VII, 78）

・「思惟する私が私の思惟から、事物がその様態から区別されるように、区別されることを私は否定しません。」（「第三答弁」VII, 177）

・「私が「ペテロは人間である」と言うとき、私がペテロを思惟する思惟は、私が人間を思惟する思惟と様態的に異なりますが、ペテロその人においては、人間であることはペテロであることと別のことではありません。」（某宛 1645 または 1646. IV, 350）

・「われわれは、様態なしに実体を容易に理解するにもかかわらず、しかしながら逆に、その様態がそれの様態である実体を、様態と一緒にわれわれが概念することなしには、様態を明晰に理解することはできない…。このことを私は『原理』の第I部第61節で解明した。」（『掲貼文書への覚え書』VIII-2, 350）

62　観念的区別について。

最後に「観念的区別」は、実体と、その何らかの属性——それなしには実体を理解しえない——との間の区別、あるいは何らかの同じ実体の、そのような二つの属性の間の区別である。そして、この区別が知られるのは、実体からその属性を排除すれば、われわれはその実体の明晰判明な観念を形成できないことからである、あるいはそのような属性のうちの一つを他の属性から分離すれば、われわれはそのどちらの観念も明晰に知ることができないことからである。たとえば、いかなる実体も持続することをやめれば、存在することもやめるのであるから、実体はただ観念においてのみ、その持続から区別される。また、[93]われわれが対象においてあるかのように考えているあらゆる思惟様態[94]は、ただ観念においてのみ、それについて思惟されている対象と異なったり、同じ一つの対象において互いに異なったりするのである。

私は他の箇所で、すなわち『第一哲学の省察』の第一反論への答弁の末尾[95]で、この種の区別を様態的区別と一緒にしていたと記憶する。しかし、[96]そこでは、それに関して詳細に論じる場面ではなかったし、両者を実在的区別から区別するだけで私の意図にとっては十分であったのである。

【解釈】

観念的区別 distinctio rationis とは、実体と属性との間、または同じ実体の二属性の間の区別を言う。本質的に結びついていて実際は切り離すことはできないが、観念の上での区別あるいは知性の抽象による区別である。ユスタッシュは、それを「ただ知性のみによってなされる区別」(SP. IV, 83 第八問題「観念的区別とはどのようなものか」)と規定している。たとえば、私という実体とその属性である思惟とは、本来は異ならないものであり、ただ観念においてのみ区別される。また、物体における延長と可分性も本来は同じ属性だが、ただ観念においてのみ異なる。

【参照】

・「ではどれだけの間か？　すなわち私が考える間である。というのも、もし私がすべての思惟をやめるなら、その瞬間に私が在ることをまったく停止する、ということがおそらくありえるからである。」（「第二省察」VII, 27）

・「いとも博学なるこの神学者がスコトゥスから援用する形相的区別に関しては、簡潔に次のことを言っておきましょう。すなわち、それは様相的区別と相違するものではなくて、完全な存在から事細かに私が区別したところの不完全な存在にまでしか及ばないものである。そして、事物を不十全に概念する知性の抽象によって、一つのものを他のあるものから判明にそして別々に概念するためには、形相的区別で事足りる。しかし、各々のものが、それ自身による存在として、他のすべてのものとは別箇の存在としてわれわれが理解するほど判明に別々に概念されるためには、形相的区別では事足りない。そのためにはおよそ実在的区別が要求される、ということです。」（「第一答弁」VII, 120）

・「この区別は「第一答弁」の末尾でそう名づけたように、おそらく様態的と呼ぶことができますが、むしろ形相的と呼んだ方がいいかも知れません。しかし混乱を避けるために、私の『哲学』〔『原理』〕の第I部第60節では、それを観念的区別（つまり事物に基礎をもつ観念的区別）と呼んでいます。そしてこの区別には、事物に基礎をもたない区別は入ってこないので、「事物に基礎をもつ」ということばをその節では付加しませんでした。…結局、私はただ三つの区別のみを立てます。すなわち、二実体間の実在的区別、様態的区別、形相的区別すなわち事物に基礎をもつ観念的区別です。しかしこれら三つは、事物に基礎をもたない観念的区別に対比させられるならば、実在的と言われることができます。この意味で、［知性のうちに表象的にある］本質が、［知性の外にある］存在から実在的に区別されると言われるのです。」（某宛 1645 あるいは 1646. IV, 349-350)

63　いかにして思惟と延長は、精神および物体の本性を構成するものとして判明に知られうるか。

思惟と延長は、知性的および物体的実体の本性を構成するものとみることができる。そしてその際、思惟と延長は、思惟する実体および延長をもつ実体そのもの、すなわち精神および物体としてのみ考えられるべきであり、こうした仕方で、それらは最も明晰かつ最も判明に認識されるのである。それどころか、われわれは延長をもつ実体と思惟する実体を、思惟することや延長をもつということを除外した単なる実体よりも、より容易に認識するのである。なぜなら、実体の概念を単に観念において異なるにすぎない思惟や延長の概念から切り離すには、少なからぬ困難があるからであり[97]、また、概念がより判明になるのは、そこに含まれているものがより少ないからではなく、単に、そこに含まれるものが他のすべてのものから厳密に区別されるからである。

【解釈】

思惟や延長を抜きにした実体というものは否定されてはいないが、それは内容空虚な概念であろう。実体はその属性や様態を通してより容易に知られるからである。実体とその属性とは、ただ観念 ratio において異なるにすぎない。これに対してライプニッツは、「思惟を思惟実体そのものと考え、延長を延長実体そのものと考えることは、厳密でもなければ可能でもない」(G. IV, 365) と批判している。しかし、アルキエも註しているように、実体と属性との区別を観念的区別に還元することによって、デカルトは思惟と思惟するものと、延長と延長するものとを同一視しようとしたのではない。ホッブズへの「答弁」に言われるごとく、実体は依然として属性の主体であり、属性は実体の本質を構成しても存在を構成するのではない (Alquié, p. 133)。

【参照】

・「物体的実体がその量から区別される場合、その実体は、混乱した仕方で、まるで非物体的実体であるかのように考えられているのだ、ということ。」(『原理』II-9)

・「私は『原理』の第I部63節および64節において、「思惟」という語の曖昧さを取り除こうと努めました。というのも、物体の本質を構成している延長が、その延長がとるさまざまな形状や諸様態から大きく異なるように、思惟すなわち人間精神の本質を構成していると私が考える思惟ないし思惟する本性は、あれこれの個別的な思惟活動とは全く異なるからです。精神はそれ自身で、あれこれの思惟活動を引きおこす原因でありえても、自らが思惟するものであることの原因ではありえません。…思惟という語によって私は、あらゆる思惟様態が含まれる普遍的な何かを理解しているわけではなく、あらゆる思惟様態を受け容れる個別的本性のことを理解しているのです…。」（アルノー宛 1648.7.29. V, 221）

64 いかにして思惟と延長は実体の様態としても知られうるか。

思惟と延長は、同じ一つの精神が多くのさまざまな思惟をもちうるかぎり、そして同じ一つの物体がその同じ量を保ちながら、多くのさまざまな仕方で延長されうるかぎり、実体の様態とも解することができる。たとえば、あるときは長さがより大きく、幅や深さがより小さくなるが、反対に少しあとでは幅がより大きく、長さがより小さくなる、というふうにである。その場合、思惟と延長は実体から様態的に区別されており、実体に劣らず明晰かつ判明に理解されうる。ただし、それはそれらが実体すなわち他のものから分離されたある事物ではなく、ただ事物の様態と見られるかぎりにおいてである。というのも、われわれは、思惟と延長を、それらを様態とする実体において考察することを通して、それらをその実体から区別し、それらが実際にどういうものであるのかを認識するからである。しかし、反対に、もしそれらを、それらが内在している実体なしに考察しようと欲するなら、まさにそのことによって、それらを自存するものとみなすことになり、かくして様態の観念と実体の観念とを混同することになろう。

【解釈】

第56節では、様態も属性もある意味で同じであり、それが実体に内在するとみなされるときは属性、実体がそれによって影響され変化を受けるときは様態とされた。本来、延長と思惟とは実体の属性である。だが精神や物体が多様なありかたをするかぎり、それらは実体の様態ともみなすことができ、それらは様態のレベルで区別される。

【参照】

・「そのうちに運動があるところの事物を離れては運動を、そしてまたそのうちに形状があるところの事物を離れては形状を、完全に理解することはできません。」(「第一答弁」VII, 121)
・「物体のであろうと思惟のであろうと、すべての様態を吟味するときに、それらがその様態であるところの事物の概念に依存しないような概念をもっているいかなるものにも、まったく私は気がつかなかったのです。」(「第六答弁」VII, 444)
・「二つは本来の意味での様態と、その様態が属する実体との間の区別であり、他は同じ実体の二つの様態の間の区別である。前者の区別が知られるのは、われわれは実体を、実体とは異なるといっている様態なしにも明晰に認識できるが、しかし逆に実体なしにはその様態を理解することはできない、ということか

らである。」（『原理』I-61）

65　いかにしてそれらの様態もまた知られるべきか。

同じ理由によって、思惟のさまざまな様態、たとえば、理解、想像、想起、意欲なども、また、延長のあるいは延長に属するさまざまな様態、たとえば、すべての形、諸部分の位置、その運動なども、それらが内在する事物の様態としてのみみられるならば、最もよく認識されるだろう。そして、運動について言えば、場所的な運動以外のいかなる運動も考えず、その運動が引き起こされる力（これについては適当な場所[98]で説明を試みるだろうが）については問わないならば、最もよく認識されるだろう。

【解釈】

第65-68節に関してライプニッツは、デカルトが熱や色などの現象をわれわれの外にあるとする先入見を根絶している点を評価している。そして、虹と大地とが触れ合う果てに黄金の杯があると思い込み、それを空しく捜す子供の例を想起している（G. IV, 365）。

【参照】

・「私はしかし、幾何学者たちの線分よりも容易に思い浮かべうる運動のほかには一つも運動を知らない。その運動とは、物体を一つの場所から他の場所へと移動させ、その二つの場所の間にある全空間をつぎつぎと占めさせる運動のことである。」(『世界論』XI, 39–40)

・「運動すなわち場所的運動のことである。というのは、これ以外の運動は私には考えられないし、したがってまた私は、自然のうちにこれ以外の運動を想定すべきであるとも思わないから…。」(『原理』II–24)

・「私が、移動することであるといって、移動させる力もしくは作用であるとはいわないのは、運動がつねに、動かされるものの中にあって、動かすものの中にはないということを示すためであり…運動は物体のたんなる様態にすぎず、何か自立しているものではないということを示すためである。」(同 II–25)

66 感覚、感情、欲求について、われわれはしばしば判断をしそこなうが、いかにしてそれらは明晰に知られるか。

残るところは、感覚、感情、欲求である。これらもまた、もしわれわれが細かく注意を払い、われわれの知覚のうちに含まれ、かつわれわれが内的に意識しているものにかぎって判断するならば、たしかに明晰に認識されることができる。しかし少なくとも感覚について、それを守ることははなはだ難しい。なぜなら、われわれのうちのだれもが、幼少の時から、自分が感覚しているものはすべて、自分の精神の外に存在する何らかの事物であり、自分の感覚、すなわちそうした事物について自分がもっている知覚とまっ

99

たく似ている、と判断してきたからである。したがって、たとえば色を見る場合、われわれの外に置かれたある事物を見ている、しかも、その時われわれの内で経験する色の観念とまったく似たある事物を見ている、とわれわれは思い込んだのである。そして、そのように判断する習慣から、われわれには、そのことがきわめて明晰判明に見えていると思われ、それゆえそれを確実で疑いえないものとみなしたのである。

【解釈】

第48節によれば、感覚、感情、欲求は、精神にも物体にも帰属しない第三の領域（すなわち心身の内的合一）に属する。それらの様態は、外界の事物と関係させずに、それ自体として見られた場合には真である。たとえば、われわれが赤いバラを見るという場合、そのバラが外界に見えている通りにあるかどうかを吟味せず、ただわれわれが赤いバラを表象しているということのみを考えれば、誤謬の余地はない。かりにそれが夢だとしても、バラを見ているという内的意識は疑いえない。ただ実際には、外界との対応を切り離して表象のみを取り出すことは困難である。外的対象と内的観念とは多くの場合、分離できない。色の観念に似た何かが対象の側にあるとするのが普通の考え方であるからである。その元になっているスコラの認識論によれば、赤いバラにはその性質として、赤さの観念に似た志向的形質 species intentionalis（ユスタッシュ SP. II, 330）があり、それが空中を飛んでわれわれの眼に達することで、赤いという知覚を生じさせる。[100] デカルトの議論は精神をこうした考え方から解放するものであった（『屈折光学』VI, 85）。幼時の判断の誤りについては、『原理』第二部第1節および第71–72節を参照すべきである。

【参照】

・「くすぐったさや痛みといったもろもろの観念、すなわち、われわれに外から触れている物体がある場合にわれわれの考えのなかに形づくられる諸種の観念は、それら外なる物体となんの類似性もないのだ、ということを知らないような者は、だれもいないのである。」（『世界論』XI, 5-6）

・「われわれの考えの外には、くすぐったさや痛みについて、われわれの思い浮かべている諸観念に似たものは一つもないのである。」（同 10）

・「色や光が見えるためには、なにか物質的なものがその対象から眼まで伝わってくるのだと前提する必要はないし、その対象のなかに、これについてわれわれが抱く観念や感覚と似たものが存在する必要すらないと考えてもよいであろう。」（『屈折光学』VI, 85）

・「私が肯定しそれを信じる習慣から明晰に認識していると思っていたが、実は私はそれを本当は認識していなかったというものがあった。すなわち、何らかのものが私の外にあり、そこからその観念が送り出され、そして観念はそれにまったく似ている、ということである。」（「第三省察」VII, 35）

・「判断において最もよくある主要な誤謬は、私のうちにある観念が、私の外にある何らかの事物と似てい

る、あるいは合致していると私が判断することに存する。」(同37)

・「その感覚つまり熱の観念が、私とは異なる事物から、すなわちそのそばに私が座っている火の熱から、私にやって来ると思うのである。他の何かよりもその事物が、その似姿を私のなかに送り込む、と私が判断することほど手軽なものはない。」(同38)

・「これまで私は、私とは異なるある事物が存在し、それが私の感覚器官を通して、あるいは何であれ他の仕方によって、それ自身の観念あるいは像を私に送り込むと信じてきたが、それは確実な判断によるのではなく、ただある盲目的な衝動によるにすぎない。」(同39-40)

・「それら［感覚によって捉えられた観念］は何か他のものからやってきたということである。…心に思い浮かんだのは、それらの事物がその観念に似ている、ということのみであった。」(「第六省察」VII, 75)

・「たとえば熱い物体においては、私のうちにある熱の観念にまったく似たあるものがあり、白あるいは緑の物体には私が感覚しているのと同じ白あるいは緑があり、苦いあるいは甘い物体のうちにはそれと同じ味がある…。」(同82)

・「火のうちにはその熱に似た、さらには苦痛に似た何かがある、と説得させる根拠はまったくない。…われわれのうちに熱や痛みのそうした感覚を引き起こす何かがある、と説得させる根拠があるにすぎない。」(同83)

67　痛みの判断そのものにおいても、われわれはしばしば誤る。

その他すべての感覚されるもの、くすぐったさや痛みなどについても、まったく同様である。というのは、それらはわれわれの外にあるとは思われていないにしても、しかし、精神すなわちわれわれの知覚のうちだけにあるのではなく、手や足や、あるいはどこであれわれわれの身体の他の部分にある、とみられるのが普通であるからである。けれども実際は、たとえば、足に痛みがあるように感じる場合、痛みがわれわれの精神の外に、足のうちに存在するということは確かではない。それは、光が太陽のうちにあるように見える場合、その光がわれわれの外に、太陽のうちに存在するということが確かではないのと同様である。しかし、のちに明晰に示されるであろうが、そのどちらもわれわれの幼少期の先入見である。

【解釈】

第67－70節では、色や痛みについて詳しい分析がなされている。痛みの例は、明晰だが必ずしも判明ではない認識として第46節にも登場した。痛みの知覚はわれわれの精神のうちにのみあり、それを身体に帰属させるのは誤りである。「第六省察」によれば、たとえば足が痛いという場合、痛みの感覚はあたかも足にあるかのように感じられるが、足が私に痛みを与えているということは確かなことではない。それは内的感覚の誤りにほかならない（VII, 77）。というのは、痛みの感覚は足に分布している神経によって生じるからである。すなわち、足への刺激はある種の運動をその神経に引き起こし、その運動を脳が受け取って痛いという知覚が生まれ、痛みが足にあるように精神に感じさせる。しかし、足と脳の中間部分の神経が刺激されても、同じ知覚が得られるのである（VII, 87）。

【参照】

・「神経の髄を構成している細糸が、あまりに強い力で引かれて切れ、それが結合していた部分から離れた結果、機械全体の構造が何らかの点で完全さを欠くに至った場合、その細糸が脳中にひき起こす運動は、精神に「痛み」の感情を抱かせるきっかけとなるだろう。」（『人間論』XI, 143-144）

・「私の考えでは、痛みは精神のうちにのみ存在するので、精神なしに痛みの感覚について説明するのではなく、われわれのうちなるこの感覚に随伴するすべての外的運動について説明します。そうした運動のみが動物に生じるのであって、本来的に言われた痛みは生じません。」（メルセンヌ宛 1640.6.11. III, 85）

・「苦痛以上に内的なものがありえようか？　しかし私はあるとき、脚や腕を切断した人たちが、いまでもときどき、なくした身体のその部分に痛みを感じるような気がする、ということを聞いたことがあるからである。したがって、たとえ私が肢体のどこかに痛みを感じていても、その部分が私に痛みを与えているということは、私においてもけっして確かなことではないように思われたからである。」（「第六省察」VII, 77）

・「自然学が私に教えるところによれば、その感覚は足にずっと分布している神経の助けによって生じる。そこから脳にまで鋼のように伸びている神経は、足において引っぱられるとき、伸びている先の脳の奥まった部分をも引っぱり、そこにある種の運動を引き起こす。そしてこの運動は、痛みの感覚があたかも足に存在するかのように精神に感じさせるよう、自然によって設定されている。」（同 87）

・「自分の手にひどい傷を負い…忍び寄る壊疽のために腕全部を切断した少女のことを以前私は知りました。…しかしながら、ときおり彼女は失ってしまった指、手首、腕先に、さまざまな痛みを感じると訴えていました。」（プレンピウス宛 1637.9.3. I, 420）

・「身体のある部分に痛みが感じられても、痛みの原因はその部分にはなく、その部分から脳髄へ通じる神経の通る途中の別の部分に原因があることがある。…腕が壊疽でおかされているため、腕を肘のところで切断し、そのあとに包帯をあて、少女が自分の腕がなくなったことに全然気がつかないようにしてあった。ところが少女は、切断されてなくなったはずの手の、ある指がいま痛いとか、あるいは他の指が痛いというように苦痛を訴えるのであった。」（『原理』IV-196）

68　それらにおいて、われわれが明晰に認識するものを誤りうるものから、いかに区別すべきか。

だが、ここでわれわれが明晰なものを不明瞭なものから区別するためには、次のことに細心の注意を払わねばならない。すなわち、たしかに痛みや色やその他同様なものは、単に感覚すなわち思惟としてみられるときには、明晰かつ判明に認識される。しかし、それらが何かわれわれの精神の外に存在する事物であると判断されるときには、それらがどういうものであるかは、いかにしてもまったく理解できない。もし、だれかがある物体において自分は色を見ている、あるいは手足のどこかに痛みを感じていると言うとき、それは、何であるかをまったく知らないものを自分はそこで見たり感じたりしている、すなわち自分は何を見たり感じたりしているかを知らない、と言うのとまったく同じである。というのも、あまり注意をしないならば、自分のうちで経験している色や痛みの感覚に似た何かがあると想定することから、それについて自分は何がしかの知識をもっていると容易に思い込むであろうが、そうした色や痛みの感覚によって、色のついた物体もしくは痛む部分に局在するかのように表示されるものが、いったい何であるかを調べるなら、自分がそれにまったく無知であることに気づくだろうからである。

【解釈】

痛みや色は、それをわれわれがただ内的に感じているというかぎりでは明晰に理解できる。だが、それを精神の外にある物理的実在とするとき、理解できないものとなる。すなわち、痛いとか赤いという内的知覚を精神がもつのはよいとしても、それに似た何かが精神の外に存在するとするなら、それはナンセンスである。その知覚が指示している外的対象、つまり痛みや色の感覚に対応する実在は、その知覚とは似ても似つかない微細物質にほかならないからである。これを現代的に言えば、痛みや赤さの質（クオリア）は精神のうちでのみ了解され、身体的・物理的なものに還元されない、ということであろうか。

【参照】

・「われわれが本来それによって事物を認識している能力は、純粋に精神的なものである…。この認識力は、あるときは受動的、あるときは能動的である。すなわち、あるいは印章を、あるいは蠟板を模倣するのである。けれどもこのことは、ここでは類比的にのみ解されなければならない。というのは、物体的な事物のうちには、この力に似たものはけっして見いだされないからである。」(『規則論』X, 415)

・「赤いということはつまり［太陽などの］発光体によって、さっきはただ直線に沿ってのみ押されていた微細物質の小部分が、それ（対象V）にぶつかったのちは自己の中心のまわりを回転運動するような状態のことである。」(『屈折光学』VI, 118)

・「色の本性は、ただ光の働きを伝える微細な物質の微小部分が直線的に動くよりも大きな力で旋回運動する傾向をもつことに存する。したがって直線運動をするよりもはるかに大きい力で回転する傾向をもつ微小部分は赤色を生じ、少し大きい力で回転する傾向をもつものは黄色を生じる。」(『気象学』VI, 333)

・「たとえば、光と色、音、香り、味、熱と冷、その他の触覚的性質は、きわめて不分明に不明瞭にしか私に意識されない。それゆえ、それらが真であるか偽であるか、言いかえれば、それらについて私がもっている観念が、ある事物の観念であるのか、そうではないのかさえ私には分からないのである。」(「第三省察」VII, 43)

・「棒を私が見る場合に、何らかの「志向的形象」がその棒から目に向かって飛翔してくる、と考えるのではなく、ただその棒から反射される光の放射がある種の運動を、視神経のうちに、そしてそれを介してまた脳のうちに惹き起こすとのみ考えるべきです。…この脳の運動から、感覚することの第一段階は成り立

っているのです。」(「第六答弁」VII, 437)

・「色とか、香りとか、味とか、その種のものは、私の思惟のうちに存在するある種の感覚にすぎないのであって、それは、痛みがその痛みを突きつける矢の形状や運動と異なっているのに劣らず、物体と異なっています…。」(同 440)

・「剣によって身体が突かれると、身体は切り裂かれ、そのことだけから苦痛が生じる。苦痛が剣の場所的運動や切り裂かれた身体の場所的運動とまったく異なることは、色や音、匂い、味が場所的運動と異なるのと同様である。」(『原理』IV-197)

・「われわれの精神は、ある種の物体的な運動を機会にして、痛み、色、音、およびその類の観念を自分に表示することができるのだから、それらの観念が本有的であるのは、いっそう当然のことなのである。というのも、それらの観念は物体的な運動とは何の類似性ももたないからである。」(『掲貼文書への覚え書』VIII-2, 359)

69 大きさや形などは、色や痛みなどとはまったく別の仕方で認識される。

それに気づくのは、とくに次のことを考察する場合である。すなわち、大きさ、形、運動(少なくとも場所的な運動である。というのは、哲学者たちは、場所的な運動とは違った何か他の運動を想定して、その本性を自分自身にもよく分からないものにしているから)、位置、持続、数など、物体において明晰に認識されるとすでに述べたものが、見られた物体においていったい何であるかを認識する仕方は、同じ物体において色、痛み、香、味、その他、感覚に関するべきと私が言った[101]ものが、何であるかを認識する仕方とは、まったく別であることを考察する場合である。というのは、われわれが何らかの物体を見るとき、それが存在することは、それが形をもつものとして現われた場合の方が、色をもつものとして現われた場合よりも、より確かであるということはないにせよ、しかし、われわれはその物体において形をもつとは何であるかを、色をもつとは何であるかということよりも、はるかに明証的に認識しているからである。

【解釈】

いわゆる物体の第一性質（大きさ、形、運動）と第二性質（色、痛み、味）との違いが問題になっている。この区別は近世ではガリレイの『偽金鑑識官』*Il Saggiatore*. 1623 に発する。[102]デカルトはガリレイにならって、物体（延長）の属性として第一性質を本質的なものと認め、第二性質は主観の側のことだとする。したがって、その認識の仕方も違ったものになってくる。たとえば、物体の形と色を考えた場合、形の方が色よりも明証的に知られる。ただし、形も色も、ともに物体の存在を確実に示しているわけではない点では同じである。

運動に関して言えば、アリストテレスは運動を広く「可能性を現実化していく動き」

(『自然学』第三巻 201a10–11) と解した。ユスタッシュもこの定義を踏まえつつ、運動を形相への傾向性 tendentia ad formam と捉えている (SP. III, 99)。これに対して、デカルトはそれを場所的運動 motus localis に限定している。『原理』第二部でも「場所的運動以外の運動は私には考えられない。したがってまた私は、自然のうちにこれ以外の運動を想定すべきであるとも思わない。この運動というのは、通常の意味にとると、ある物体が一つの場所から他の場所へ移り行く作用にほかならない」(II–24) と言われる。通常の意味ではなく、デカルトの意味する運動とは「一つの物体が、これに直接に隣接しており、かつ静止しているとみなされる物体のかたわらから、他の物体のかたわらへと移動すること」(II–25) である。

【参照】

- 「「運動とは可能態にある限りにおける可能的存在の現実化である」という人は、…人間精神の把握を超えた魔術的な言葉を口にしていると思われないか。」(『規則論』X, 426)
- 「形ほど容易に感覚されるものはない…。例えば諸君が色を何と考えようとするにしても、それが延長をもつことを、従って形をもつことを否定しないであろう。ところでわれわれが、何か新たな存在を無益に許容し無思慮に仮想することを避け、…白や青や赤等の差異を…諸々の形〔図形〕の差異と同様なものであると考えるならば、何の不都合が起ころうか。同じことがすべてについていわれうる。」(同, 413)
- 「たとえ一つの物が他の物より白いとか白くないとか、また一つの音が他より高いとか高くないとか、その他同様に語ることはできるにしても、そういう超過部分が二倍であるか三倍であるか等を正確に決定することは、形を具えた物体の延長との、一種の類比によってしかできない…。」（同 441）

・「哲学者たち自身、彼らのいう運動の本性がほとんど認識されていないことを告白している。…実際「運動は可能態にある存在者の可能態にあるかぎりでのはたらきである」は、フランス語にしてみても明瞭さを増していない。」（『世界論』XI, 39）

・「哲学者たちはまた、次のような数多くの運動を仮定して、それらは、どんな物体の位置の変化もなしに生じさせうる運動だと考えている。たとえば、彼らのいう形相への運動、熱への運動、量への運動とか、その他多くのものがそれである。私はしかし、幾何学者たちの線分よりも容易に思い浮かべうる運動のほかには一つも運動を知らない。」（同 39-40）

・「それら［物体的な事物］の観念において私が明晰判明に認識するものは、きわめてわずかしかない…。すなわち大きさ、つまり長さと幅と深さにおける延長、その延長の限定から生じる形、さまざまな形をもつものが互いに占有する場所、運動つまりその場所の変化…。その他のもの、たとえば光と色、音、香り、味、熱と冷、その他の触覚的性質は、きわめて不分明に不明瞭にしか私に意識されない。」（「第三省察」VII, 43）

・「純粋数学の対象であるこの物体的本性以外に、私は他の多くのものを想像するのが常である。たとえば、色、音、味、苦痛などである。だが、そのどれも物体的本性ほど判明には想像されない。」（「第六省察」VII, 74）

・「物体が多様な大きさや形を持つこと、それらの大きさや形の違いによって物体の運動も変化すること、…これらを疑った人があるだろうか。…色や音などのように、多くの感覚によってではなく、それぞれ一つの感覚によってしか知覚されないものについては、同じようには言えない。われわれの思惟における、

色や音についての像は混乱しており、それらが何であるかも知られていないのである。」(『原理』IV-200)

70 感覚的なものについてわれわれは二つの仕方で判断を下すことがありうる。その一つによって誤りを防ぎ、他によって誤りに陥る。

したがって、われわれが対象において色を知覚すると言うとき、それは、何であるかは知らないが、色の感覚と呼ばれるきわめて明白で鮮明な感覚をわれわれ自身に生じさせるあるものを、対象において知覚すると言うのと、事実上、同じであることは明らかである。しかし、判断の仕方には大きな違いがある。というのは、われわれが対象のうちに(すなわち、それが何であれ、そこから感覚がわれわれにやって来る事物のうちに)何か知らないあるものがある、と判断するだけならば、われわれは誤ることがないだけでなく、むしろ誤りを防ぐであろう。すなわち、自分があるものを知らないということに気づいているので、それについて軽々しく判断する傾向が少なくなるのである。

これに対して、色という名前でそのとき呼んでいるものが何であるかを本当は知らず、また対象においてあると想定している色と、感覚においてあると経験している色との間に、いかなる類似性も認めることができないのに、われわれが対象において色を知覚していると思い込む場合がある。そうした場合には、しかしわれわれはそのこと自身に気づかないがゆえに、またわれわれが明晰に認識しているところの大きさ、形、数などのように、対象においてある、あるいは少なくともありうるとしか感覚あるいは理解されない多くのものが他にもあるゆえに、われわれは容易に誤りに陥る。すなわち、われわれが対象において色と呼ぶものが、われわれが感覚している色にまったく似たものであると判断し、そのようにして、われわれがまったく認識していないものが、われわれによって明晰に認識されていると思い込むようになるのである。

【解釈】

第68節でも言われたように、対象のうちに色の感覚を引き起こす何かXがある、とするだけならば間違いはないが、対象のなかに色に似たものがあるという判断をすれば間違いになる。第68節以下の色や痛みの例は、実在的性質 qualité réelle（『気象学』VI, 239, cf.『序説』VI, 43）が対象のうちにあるとするスコラの考え方を意識的に斥ける議論になっている。アルキエは「あやまりは、感覚的性質が物体的対象によって引き起こされるとすることではなく、それが物体的対象のうちにある、とする点においてある。感覚的性質は、たしかに身体に原因をもつが、精神に属するものとして「われわれのうちで」引き起こされている。因果性と実体的帰属の問題は『情念論』に引き継がれる」と註している（Alquié, p. 138）。

【参照】

・「蠟の表面の形が印章によって変化させられるように、感覚する身体の外形が対象によって事実上変化させられる…。しかもこのことを、ただある形をもつ…物体に、われわれが触れる場合のみならず、暖かさ冷たさなどを触覚によって知覚する場合にも、容認すべきである。他の諸感覚においても同様である。」（『規則論』X, 412）

・「もしお望みなら、この木材のうちに火の［実体的］「形相」、熱の［実在的］「性質」および木材を燃焼する「活動」を、それぞれまったく異なった事がらとして想像するのもよい。だが、私としては、燃えている木材に必ずあるはずだと私が思うもの以外の何かをそこに仮定すると、まちがいをおかすのではないかと恐れる。それゆえ、私は燃焼している木材では、その木材の部分をなす諸粒子が運動していると考えるだけにしておくのである。」（『世界論』XI, 7）

・「われわれははっきりと仮定をたて、この物質は…熱、冷、乾、湿とか、軽いとか重いとかの性質も、味、香り、音、色、光などを有するという性質、あるいはまた他の同様な性質――それの本性の中に、すべての人によって明証的に認識されるとはかぎらないようなものが何かあるといわれるような性質――も、もっていないのだとしよう。」（同 33）

・「物質のうちには学校で論議されているような形相や性質などはまったくなく、一般に、その物質のうちにあるものはみな、それを認識することが精神に生まれつき備わっていて、知らないふりをすることさえ

できない…。」(『序説』VI, 42-43)

・「哲学者たちが真の色と偽りの色あるいは見かけだけの色とがあるといって色を区別するのを、私は是認することができないのである。というのは色というものの真の本性はすべて見かけだけであるという以外にないのであるから、色が偽りであって、しかも色は見かけだけであるというのは矛盾であるように思われるからである。」(『気象学』VI, 335)

・「おそらくは、物体的事物のすべてが、私が感覚で捉えるとおりに存在しているのではない。それら感覚による把握は多くの場合、きわめて不明瞭で混乱しているからである。しかし、少なくとも私が明晰判明に理解しているすべてが、すなわち一般的に見れば、純粋数学の対象として把握されるすべてが、そこにおいてあるのである。」(『第六省察』VII, 80)

・「私が実にさまざまな色、音、香り、味、熱、固さなどを感覚することから、それらのさまざまな感覚知覚が、そこからやってくる物体のうちには、これらの知覚におそらく似てはいないが、それらに対応する何らかの多様性があることを、私は正しく結論する。」(同 81)

・「知性だけを用いるならば、…物体の本性は、堅さや重さや色をもったもの、あるいはそのほかなんらかのしかたで感覚を刺激するものであるということに存するのではなく、長さ・幅・深さの延長を有するものであるということにのみ存する、ということがわかるであろう。」(『原理』II-4)

・「私は、物体的事物の質料としては、幾何学者たちが量と名づけて、彼らの論証の対象としているもの、すなわち、あらゆるしかたで分割され、形づくられ、運動させられることのできるもの、よりほかには認めない。」(同 II-64)

・「各物体において大きさ、形、運動〔あるいは部分の位置〕がどんなものであるかは、すでに説明したことであるが、これら以外で外部にあるものとして感じられるものは、光、色、匂い、味、音および触覚的性質のほかにはない。そしてこれらの性質が対象においては、大きさ、形および運動から成る状態以外の何ものでもないこと…は、これまですでに証明したことである。」（同IV-199）

71 誤謬の主要な原因は幼年期の先入見から生じる。

そして、ここにすべての誤謬の第一の主要な原因を認めることができる。すなわち、幼年期においては、われわれの精神は身体ときわめて密接に結ばれていたので、もっぱら身体への刺激を感覚する思惟だけを事とし、それ以外の思惟には関わらなかったのである。精神は、まだそれらの思惟を自分の外に置かれた何かに関係させず、ただ身体に不都合なことが起これば痛みを感じ、好都合なことが起これば快感を感じたのみである。また、身体がさして大きな利害なしに刺激された場合は、刺激された部分とその受けとめ方の違いに応じて、[103] 精神はさまざまな感覚をもった。それは、味、香、音、熱、冷、光、色などの感覚と呼ばれるもので、それらは思惟の外にあるものを何ら表現していない。また、精神はそれと同時に、大きさ、形、運動などといったものを知覚した。それらは感覚としてではなく、思惟の外に存在する、あるいは少なくとも存在することができる何らかの事物、あるいは事物の様態として、精神に示されたものである。もっとも精神はそれらの間のこうした相違をまだ知らなかったのだが。

その後、自分自身の力でさまざまに動くことができるように自然によって作られている身体の機構が、あちこち当てずっぽうに動きまわり、たまたま好都合なものを追求し、不都合なものを避けていたとき、身体に密着している精神は、このように追求したり避けたりしていたものが、自分の外にあることに気づきはじめたのである。そして、事物あるいは事物の様態として知覚した大きさ、形、運動などを、外なるものに帰属させただけでなく、そこからその感覚が自分のうちに生じてくることに気がついた味、香、その他をも、外なるものに帰属させたのである。そして、精神は、すべてのものを、自分が没入していた身体の有用性だけに関わらせ、対象から与えられる刺激の大小に応じて、刺激を与えるそれぞれの対象において実在性の大小があると考えた。

そこから、岩石や金属のなかには、水や空気のなかよりは、より多くの実体つまり物体性があると考えるようになった。そこには、より多くの堅さと重さとが感じられたからである。いやそれどころか、空気は、そのうちにいかなる風も冷も熱も経験されないかぎりは、まったく無であると考えられた。また、星から来る光は、灯りの小さな焔の光より以上に明るくは見えなかったので、そのためいかなる星もそうした焔より大きいとは思わなかった。また、地球が円をなして回転していることも、その表面が球状であることも知らなかったので、地球は不動でその表面は平らであると信じる方へますます傾いたのであった。

そして、他のこうした無数に多くの先入見が、幼児期にわれわれの精神に浸透したのであり、ついで少年期においても、それらを十分吟味しないままに受け入れたことを想起せずに、それらをいわば感覚によって知られたもの、あるいは自然によって自分に植えつけられたものとして、きわめて真で、きわめて明証的なことと認めたのである。

【解釈】

この節と次節では、幼年期・成年期における誤謬の発生プロセスが三段階にわたって分析されている。すなわち第一段階では、心身が密接に合一し、身体への刺激や感覚のみを感じる状況である。そこでは、もっぱら身体知覚が中心であり、形などの第一性質は精神の外にあるものを、痛みなどの第二性質は内にあるものを、それぞれ示していると考えた。第二段階では、第二性質も精神の外にあるものとする。そして、すべてを身体の有用性という観点からとらえ、刺激の大小でものの実在性を決めた。かくして、精神のとらえる対象を外界に帰属させるという誤謬が発生した、とする。

誤謬の原因を幼児期の先入見に求めるのはデカルトの一貫した主張であるが、この節以下では『省察』以上に細かい分析がなされている。それは、スコラ的認識論への批判の核心がここにあったことを示している。先入見の例としている、石と空気、真空、星の光、地球は不動で平坦であるなどは、自分の身体知覚にもとづいたものの見方であり、科学的な見方に達していないことを示している。

【参照】

・「そしてこのことによってわれわれは、子供のとき以来、われわれすべての先入見となっているある一つの誤りから免れうるのである。われわれは子供のときに、われわれのまわりには感覚されえている以外の物体は一つも存在しないのだと信じ、また同様に、空気というものはなにほどか感覚されうるのであるから、一つの物体ではあるけれども、少なくともそれ以上によく感覚されるものほどには実質的でも堅固でもないはずだと信じて以来、一つの誤りを先入見としているのである。」(『世界論』XI, 16-17)

・「たとえば、われわれが太陽をきわめて明晰に見るからといって、それが見えているとおりの大きさでしかないと判断してはならない。」(『序説』VI, 39-40)

・「かくして、星は小さな松明の火ほどにも私の目を刺激しないにしても、だからといって、そこには星が［松明の火よりも］大きくはないと信じさせる、いかなる実在的ないし積極的な傾向性もない。むしろそれは、私が子供のころから根拠なく判断してきたことなのである。」(「第六省察」VII, 83)

・「子供の頃から、さまざまな判断を自然学的な事物について、それらが私の授かったこの生命の維持に貢献するものであったがゆえに、私は下してきたということ、そしてその後、その際にそれらについて先入主的に概念したその同じ意見を、私は保持してきたということ。」(「第六答弁」VII, 441)

・「それどころか、われわれはみな、幼少の時分から、地球が球体ではなく、平面であって、地球上ではどこにおいても、上方や下方は同一であり、世界の基本方位すなわち東、西、南、北も同一であると思い込み、したがってこれらを、他のすべての物体の場所を指示するために用いてきたのである。」(『原理』III-29)

・「それらの点は、子供にそなわる想像の器官を画板にたとえ、その中にわれわれの観念が、いちいちの物を実物に似せて写しとった画像のように、描きこまれているのだと考えると、何もかも、たいへんはっきりと説明がつくように、私には思われます。ところでこの場合、感覚と傾向と教師と理性とが、そういう制作に携わりうる、それぞれちがった画家にあたるわけですが、これらのうちでは、そういう仕事にははなはだ不向きなものたち、すなわち、不完全な感覚や盲目的な傾向や差し出がましい乳母などが、最初に仕事にとりかかります。」(『真理の探求』X, 507)

・「知識を習得するさいにわれわれのうちに存する困難、そして、われわれにとって自然的に認識される諸観念を明断に表象する困難に関していうなら、それは、われわれの幼少時の誤った先入見…に由来します。このことについて私は、すでに印刷した著作において詳細に説明することに努めました。」(メラン宛1644.5.2. IV, 114)

72　他の誤謬の原因は、われわれは先入見を忘れることができないことである。

そして、すでに成年になって、精神が、もはや身体全体に従属せず、すべてを身体に関わらせることもなく、それ自身においてみられた事物の真理をも探求するようになると、以前にそのように判断したものの多くが偽であることが分かってくる。だが、だからといって、それらを自分の記憶から追放することは容易ではなく、それらが記憶にこびりついているかぎり、さまざまな誤謬の原因になりうるのである。たとえば、幼年期から、われわれは星をきわめて小さいと想像してきたので、いまや天文学的理由が、それがきわめて大きいことをわれわれに明白に示してはいても、しかし、先入見はいまなお有力であって、それを以前とは別なふうに想像することは、われわれにはきわめて難しいのである。

【解釈】

誤謬の発生プロセスの第三段階は、精神が身体から独立して成年に達した場合でも、習いとなった幼年期の記憶は抜きがたい、という状況である。それゆえ、先入見（スコラ哲学）を根絶するためには、それを部分的に修正するよりも、そのすべてを除去することが必要となる。その手段が『原理』本文の冒頭に示された懐疑であった。

【参照】

・「たとえば、私のうちには二つの異なった太陽の観念がある。その一つはいわば感覚から汲みとられたもので、とりわけ、外来的と見なしている観念のうちに数えられるべきである。それによれば、太陽はきわめて小さいものとして私に現れている。もう一つは天文学の根拠からとられたもの、すなわち、何か私に生得的な概念からとり出されたか、あるいは、何か他の仕方で私によって作られたものである。それによれば、太陽は地球よりも何倍も大きいものとして示される。そのいずれもが私の外に存在する同じ太陽に似ていることは、むろんありえない。そして理性は、太陽そのものから最も近いところから出てきたと思われる観念が、最も太陽と似ていないことを説得させるのである。」(「第三省察」VII, 39)

・「[精神は] 知的な事物についてもっていた知見のすべてを、物体に関係づけていたのです。そして、引きつづきその後の人生でも、けっして自分をこの先入見から私は解放しなかったのです。」(「第六答弁」VII, 441)

・「彼らが [私の] 結論を受け入れるのをいやがるということは、それらについてちがったふうに判断する習慣が根づいてしまっていることに容易に帰せられうるからです。このことは、天文学者たちは、太陽が地球よりも大きいことをいとも確実な論拠によって論証しておきながら、それを簡単には想像できない…のと同じことです。」(同 446)

・「確実性を支持した人たちは、それが感覚に依存するはずだと思い込んで、感覚をまったく信用し、あげくの果てにエピクロスなどは、天文学者のあらゆる推論に反対して、太陽は見かけどおりの大きさ以上に大きくはない、と断言してはばからなかった、とまで言われているからです。」(『原理』「仏訳序文」IX-2, 6)

73　第三の原因は、われわれが感覚に現前していないものに注意を向けることに疲れ、それゆえそれらについて、現前の認識ではなく先入見によって判断する習慣がついているからである。

さらに、われわれの精神はある種の困難と疲労なしには、どんなものにも注意を向けることができない。とりわけ、感覚にも想像にも現前しないものに注意を向けるのは、はなはだ困難である。その理由は、精神は身体に結合しているのでそのような本性をもっているからでもあり、あるいはまた、精神は幼年期に感覚や想像に占有されていたので、他のことよりもそれらのことを考えるのが、習慣になり容易になったからでもある。ここからして、今や多くの人々が、実体を、想像できて、物体的で、さらには感覚できるものとしか理解しないようになったのである。というのも、かれらは想像できるのは延長、運動、形からなるもののみであり、他の多くのものは知性で捉えられる、ということを知らないからである。また、かれらは物体でないようなものは何も自存できないと思い、結局、感覚できないような物体はないと思っているからである。そして実際、のちに明晰に示されるように、われわれはいかなるものも、それが何であるかを感覚のみによって認識することはないので[104]、大多数の人々はその全生涯において、ものを不分明にしか認識しないということが、ここから起こるのである。

【解釈】

すでに述べたように、アリストテレス＝スコラは「はじめに感覚のうちになかったいかなるものも、知性のうちにはない」(『序説』VI, 37)を格率とする。だが、デカルトの基本的立場は「何ものも知性に先立っては認識されない」(『規則論』X, 395)ということである。ものの本質(実体)は、純粋知性によってはじめて認識されるのであって、感覚や想像によるではない。それは「第二省察」の蜜蠟の比喩(VII, 31)が示すところでもある。

【参照】

・「次に、古代人の解析と現代人の代数について気がついたことは、それらはきわめて抽象的で何の役にも立たないと思われる主題にのみ適用されているということである。だが、それればかりでなく、前者はいつも図形の考察に縛られているので、想像力をひどく疲れさせることなしには知性をはたらかせることができない。」(『序説』VI, 17-18)

・「[神や精神を知ることが困難であると思い込んでいるのは]かれらが自分の精神を感覚的な事物以上にけっして高めないからであり、物体的事物をとらえるのに特有な思惟の仕方である想像によってしかものごとを考察しない習慣があるので、想像できないものはすべて理解できないようにかれらには思えるからである。」(同 37)

・「しかしまた、精神のまなざしをいつも同じものに固定して、それを明晰に認識することができないのも私の本性である。そこで、なぜそのように判断したかの理由にもはや注意しない場合には、以前に下した判断の記憶がしばしばよみがえり…。」(「第五省察」VII, 69)

・「さらに、そうした物質的事物にかかわる際に、私は想像する能力を使っていることを経験しており、そのことから物質的事物が存在することが帰結するように思われる。というのは、想像とはいったい何であるかを注意深く考察する人には明らかなことであるが、それは認識能力に密接に現前し、したがって存在する物体に、ある仕方で認識能力を適用すること以外の何ものでもないからである。」(「第六省察」VII, 71-72)

・「ここで私は、想像するには、理解するときには使わない心のある特別な緊張が必要であることに、明白に気づくのである。この新たな心の緊張こそが、想像と純粋知性との間の相違を明晰に示すものである。」(同 73)

・「すなわち精神は、理解するときには自らをある意味で自分自身に向けていて、精神そのものに内在する観念のうちのあるものを考察している。他方、想像するときには精神は自らを物体に向けていて、精神によって理解された観念、あるいは感覚によって知覚された観念に対応するあるものを、その物体において直観している。」(同)

・「幼児の時から精神と身体を、(実は、それらによって私が複合されていることに、不分明に私は気づいていたにすぎません) あたかも一つのもののごとくに私は概念したのです。かくて、ほとんどすべての不完全な認識において、多くのものが同時にあたかも一つのもののように把捉される、という事態が起こりますが、それらは後になってから、いっそう事細かな吟味によって区別されなければなりません。」(「第六答弁」VII, 445)

・「多くの人は、実体の概念を延長する事物の概念と混同しますが、このことは、誤った先入見から生じます。というのも彼らは、いかなるものも、想像することもまたできなければ、存在することも認識されることもないと考えているからです。」(モア宛 1649.2.5. V, 270)

・「感覚を何ら刺激することがないような延長的存在は、真の物体的実体ではなく単に空虚な空間にすぎないと多くの人が信じていること、感覚できないものは物体ではないということ、想像力の範囲を超えている実体、したがって延長しないような実体はないということ、こうしたことは先入見です。」(同275)

74　第四の原因は、われわれの概念を、事物と正確に対応していない言葉に結びつけることである。

そして最後に、われわれは話をするために、われわれのすべての概念を、それを表現する言葉に結びつけ、その言葉といっしょにでなければ記憶に留めないからである。そして、その後は事物よりも言葉の方を、より容易に思い起こすので、われわれは、言葉のあらゆる意味内容から切り離せるほどに判明な事物の概念をもつことはほとんどなく、ほとんどすべての人の思惟は事物よりも言葉を事としているのである。したがって、かれらはしばしば理解していない言葉に同意を与えることがあるが、それは、かつて自分はそれを理解したと思い込むか、あるいは、それを正しく理解した他の人たちから聞いたと思い込むからである。人間身体の本性はまだ説明されていないし、およそ物体が存在するということもまだ論証されていないので、これらすべては、ここで詳しく論じることはできないが、しかし、明晰で判明な概念を、不明瞭で不分明な概念から識別するのに役立つほどには、十分に理解されうると思われる。

【解釈】

言葉 verbum・概念 conceptus・事物 res という、伝統的な三項関係の捉え方が明らかにされている。本文の論旨を追うと次のようになろう。

事物について発話された言葉とその概念内容とは容易に分離できず、その連結が強く記憶に刻まれる。したがって、言葉の方が事物よりも先に想起され、言葉との関わりがなければ事物の概念は判明に捉えられない。そして、言葉によって事物の概念が正確に示されていると考えるので、人間の思考は事物よりも言葉をめぐって動いていることになる。かくして、人は事物との対応をよく考慮せずに言葉だけに同意するようになり、誤った概念を形成する。ここに誤謬の原因がある、とする。問題は言葉と事物との不対応にある。つまり、言葉が事物を正確に指示していないなかで、固定概念と言葉とを連結してしまい、本当の事物を捉え損なう、ということであろう（たとえば、戦時中に使われた「鬼畜米英」や“Jap”という言葉は、一定の固定概念と結びついているが、必ずしも事物と対応していない）。明晰判明と不明瞭・不分明とを分けるものも、言葉と事物との対応・不対応であると考えられている。

スピノザの『知性改善論』には、「言葉は表象の一部を成すから、言い換えれば、言葉が身体の状態により漠然と記憶の中で合成されるにつれて我々は多くの概念を虚構するから、十二分に用心しない限り、言葉もまた、表象力のように多くの大きな誤謬の原因となり得ることは疑いえない」(Gebhardt. II, 33) とある。

【参照】

・「先入見に捉えられ、なかでも厚顔な者は…自己の考えをある種の言葉に結び付け、そのような言葉の力で多くのことをあれこれと議論し理屈をつけて語るのを常とするが、しかしその言葉を実はかれら自身も聴き手も理解していないのである。」(『規則論』X, 428)

・「ことばというものはそれが表示する事物となんの類似性ももたないのに、やはりわれわれにこれらの事物を思い浮かべさせる…。人間のとりきめによる以外はなんの意味ももたないものが、それとなんの類似性ももたない事物をわれわれに思い浮かべさせる…。」(『世界論』XI, 4)

・「たとえ私のうちで黙って声に出さずに考察しても、やはり言葉そのものにとらわれ、たいていの場合、日常的な話し方そのものによって欺かれるのである。というのは、蜜蠟がそこにあるなら、われわれは蜜蠟そのものを見ると言い、色や形からして蜜蠟がそこにあると判断するとは言わないからである。」(「第二省察」VII, 32)

・「推理のうちにあるのは、名称の結合ではなくて、名称によって指し示される事物の結合です。…フランス人とドイツ人とは、まったく別の言葉を概念しているにもかかわらず、同じ事物に関してまったく同じことを推理しうるということを、誰が疑うでしょうか。」(「第三答弁」VII, 178-179)

・「名称は、たいていは無学の者によって事物に課されたのであって、それゆえ、それらは常に十分に的確に事物に対応しているというわけではありません。…名称が習慣によって取り入れられた後は、それらを変更することは許されません…。」(「第五答弁」VII, 356)

・「無数の偏見で頭がいっぱいになっている人は、自然の光だけに信をおくことが、なかなかできないものです。すでに長い間、自らの理性の声に耳を傾けるよりは、むしろ権威に服することが、彼の習慣になっているからです。すなわち彼は…他人にたずね、昔の人々がそれについて何と書いているかをしらべまわっているのです。」(『真理の探求』X, 522-523)

・「一つの国語を学ぶ場合に、人は、ある語の文字または発音などといった物質的事物を、その語の意味をなす考えと結びつけます。そこで、同じ語をのちにふたたび聞くとき、同じ事物を心に思うのであり、また同じ事物を心に思うとき、同じ語を思いだすわけです。」(シャニュ宛 1647.2.1. IV, 604)

・「たとえば R-E-X ということばが至高の権力を意味していることを聞き、それを記憶に委ね、つぎに記憶によってこの意味を私が呼びかえすさいに、それはたしかに知的な記憶によってなされます。この三つの文字とその意味のあいだには、この意味をそこから汲み出せるような親和性はひとつもありませんが、知的な記憶によって私はこの三つの文字がそれを示すことを憶えているのです。」(『ビュルマンとの対話』V, 150)

75　正しく哲学するために守られるべきことの要約。

それゆえ、真剣に哲学し、認識可能なすべての事物の真理を探求するためには、まず第一にすべての先入見を捨てるべきである。すなわち、かつてわれわれが受け入れた意見のどれについても、あらかじめ新たな吟味にかけ、真であることを確認しないかぎりは信頼を寄せないよう、念には念をいれて用心をすべきである。次に、われわれ自身のうちにある概念に順序正しく注意を向けるべきであり、われわれがこのように注意を向けながら明晰かつ判明に認識する概念のすべてが、またそれだけが真であると判断すべきである。

こうすることで、われわれは次のことに気づくであろう。すなわち、思惟する本性をもつかぎりわれわれは存在すること。そしてまた同時に、神があること。われわれは神に依存していること。神は事物の原因であるがゆえに、神の属性の考察から、他の事物の真理が探求されうること。そして最後に、神とわれわれの精神の概念のほかにも、われわれのうちには「無からは何も生じない」などの永遠真理についての多くの命題の知識があること。なおまた、ある物体的性質、すなわち延長的、可分的、可動的などの性質の知識もあること。さらに、痛み、色、味などわれわれを刺激するある種の感覚の知識もあること——もっとも、それらがなぜわれわれをそのように刺激するのか、その原因をわれわれはまだ知らないのだが——。そしてこれらを、以前にわれわれがもっと不分明に思惟していたものと比較することによって、認識可能なすべての事物について、明晰判明な概念を形成する習慣を得るであろう。これらのわずかのことのうちに、人間認識の主要な原理が含まれていると私には思われる。

【解釈】

第一部「人間的認識の原理」が要約されている。先入見を除去する、明晰判明に知られるものだけを真とする、思惟を本性とする私が存在する、すべてのものがそれに依存している神が存在する、その他に永遠真理、物体的、感覚的性質が知られる。以上が『原理』の示す骨組みである。これがデカルト形而上学のエッセンスであるとするなら、ここからさまざまなことが読み取れるだろう。第一に、本文で強調されている感のあった誤謬論や自由論は、議論の中核ではなく傍系だと読める。第二に、『省察』で議論された心身の区別と合一、物体の存在証明などへの言及がない（物体の存在と心身の合一は、第二部のはじめで触れられる）。第三に、永遠真理以下、人知の対象になるものの様態がスコラ的に縷々説かれていることも『原理』の特色である。要するに、認識の原理という観点から形而上学を総括すればこうなる、ということであろう。

『原理』「仏訳序文」でも、哲学の明晰な原理として、人間的認識の原理（精神と神の存在）とそこから演繹される物体的事物とがスケッチされている（本書20―21ページ）。また「諸根拠」（VII, 162-164）においても、正しく哲学するための「方法論的」な要請が七項目に要約されている。本節との関連でいえば、先入見を捨てるべきこと（第一要請）、明晰判明なものにのみ同意すべきこと（第六要請）、思惟する本性の認識（第二要請）、神についての認識（第五要請）、永遠真理および物体的本性に関する知識（第三・第四要請）が、それぞれ述べられている。

【参照】

・「私がそれまで私の信念のうちに受け入れてきたすべての意見については、一度きっぱりとそれらを取り除こうと企てること以上に最善なことはなく、しかるのちに、もっとよい意見を取り入れるなり、同じ意見でもそれを理性という水準で正したうえで取り入れればよいのである。」（『序説』VI, 14）

・「第一は、私が明証的に真であると認めるのでなければ、どんなものも真として受け入れないことであった。すなわち、注意深く速断と偏見とを避けること、そして私の精神にきわめて明晰かつ判明に示され、疑いを容れる余地のまったくないもの以外は、私の判断のなかに取り入れないこと。」（同 18）

・「われわれは子供として生まれ、われわれの理性を完全に使用する以前から、感覚的事物についてさまざまな判断をしてきたので、多くの先入見によって真の認識を妨げられている。そこで、そうした先入見から解放されるためには、そのうちにほんのわずかでも不確かさの嫌疑をかけられるすべてのものを、一生に一度は、ことごとく疑おうと努めるほかに仕方がないように思われる。」（『原理』I-1）

76　神的権威はわれわれの認識に優先すべきである。しかしそれを除いては、認識されたこと以外に同意するのは哲学者にふさわしくない。

しかし、なかんずく最高の規則として、われわれの記憶に刻み込んでおくべきことは、神によってわれわれに啓示されたものは、すべてのうちで最も確実であるものとして信じるべきである、ということである。そして、もしかして理性の光が何か他のものを、このうえなく明晰で明証的であるとわれわれに示しているように思われることがあったとしても、われわれは自分の判断よりもむしろ、ひとり神の権威にのみ信頼を寄せるべきである。しかし、神への信仰がわれわれに何も教えていない事物においては、自分がかつて真であると洞察しなかった何かを真であるとみなしたり、成熟した理性よりも感覚に、すなわち自分の幼年時代の無思慮な判断に信用を置くことは、哲学者たる人にはまったくふさわしくない。

【解釈】

神学に対する哲学（科学）の真理の位置づけがなされている。既述（本書140ページ）のように、のちにデカルトは三種の問題を区別した。第一は信仰のみに属する問題、たとえば受肉や三位一体などである。第二は人間の理性にも神学にも関わる問題、たとえば神の存在や心身の区別などである。第三はもっぱら人間の理性的推論に属する問題、たとえば円積法や錬金術である（『掲貼文書への覚え書』VIII-2, 353）[105]。ただ、テキストをこの三分法によって読むことは難しいと思われる。なぜなら第二の問題が宙に浮くことになるからである。むしろ、ここでは神学と哲学（科学）との二分法になっている。そして「神への信仰が何も教えていないこと」とは、形而上学（神と精神の理性的把握）の原理のみならず、第二部以下の自然学の諸法則のことを指していると考えられる。

【参照】

・「神学についてのあなたの質問に関しては、それが私の精神の能力を超えているとはいえ、それでも私の専門の外にあるとは思われません。というのも、それは、私が本来的な意味で神学と名づけるところの啓示に依存するものに何ら関わっていないからです。それはむしろ、形而上学であり人間的理性にしたがって吟味されるべきなのです。ところで、神によってこの理性の使用を与えられた者は誰でも、何よりもまず神を知るために、そして自らを知るために、この理性を用いるよう義務づけられているのです。」（メルセンヌ宛 1630.4.15. I, 143-144）

・「天国へと導いてくれる啓示の真理はわれわれの理解を超えていることをたいへん確かなことだと知ったので、あえてその真理を私の弱い推論にしたがわせることはしなかった。」（『序説』VI, 8）

・「獲得された真理と啓示による真理とのあいだには、大きな違いがあります。…啓示による真理の認識は恩寵にのみ依存しています。」（某宛 1638.8. II, 347）

・「もし神が…われわれの精神の自然的な力を超えたことをわれわれに啓示することがあるなら、たとえそれらを明晰に認識していなくても、われわれはそれらを信じることを拒まないだろう。」（『原理』I-25）

・「神学の真理は啓示に依存しているからです。そしてたしかに神学は、数学やその他の真理で私たちが適用する私たちの推論に従わせられるべきではありません。…私たちはたしかに、神学的真理が哲学的真理に矛盾しないことを論証できますし、また論証しなければなりませんが、しかし神学的真理をどんな仕方

でも検査してはならないのです。」(『ビュルマンとの対話』V, 176)
・「神について奇跡なしにこの世においてわれわれがもちうる認識はすべて、推論やわれわれの推理の過程…から出てくるか、それともわれわれのうちにある自然的観念や自然的概念…からやってくるか、です。」(ニューキャッスル宛 1648.3 または 4. V, 13)

目次

るか。

28 われわれは被造物の目的因ではなく、作用因を吟味すべきである。

29 神は誤謬の原因ではない。

30 ここから、われわれが明晰に認識することはみな真であり、さきにあげた諸々の懐疑が取り除かれることが帰結する。

31 われわれの誤謬は、神に関しては単に否定にすぎないが、われわれに関しては欠如である。

32 われわれにおける思惟の様態は、知性の認識と意志の作用の二つだけである。

33 われわれは十分に認識されていないものについて、判断を下しさえしなければ誤らない。

34 判断するためには知性だけでなく意志もまた要求される。

35 意志は知性よりもより広くに及び、誤謬の原因はそこにある。

36 われわれの誤謬を神に帰すことはできない。

37 自由に行為する、つまり意志によって行為することが、人間の最高の完全性である。これによって、人間は賞賛や非難に値するものとなる。

38 われわれが誤るのは、われわれの行為の欠陥であって、本性の欠陥ではない。そして、家来の過失は、しばしば別の人である主人に帰せられるが、神に帰せられることはけっしてできない。

39 意志の自由は自明である。

40 すべては神によって予定されていることもまた確実である。

41 われわれの自由意志と神の決定とは、いかにして調和させられるか。

42 われわれは誤ることを欲しないのに、どうしてわれわれの意志によって誤るのか。

43 ただ明晰判明に認知されたものにだけ同意していれば、われわれはけっして誤らない。

すぎない。

59 いかにして普遍者は生じるか、通常の五つの普遍者すなわち、類、種、種差、固有性、偶有性とは何か。

60 さまざまな区別について、まず実在的区別について。

61 様態的区別について。

62 観念的区別について。

63 いかにして思惟と延長は、精神および物体の本性を構成するものとして判明に知られうるか。

64 いかにして思惟と延長は実体の様態としても知られうるか。

65 いかにしてそれらの様態もまた知られるべきか。

66 感覚、感情、欲求について、われわれはしばしば判断をしそこなうが、いかにしてそれらは明晰に知られるか。

67 痛みの判断そのものにおいても、われわれはしばしば誤る。

68 それらにおいて、われわれが明晰に認識するものを誤りうるものから、いかに区別すべきか。

69 大きさや形などは、色や痛みなどとはまったく別の仕方で認識される。

70 感覚的なものについてわれわれは二つの仕方で判断を下すことがありうる。その一つによって誤りを防ぎ、他によって誤りに陥る。

71 誤謬の主要な原因は幼年期の先入見から生じる。

72 他の誤謬の原因は、われわれは先入見を忘れることができないことである。

73 第三の原因は、われわれが感覚に現前していないものに注意を向けることに疲れ、それゆえそれらについて、現前の認識ではなく先入見によって判断する習慣がついているからである。

訳注

・仏訳を掲載している注のうち、56、69、70、75、78、82、89については、開始位置に注番号を振ってある。

1 デカルトの親しい友人で、Rouvre修道院長のクロード・ピコ神父l'Abbé Claude Picotが、一六四七年『原理』を仏訳した。本テキストは書簡の形をとった『原理』への序文であり、一般に「仏訳序文」と称せられる。

2 「知恵と名づけられるものは第一の原因や原理を対象とするものである、というのがすべての人々の考えているところである」(アリストテレス『形而上学』A. 981b 岩波文庫上p. 25)。ユスタッシュもこの伝統に立って次のように言っている。「哲学のこの部分は、その主要な部分であるので第一哲学とも、他の諸原理がそこに由来するので知恵とも、自然学がそこから派出するので形而上学とも称されている」(SP. IV, 1)。

3 『序説』でも、スコラの理論的哲学に代わる「実際的な哲学」は、技術の発明や健康の維持という点からも望ましい(VI, 61-62)とされている。

4 「第一に、世界においてある、あるいはありうるすべてのものについての原理すなわち第一原因を一般的に発見しようと努めた。…そのあとで私は、これらの原因から演繹できる最初の最も通常の結果が何であるかを吟味した」(『序説』VI, 63-64)。

5　『規則論』によれば、直観 intuitus は「明証性と確実性」(X, 369) を有し、「第一原理自身はただ直観によってのみ知られる」(同 370)。

6　演繹 deductio とは、「それによって我々が、確実に認識されたある他のことがらから必然的に帰結するすべてを理解するところのもの」(同 369) である。直観と演繹とが「知識への最も確実な道」とされる(同 370)。

7　「人生を幸福にするものとは何か、つまりこの最高の満足をわれわれに与えるものは何かを考察し、私はそれには二種類あることに着目しています。すなわち、徳や知恵のようにわれわれに依存するものと、名誉や富や健康のようにわれわれに依存しないものと、です」(エリザベト宛 1645.8.4. IV, 264)。

8　信仰の光ではなく「自然の光による真理の探求」(『真理の探求』X, 495) がデカルトの哲学の基本的姿勢であった。

9　スコラ学者の様々な意見よりも、「良識を備えた一人の人間」が理性を純粋な状態に保ったままでなす推論の方が真理に近い(『序説』VI, 12-13) という考え方が背景にある。「少しも学問をしたことのない者が、ずっと学校にいた人よりも、はるかにしっかりした明晰な判断を、眼前の事物について下すことがきわめて多い」(『規則論』X, 371)。

10　「形而上学的省察」であり、「第一原因による真理の認識」である。

11　「あらゆる良書を読むことは、過去の時代にその著者であった最も教養ある人たちと会話をするようなものである」(『序説』VI, 5)。

12　同様な批判が、アリストテレスの自然学にしたがう人について言われている(同 70)。

13　「実生活の行動と真理の探求との区別に気づかなければなりません。というのは、われわれの生活を処理することが問題である場合には、感覚に信をおかないということは、もとより愚かしいことでしょうから。そこで、断崖から転げ落ちてしまわないように、友人たちに見張っていてもらわなければならなかったというほどまでに、人間的な事物を軽視していたかの懐疑論者たちは、まったく物笑いのたねにされてきているのです」(『第五答弁』VII, 350-351)。

14 「太陽もその他の星も、その大きさは、われわれに対するかぎりは現われているとおりの大きさであるが、それ自身としては、われわれの見る大きさよりも、やや大きいか、やや小さいか、見えるとおりであるか、そのいずれかである。というのは、地上の火も、遠距離から観察すれば、感覚にはそのように見えるからである」(M. Conche éd, *Epicure. Lettres et Maximes*. Paris. 1995. pp. 194-195 エピクロス『ピュトクレス宛ての手紙』岩波文庫 pp. 47-48)。

15 重力については『世界論』第11章(XI, 72-80)に詳しい。重さとは、地球の重力や物体の位置・運動による相対的な概念である。スコラのように、物体の内部に「重さ」という実在的性質が宿るとは考えない。「私は…その物体が他の諸物体の位置と運動に依存して、それら他の物体と関係づけられるかぎりにおいてのみ、その重さを理解する」(『原理』IV-202)。エリザベト宛 1643.5.21. III, 667-668 も参照。

16 「ごくゆっくりとしか歩かない人でも、つねに正しい道をたどっていれば、走っていて道をそれる人よりも、はるかに前進できるのである」(『序説』VI, 2)。

17 「ほんの少しの疑いでもかけうるものはすべて、絶対に偽なるものとして投げ捨て、かくして、そのあとにまったく疑いえない何かあるものが私の信念のなかに残りはしないかどうかを見なければならない、と考えた」(同 31)。

18 「このようにすべてを偽であると考えようとしている間も、そう考えているこの私は、必然的に何ものかでなければならないことに気がついた」(同 32)。

19 「私とは一つの実体であって、その本質つまり本性はただ考えることのみであり…」(同 33)。

20 「神は…すべての善と真理との源泉であり、すべてのものの創造者である」(『原理』I-22)。

21 「哲学の(諸)原理」は二種類あることになる。形而上学(非物質的事物)の原理と、自然学(物体的事物)の原理とである。前者には精神の存在と誠実なる神の存在が属し、後者には延長と様態をもつ物体の存在が属する。

22 「良識はこの世で最も公平に配分されたものである」(『序説』VI, 1)。

23 「この世の中は…二種類の人たちだけから、ほぼ成り立っている。すなわちその一つは、自分が実際よりもより有能だと思い込んで、どうしても性急にものごとを判断してしまう…人たちである。もう一つは、自分は真偽を区別する能力の点で、それを教えてくれることのできるだれか他人よりは劣っている、と判断するほど十分な理性あるいは謙虚さをもっている人たち…である」(同15)。

24 いわゆる暫定的道徳 morale provisoire である。「私が行為においては非決定にとどまることのないように、そしてそのときから、やはりできるかぎり幸福に生きられるように、私は暫定的にある道徳を自分に定めた」(同22)。

25 アリストテレス＝スコラの論理学には、三段論法、弁証法(議論の術)、トピカ(前提を発展させる術)などが含まれていた。「論理学については、その三段論法やその他の教則の大部分は、ものごとを学ぶのに役立つというよりは、むしろ知っていることを他人に説明したり、あるいはルルスの術のように、知らないことについて何の判断もなく語ることに役立つのである」(同17)。

26 「人の理性を正しく導き、諸学問において真理を探求するための方法序説」(同1)。

27 「私はこの方法を、何か特殊なことがらに無理にしたがわせたわけではないので、それを代数の問題についてそうしたのと同じく、他の諸学問の問題にも有効に適用できると期待した…」(同21)。

28 この有名な樹の比喩はデカルトの独創ではないかもしれない。デカルトも読んだスコラのド・ラコニ

『全哲学大全』De Raconis, *Summa totius philosophiae*. 1617 の第三部では、自然学全体が一本の樹に喩えられ、その根は自然的物体の第一原理ないし原因、樹皮はそれら物体の偶有性、幹は世界、枝は天すなわち混合的要素、としているという (R. Ariew, Les *Principia* et la *Summa Philosophica Quadripartita*, in Armogathe et Belgioioso éd., *Descartes : Principia philosophiae* (*1644–1994*). p. 483)。

29 以下、『方法序説および三試論』1637 が話題になっている。

30 イエズス会の学校では、哲学級の第二学年でアリストテレスのテキストに基づいて『気象学』を習うことになっていた。スコラの哲学と自分のそれとを対比させるという試みは、当初この『原理』でも意図されていたことである。デカルトの『気象学』には『原理』第四部と重なる部分がある。

31 『省察』1641。

32 以下『原理』の第二部「物質的事物の原理について」、第三部「可視的世界について」、第四部「地球について」を短く要約している。なお、第五部「動物および植物の本性について」、第六部「人間の本性について」は書かれなかった。

33 実験に援助が必要であることは、『序説』でも繰り返し述べられていた (VI, 73, 75)。その援助は結局得られず、それが『原理』の第五部・第六部が書かれなかったことの一因と考えられる。

34 「また、学校で行われている討論というやり方によって、以前に知られていなかった何かの真理が発見されたということも、私は聞いたことがない。というのは、だれもが相手を打ち負かそうと躍起になっている間は、双方の論拠を熟慮するよりも、むしろ本当らしさを訴えようと努力するからであり…」(『序説』VI, 69)。

35 ヴォエティウス宛 1643. VIII-2, 163°.

36 ユトレヒト大学医学部のレギウス H. Regius がその著書 *Fundamenta Physices*. 1646 のなかで、デカルトの草稿「動物についての論考」（動物論）から筋肉の運動の部分を無断で転写したことを指す。この剽窃については、メルセンヌ宛 1646.11.23. IV, 566-567 およびエリザベト宛 1647.3. IV, 625-627 において詳しい。デカルト-レギウスの論争は一六四七年一二月『掲貼文書への覚え書』*Notae in Programma* を生むことになる。

37 「私自身によって公表されたものでなければ、人から言われたことが私に由来するとはけっして思わないでいただきたい」（『序説』VI, 70）。

38 理性の使用および最善の遂行が徳であるという主張は、『序説』以来デカルトの道徳の主要なテーマであって、エリザベト宛書簡（1645.8.4, 8.18. IV, 267, 277 など）においてもしばしば繰り返される。

39 同様のことがポロ宛書簡（1642.10.6. III, 577）にも述べられている。

40 原文の Gymnosophistae は古代インドの裸の行者を指す。プリニウス『博物誌』にその記述がある。

41 この三人はギリシア・ローマ神話における美の三女神である。

42 ここでの「原理」は単数ではなく複数形である。どういう諸原理があるのかはこれから明らかになるが、哲学の原理は一つではないことを確認しておこう。原理となりうるものの条件については、「仏訳序文」（IX-2, 2）において明快な説明がある。知恵の探求たる哲学は原理の探求からはじめること、原理は明証的であるべきであり、そこから他の事物が演繹されるべきものであること、などである（本書12ページ）。また、形而上学を扱う第一部が「人間的認識の原理」という言葉でまとめられていることに注意すべきであろう。人間の存在よりも認識の問題を問うのがデカルトの形而上学の根幹と言えようか。ちなみに第二部は「物質的事物の原理について」となっている。

43 この欄外見出しの文章は、デカルト自身のオリジナルではなく、おそらく編集者によるものであろう。本文の見出しとして必ずしも相応しくない場合もあるが、一応それはデカルトの校閲を得ていると考えられる。

44 『序説』や『省察』が「われ」という一人称単数の告白体で書かれたのに対して、以下「われわれ」という一人称複数が用いられている。しかし意味的には非人称の文体である。この書が私的な文書でなく、学校のテキストになりうることを意識したからであろう。

45 「一生に一度」semel in vita はデカルトの好む言い方である。「一生に一度は形而上学の諸原理を十分に理解することは、それこそがわれわれに神と精神との認識を与えるものですから、きわめて必要なことであると私は思います」(エリザベト宛 1643.6.28. III, 695)。「もし誰かが自己の問題として、人間理性の認識しうるすべての真理を吟味しようとするならば(これは、良識に達しようと真面目に努力する者なら、誰でも一生に一度はなさねばならぬと私は思う)、…」(『規則論』X, 395)。「精神が何をなしうるかについて常に迷っているということのないように、かつまた誤った軽率な努力をすることのないように、われわれは個々の事物の認識にとりかかるに先立って、一生に一度は細心に探ねてみるべきである、人間理性はいったいいかなる事物の認識に達しうるかと」(同 396)。「これは、少しでも真理を愛する人ならば、誰でも一生に一度は為すべきことである、なぜならこの研究の中には真の認識手段及び全方法が含まれているからである」(同 398)。その他、某宛 1638.3. II, 35)、「第一省察」(VII, 17)、『序説』(VI, 13)、『真理の探求』(X, 508) にも見いだされる。

46 認識の確実さ certus と容易さ facilis とは、デカルトが求める真理の条件でもあり、しばしばセットになって使われる。「最も確実で最も認識しやすい」(『真理の探求』X, 510)、「方法というのは確実で容易な規則」(『規則論』X, 371)、「最も単純で最も認識しやすいものから始めて」(『序説』VI, 18) など。確実なものは明証的で単純であり、だれにでも容易に理解されるという含意があると思われる。

47 clarus という重要語の初出である。ここでは、「明らか、明白」というほどの一般的意味と思われるが、

「明晰」のデカルト的な意味については第45節以下で説明される。

48 仏訳「われわれが、ごくわずかの疑いでも思いつきうるものをすべて、虚偽なるものとして投げ捨てること。」

49 デカルトにおいて観想 contemplatio という言葉は、多くの場合、神を考える際に使われる（「第三省察」VII, 52）。人間に関する場合には省察 meditatio と言われることが多いようである。

50 暫定的道徳の第二規則（『序説』VI, 24-25）を指す。

51 第13節を参照。

52 仏訳では「地も」が挿入されている。

53 この定式は『省察』の定式「われあり、われ存在す」Ego sum, ego existo（VII, 25）ではなく、『序説』の「私は考える、ゆえに私はある」Je pense, donc je suis（VI, 32）を採用している。『原理』の仏訳も Je pense, donc je suis（IX-2, 27）となっている。

54 仏訳「いま、われわれの思惟の外には、真にある、あるいは存在するものは何もないと考えているわれわれ」

55 仏訳「世界に物体があること」

56 仏訳「われわれのうちに起こることで、それをわれわれが直接に意識しているすべてのものである。」

57 自然の光 lumen naturale の初出である。それは、恩寵の光 lumen gratiae が神から来る啓示の光であるのに対して、人間に生まれつきの理性の光であり、本能的な知的能力 vis intelligendi である。デカルト哲学は「自然の光による真理の探求」La Recherche de la vérité par la lumière naturelle（『真理の探求』X, 495）にほかならない。この概念は『省察』では自然的傾向や自然の教えの対立項としても頻出するが、『原理』ではそれほど多用されていない。

58 仏訳「われわれの思惟のうちに入ってくる他のすべてのものについても、たとえそれが偽であり、いかなる存在ももたないとしても、それを思惟しているわれわれは存在する、と結論できる。」

59 仏訳では「形而上学的確実性が問題である場合には」となっている。

60 第49節には共通概念 notio communis ないし公理 axioma の例として「無からは何も生じない」、「同じものが同時にありかつあらぬことはありえない」、「いったん起こったことは、起こらなかったこととはなりえない」、「思惟する者は、思惟している間は存在せざるをえない」が挙げられている。「諸根拠」(VII, 164–166) にも、公理あるいは共通原理として十の命題が列挙されている。ここには幾何学の公理が登場している。「互いに等しいもの…」という共通概念はエウクレイデス『原論』第一巻の第二公理に、「三角形の三つの角…」は命題32に、それぞれ相当する。この幾何学の例は次の節での存在証明への布石となっているが、それは「第五省察」の証明と同じ構造である。

61 第5節に既出。

62 「第四省察」は神の本性を無辺 immensus で理解しがたく無限である (VII, 55) とし、「第一答弁」も神の無辺な能力 potentia immensa (VII, 119) に着目している。

63 作用因 causa efficiens とはものごとが存在し生起する原因 (動力因) である。全体因 causa totalis とはそれだけですべての結果を生じる原因であり、その反対は部分因である。

64 仏訳「罪の創造者ではない。」

65 仏訳「人間にとって一つの利益である。」

66 仏訳「感覚は外からくる印象によってわれわれのうちに作られる。」

67 仏訳では「そこからわれわれの精神のうちに自然本性的にある諸概念を導き出し」が挿入されている。

68 「神の本性は広大で、把握しがたく無限である」(「第四省察」VII, 55)。たとえば神の意志や能力は人間の把握するところではない。また有限な被造物の場合でも、「自然の教え」などはよく分からないままにわれわれのうちにある。

69 仏訳「ほかのものでは、このように絶対的に完全ではないことをわれわれは知っている。かりに、われわれにはなんの限界ももたないように見える諸性質をそこに認めることがあっても、それはわれわれの知性の欠陥から生ずることで、その性質の本性に基づくものではない、と認めざるをえない。」

70 仏訳「われわれは、神が世界を創造する際にどういう目的を立てたかを吟味することには関わらない。そして、われわれの哲学から目的因の探求をすべて追放する。」

71 第25節を指す。啓示は別の次元の真理として保存される。

72 「明晰判明」の定義については第45－46節を参照。

73 仏訳「誇張的懐疑」

74 仏訳「目覚めているにせよ眠っているにせよ、感覚によって」

75 仏訳「同じように、われわれが真なるものを偽なるものから識別するに当たっても、われわれの意志の決定によって選ぶ方が、何か他の原理に左右されたり、強制されたりして選ぶ場合よりも、いっそう立派なこととされる。」

76 仏訳「われわれの意志の自由は、証明をまたずに、ただちにわれわれがもつ経験だけで知られる。」

77 第5－6節を指す。

78 仏訳「われわれが判明に知覚するもの、そしてあらゆるものを疑うという留保をしている時にも疑うことのできないものは、およそわれわれの認識しうる他のいかなるものにも劣らず確実なのである。」

79 仏訳「そしてわれわれの自由意志の及ぶ全範囲と永遠な摂理の秩序とを、われわれの知性で理解し、いわば限定しようとするならば。」これは原文とはかなりの懸隔がある。

80 仏訳「神の全能もこれを信じるのを妨げえないほどに」

81 仏訳「判断を急がせ、十分認識していないことを真と思わせ」

82 仏訳「真理を発見しても、それは偶然にすぎないので、真理に行き当たったことを確信できず、間違っていないことを確実に知ることもできない。」

83 単純概念 simplex notio とはわれわれの思惟を構成する最小の要素である。『規則論』(X, 383) では単純本性 simplex natura とも、エリザベト宛書簡 (1643.5.21. III, 665) では原初的概念 notion primitive とも表現された。真理に達するには複雑なものを単純な要素に還元すればよいという発想は、方法の第二規則 (『序説』VI, 18) がすでに教えるところである。

84 ここから明晰 clarus の反対概念は不明瞭 obscurus であることが分かる。判明 distinctus の反対は不分明 confusus である。

85 仏訳「その概念において曖昧なものを明証的なものから区別するために」

86 仏訳「存在するのになんら他のものを要しない、という言葉の説明に関して曖昧さがあるかも知れない。なぜなら本来」

87 「一義的に」univoce とはスコラ用語で、ある言葉がすべてのものに等しく適用され、同義的であることである。その反意語は「両義的に」aequivoce であり、類比性を含意する (ユスタッシュ SP. I, 30 第四問題「一義的、両義的、類比的という言葉は何であり、どういうことか」)。

88 仏訳「しかし、被造物のうちであるものは他のものなしに存在できないという性質をもつので、われわれはそれらを神の通常の協力だけしか必要としないものから区別し、後者を実体、前者をその実体の性質あるいは属性と呼ぼう。」

89 仏訳「これらの実体のうちのある実体が真の意味で存在するかどうか、つまり現在この世界に存在するかどうかを知ることが問題である場合には、われわれがそれを認識するようになるためには、それがこのような仕方で存在するというだけでは十分でない。なぜなら、それだけではわれわれの思惟のうちに、ある特殊な認識をひき起こすものは何も見いだされないからである。」

90 太陽の運動を指す。

91 実体とは「それが存在するのになんら他のものを要さないような仕方で存在するもの」（第51節）であった。

92 初版本では、本文の duratione が正誤表で dubitatione と訂正されている。

93 仏訳「そして一般に、同じものについて違った考えをわれわれにもたせる属性のすべて、たとえば物体の延長と、物体が多くの部分に分割されるという性質とが、われわれの対象となる物体と異なったり、逆に互いに異なったりするのは、ただ、われわれがときとしてその一方を他方なしに不明瞭に考えるからである。」

94 時間と数は、対象のうちにあると考えられる思惟様態である（第57-58節）。時間も数も同じものだが、観念においてのみ異なるとされる。上述のように仏訳は、物体の延長と可分性とは、観念においてのみ異なるという例を挙げている。桂 p. 162 を参照。

95 スコトゥスの形相的区別（デカルトの観念的区別に相当）に関して、デカルトはそれを様態的区別と同一視したうえで、事物を判明に認識するためには実在的区別が必要である（「第一答弁」VII, 120）、としている。

96 仏訳「それは私がそこで書いたこととは矛盾しない。なぜなら」

97 仏訳「なぜなら、それらが実体と異なるのは、われわれが時として、思惟する事物や延長する事物そのものを反省せずに、ただ思惟や延長のみを考える場合だけだからである。」

98 『原理』II-43を指す。

99 仏訳「われわれの知性によって厳密に知られ、理性によって保証されるものだけを、われわれが下す判断に含ませるよう注意するならば」

100 山田弘明『デカルト『省察』の研究』創文社 pp. 188–192を参照。

101 第48節。大きさ、形、運動、位置などは「延長実体」の様態であり、色、痛み、香、味などは「心身合一」の様態であった。

102 山田弘明、同書 p. 368 註（4）を参照。

103 仏訳「われわれの身体のあらゆる部分から、精神がそれと緊密に結合し一つのものとなっている脳の部分にいたる運動において、起ってくるさまざまな多様性に応じて」

104 仏訳「何であれ、われわれがものの本性を見出すのは感覚によってではなく、ただ理性がそこに介入する場合だけであるので」

105 山田弘明「デカルト「ソルボンヌ書簡」の研究」（『名古屋大学文学部研究論集』哲学 51, 2005, pp. 7–8）を参照。

訳者解説

以下、本書への手引きとして（1）本書の趣旨（なぜ第一部だけを対象とするのか、なにを明らかにしたいのか）、（2）『原理』の概要（その全体はどうなっているか、どういうことが書かれているか）を説明しておきたい。参考として（3）スコラのテキストであるユスタッシュの『哲学大全』の一部を訳出し、（4）文献を掲げる。

（1）本書の趣旨

『原理』は全四部よりなるが、本書は「人間的認識の原理について」と題する第一部のみを対象とした。その理由を示してこの書の趣旨を明らかにしておく。

『原理』の従来の訳書の多くは、第三部以下を科学的にはあまり意味のない煩瑣な内容であるとして割愛し、第一部と第二部のみを抱き合わせてある場合が多い。これによって形而上学と自然学の基本がほぼ概観できるからである。しかし、本書の目指すところは『原理』全体を概観することでも、自然学の要点を把握することでもない。『原理』の形而上学を問うことが目的である。第一部に展開されている形而上学の議論が、『省察』などと少し異なることは一読して分かる。だが、どうしてこのような議論構成になったのか、その独自性はどこにあるのか。こうした点を明らかにしたい。そこで本書の趣旨は二つあることになる。第一は、『原理』の形而上学の成立にはスコラの影響があるといわれているが、第一部のテキストをスコラの形而上学との関連において具体的に捉え直すことである。第二は、『原理』の形而上学がデカルトの他の著作のなかでどういう独自な意義をもつかを明らかにすることである。

第一はスコラとの関係である。『原理』の執筆に際して、デカルトには「スコラ戦争」(ホイヘンス宛 1642.1.31. III, 523) に備え、イエズス会の神学者たちからの論難に答えるために、みずからの形而上学をスコラ的形式で整理し武装しようという戦略があったと思われる。スコラとの関連については、当時のスコラ哲学の優れた教科書としてユスタッシュ・ド・サン・ポールの『弁証論、道徳論、自然学および形而上学にかかわる事柄についての哲学大全四部作』Eustache de Saint Paul, *Summa Philosophiae Quadripartita, de rebus Dialecticis, Moralibus, Physicis et Metaphysicis*. Paris. 1609 をまず挙げねばならない。これは (3) で詳しく述べるように、全四巻からなる膨大な書で、スコラの全哲学を概説したものである。デカルトもそれを高く評価していた (メルセンヌ宛 1640.11.11. III, 232)。かれは最初スコラをあまり知らなかったが、論争に備えてこの書によって改めて勉強し直したという説もあるほどである (R. Ariew, Descartes and scholasticism : the intellectual background to Descartes' thought, in J. Cottingham ed., *The Cambridge Companion to Descartes*. 1992. pp. 76-77)。ともあれ『原理』は、ユスタッシュを意識した「私の哲学」(同宛 1640.12. III, 260) であり、デカルト自身の「哲学大全」(同宛 1641.12.22. III, 465) であった。

スコラのテキストとしてかれの念頭にあった書は、もとより多かったと考えられる。トマス・アクィナス Thomas Aquinas は別格として、トレトゥス Toletus、ルヴィウス Ruvius、スアレス Suarez、コインブラ学派のアリストテレス註釈 *Commentarii Collegii Conimbricensis*、があった。だが、コインブラの書は長すぎるとしている (同宛 1640.12.3. III, 251)。フランスのものでは、多くの版を重ねたド・ラコニの『全哲学大全』Abra de Raconis, *Summa totius philosophiae*. Paris. 1617 がある。これは短くてよいが、ユスタッシュに比して私の意に適わないとしている (同)。また、デカルトのテキストには登場しないが、シピオン・デュプレックスの『形而上学』Scipion Dupleix, *La Métaphysique*. Paris. 1606 および『哲学大全』*Corps de philosophie*. Geneva. 1627 や、ゴクレニウスの『哲学辞典』Goclenius, *Lexicon Philosophicum*. Frankfurt. 1623 も手元にあった可能性がある (J.-L. Marion, *Sur la théologie blanche de Descartes*. 1981. pp. 27-69, R. Ariew, *Les Principia* et la *Summa Philosophica Quadripartita*, in Armogathe et Belgioioso éd., *Descartes: Principia Philosophiae* (1644-1994). 1996. pp. 474-482)。だが最終的には、デカルトはユス

タッシュを手本ないし反論の材料として相応しいと考えたようである（前出メルセンヌ宛III, 232, 260）。

デカルトの当初の構想では、まず自らの哲学の全教程を命題の形にして順序にしたがって書き、次にユスタッシュのようなスコラの哲学教程を印刷させてその論題の終わりごとに自分の脚注を付け、最後に両者の比較をする（同宛1640.11.11. III, 233）というものであった。同じ考えは『省察』に付された書簡でより明確に述べられ、学校で使えるように項目を小分けにして、その間の論理的つながりをはっきりさせる（ディネ宛1642. VII, 577）としている。その構想そのものは実現されなかったが、デカルトは『原理』をスコラの形式に合わせて書いたのである。そして「どんな教師でもこの本だけで私の哲学を教えられる」（メルセンヌ宛1640.12. III, 260）と胸を張っている。『原理』が教科書的であると言われる理由はここに発している。だが、どこにどういう形でスコラとの対応ないし対決が入っているかは必ずしも明らかではない。本書の【解釈】においてユスタッシュなどとの関連を明示し、スコラに対するデカルト哲学の新しさを浮き彫りにしたつもりである。

デカルトが多くの箇所でスコラ哲学を痛烈に批判しながらも、そこから大きな影響を受けていることは多くの研究者が指摘する通りである。しかも、その批判にはしばしば大鉈を振るう感があり、細かい点に関しては現代の中世哲学の研究レベルから見て問題があるかもしれない。しかし、デカルトのスコラに対峙する姿勢のなかに、まさに中世と近世とのつば迫り合いを読み取ることができ、一七世紀の哲学の一コマとして歴史的に大きな意味があるであろう。

本書の趣旨の第二は、『原理』の形而上学の独自性を問うことである。いま、デカルトの形而上学研究の経歴を年代順にたどると次のようになろう。

「形而上学小論文」1629（テキストは失われた）

『序説』第四部 1637

『省察』1641（原稿完成は一六四〇年）

『真理の探究』1641（Ch. Adam 説）

『原理』第一部 1644（最初の執筆は一六四〇年）

オランダで書かれた「形而上学小論文」の主題は、神の存在と精神の存在であったと伝えられている（メルセンヌ宛 1630.11.25. I, 182）。それが『序説』第四部に流れ込み、『省察』でさらに精錬されることとなる。『真理の探究』では、懐疑からコギトにいたる議論が豊富な例によって精緻に描かれている。これに対して『原理』第一部は、これまでの形而上学の議論を別の観点から論じ直したものである。かれの「精神の歴史」（デカルト宛バルザック書簡 1628.3.30. I, 570）からみて、一六二九年の小論文が「形而上学のはじまり」（メルセンヌ宛 1637.3. III, 350）であるなら、『原理』第一部は形而上学の最終版である。それが最高到達点であるかどうかは議論があるにせよ、事実上、これにて形而上学は打ち止めでである。おそらくデカルトは、それまでの多くの議論がここに流れ込んで終息すると考えたであろう。その意味ではこれはかれの形而上学の完成とも言える。こうした観点から、他のテキストとの関連を検討するなかで『原理』の独自な点を問題とした。

たしかに『原理』では第二部以下の自然学の記述が圧倒的な比重を占めており、第一部は軽く扱われている印象を禁じえない。形而上学的主題に関する議論の綿密さや量的な豊富さという点では、『省察』の方が明らかに優っている。デカルト自身、「『原理』第一部は『省察』で述べたことの要約 abrégé にすぎない」(シャニュ宛 1649.2.26. V, 291) としている。しかし、「それはまったく別のスタイルによるのであって、『省察』で長々と論じられたことが『原理』ではもっと要約されるが、またその逆もある」(メルセンヌ宛 1640.12.31. III, 276) とも言っているのである。

およそ、それぞれの著作はそれが書かれた状況によって異なった顔をもっており、『原理』には『原理』に特有な顔があるだろう。注意深く読めば分かることだが、これは『省察』をただ要約したものではない。そもそも記述の順序や証明の仕方が異なっている。『省察』のように真理が見出された道筋を必ずしも分析的に追ったものではなく、すでに発見された真理を改めて命題の形で総合し、整理したところもある。およそ発見の順序と教える順序とは別である。「『原理』はものを教えており、総合的に扱っている」(『ビュルマンとの対話』V, 153) とデカルトも言っている。このことは神の存在証明の配列順序において顕著であり、また物体の存在証明が第一部でなく第二部に位置していることにも現われている。

記述の順序からすれば、『原理』は総合の様式（幾何学的秩序）のみによって書かれているのではなく、分析的な作業との絡み合いによって特徴的なものとなっていると言えるかもしれない。たとえばある解釈によれば、懐疑からコギトへの歩みを示す第1-12節は分析の手続きだが、第9節における思惟の定義や第10節のコギトに潜在する諸要素の枚挙には総合への配慮がある。第14-21節の神の証明は総合の様式、第24-44節の真偽論は分析、第51-54節の実体論は総合、第48-70節の単純概念の枚挙は分析の手続きである。また、第三部の宇宙生成論や第四部の磁石論においても分析と総合との重なり合いが見られるという（J.-M. Beyssade, *Scientia perfectissima.* Analyse et synthèse dans les *Principia*, in Armogathe et Belgioioso éd., *Descartes etc.* pp. 5-36）。もっとも、その錯綜をどう整合的に理解するかが問題であろう。いずれにせよ、それを「急いで書いた不注意な仕事」（J. Morris, Descartes' Natural Light, in *Journal of the History of Philosophy.* 11. 1973. p. 173）と評するのは見当違いだろう。

デカルトはこれまでの形而上学の議論を注意深く振り返り、実体、普遍、区別などスコラの言葉を使って、それを学生向きにコンパクトに分かりやすく再編しようとしている。そこには他書にはない新しい議論の提示と解釈があり、論点の整理がある。先にも述べたように、コギトや自由意志の解釈には『省察』には見られない新しいものがあり、またスコラを踏まえた区別の議論や誤謬の原因論は『省察』よりも数段詳しいものとなっている。『省察』以外にも『原理』第一部と関連するテキストは多い。本書では【解釈】において『原理』のユニークな論点を示すとともに、【参照】において他のテキストとの相関を明らかにすることを試みた。近年『原理』の自然学の独自性を解明すべきだという研究動向があるが (F. de Buzon et V. Carraud, *Descartes et les «Principia» II. Corps et mouvement*. 1994. p. 5)、本書によって『原理』の形而上学の独自な意義が明らかになることを期している。

(2)『哲学原理』の概要

一七世紀の末、ニュートンが『自然哲学の数学的原理』*Philosophiae Naturalis Principia Mathematica*. 1687 を書いて近代科学の基礎を築いたことはよく知られている。デカルトのこの書はそれよりも四〇年ほど先立っており、学生時代のニュートンは熟読していた。実はデカルトの『哲学原理』は、狭い意味での「哲学」の原理ではない。当時の用法では、「哲学」は広く自然学をも含んでいた。この英国人にならって言うなら、それは「形而上学の原理に基づく自然哲学の原理」である。つまり、みずからの形而上学を基礎として、スコラに代わる新しい自然学の体系を述べたものである。自然学とは自然を取りあつかう哲学の一部門で、自然哲学とも呼ばれた。方法論などで異なるものの現代の自然科学の前身である。この書におけるデカルトのねらいも、読者の受けとめ方も、新自然学の体系的な展開にあった。そのことは、形而上学を述べた第一部に比して第二部以下の自然学の記述が圧倒的な比重を占めていることからも分かるであろう。かれ自身この書を「自然学」と呼ぶことがある（エリザベト宛 1643.5.21. III, 668）。現代の学問分類からすれば、これは哲学ではなくむしろ自然科学の書である。

『原理』はラテン語で三三〇ページ余の少し分厚い本であり、全体は四部からなっている。第一部は「人間的認識の原理について」と題される。これは「認識の諸原理を含み、第一哲学あるいは形而上学と呼ぶことができるもの」（「仏訳序文」IX-2, 16）で、自然学の基礎でもある。第二部「物質的事物の原理について」は、物質、延長、空間、運動、運動の法則など「自然学において最も一般的なことのすべて、すなわち自然の根本法則あるいは原理の説明が含まれる」（同）。第三部以下は、その原理に基づいた自然全体についての各論である。すなわち第三部「可視的世界について」では、「天、恒星、彗星および一般に全宇宙が構成される仕方」（同）が主題となる。第四部「地球について」では、「地球の本性、および空気、水、火、磁石など地球の周りのいたるところに最も普通に見いだされる物体の本性、さらにこれら物体において認められるすべての性質、たとえば光、熱、重さなど」（同）が個別的に論じられ、感覚を分析して終わっている。第五部「動物および植物の状態について」、第六部「人間の本性について」は予定されるのみで書かれなかった。

『原理』がどういう順序で記述されているかはしばしば問題になるが、少なくとも第一部の記述は、人間がどういう原理をもとにして、どのようにものを認識してゆくかという順序になっているように思われる。以下、各部の内容を少し詳しく要約し、その特徴を分析しておこう。分節は訳者によるものであり、文末の（ ）内は原文の節の番号である。

第一部「人間的認識の原理について」

・確実な認識を得るためには、疑わしいものをすべて排除しなければならない。感覚的な事物の認識にはときとして誤りが含まれ、また数学的な論証も、われわれをつねに誤らせている神というものが考えられるので、いずれも疑える。しかし、そのように考えている私が存在しないことは矛盾であるので、「われ思惟す、ゆえにわれあり」は最も確実な認識である。精神の本性は思惟することであって延長を本性とする物体とは区別され、物体よりも先に確実に知られる。思惟とは意識内において生じているすべてのことであるが、「思惟」や「存在」は単純で自明な概念であるので、それ以上の説明は要しない。精神という実体にはより多くの属性が認められるので、物体よりもより明証的に認識される。しかし多くの人は精神と身体を十分に区別せず、身体のみを自分自身と考えてきた。（1-12）

・精神のうちには事物の観念や共通概念があるが、自分の起源を知らないかぎり確実な知識をもちえない。精神は最高に完全な存在者の観念をもっているが、その観念には必然的な存在が含まれる。したがって神は存在する。その観念はキマイラのようなものではなく、真実で不変な本性を表している。多くの人は先入見をもつので、このことを理解しにくい。観念がものを表象するという面を考えるなら、その形相的な原因を求めることができる。神の観念の原因は、その観念の原型として現実に存在する神である。さらに、われわれが存在しているのは神がわれわれを保存しているからであり、ここからも神の存在が知られる。神は無限の完全性をもつものであって、物体でも感覚するものでもない。（13–23）

・原因としての神の認識から結果としての被造物の認識へと進むには、神は無限であるが人間は有限であることを知る必要がある。神の啓示は、われわれの理解を超えていても信じるべきである。有限者は無限については議論すべきではない。延長の大きさ、物質の量的分割、星の数などを無際限と呼ぶ。その理由は、被造物には限界があっても、それをわれわれは見いだすことができないだけだからである。世界における神の目的ではなく、神の作用の結果を吟味すべきである。（24–28）

・神は誠実であり、神から与えられた認識能力は、われわれがものを明晰判明に捉えているかぎり真なる対象を捉える。ここから先の数学や感覚への懐疑理由は除去される。それでもわれわれがしばしば誤るのは、意志は知性が明晰に認識していないことにまで同意を与えるからである。それは神の責任ではない。（29–36）

・意志の自由は人間における最高の完全性である。われわれが誤ることは自由の使用における欠陥であり、神はその原因ではない。自由と神の予定とを調和させることは難しいが、自由はわれわれ自身において経験されている。明晰判明に認識するものだけに同意するなら、人は誤ることはない。明晰とは注意する精神の前に明らかなことであり、判明とは明晰でありかつ他から区別さ

れていることである。認識は判明でなくても明晰でありえるが、明晰でなければ判明ではありえない。(37-46)

・幼児期の先入見を除去するために、思惟を構成している単純概念(事物、事物の状態、永遠真理)を吟味する。事物には思惟実体と延長実体とがあるが、これとは別に心身合一がある。事物の状態としては、この三者に対応してそれぞれ認識・意志、大きさ・形・運動、欲求・情念・感覚などがある。永遠真理とは「無からなにも生じない」などの共通概念である。それは本来明晰に知られるが、先入見をもつ人には必ずしも容易に捉えられない。(47-50)

・実体とは他を要さずに存在するものであり、実際には神のみが実体である。しかし、精神も物体もある意味で実体と言える。実体はその属性に触発されてはじめて認識される。それぞれの実体には、延長や思惟などの主要属性がある。それらを区別することによって、精神、物体、神について明晰判明な観念をもつことができ、持続、順序、数も判明に理解される。様態は場合によって属性や性質とも呼ばれる。ある属性は事物のうちにあるが、他の属性はわれわれの思惟のうちにある様態である。時間、数、普遍者がそうである。(51-59)

・区別には実在的、様態的、観念的の三つがある。実在的区別は複数の実体間の区別である。精神的実体と物体的実体とは、互いに他を要することなく理解されるので実在的に区別される。様態的区別とは、様態間の区別あるいは実体と様態との間の区別であるが、いずれの場合も実体なしには様態は知られない。観念的区別は属性間の区別あるいは実体と属性との間の区別である。たとえば、実体と持続とは実際には切り離すことはできないが、観念の上では区別される。思惟と延長は、思惟的実体および延長的実体の本性をなしている。思惟や延長の概念と、それら実体の概念とはただ観念においてのみ異なる。思惟と延長は実体の様態としても知られる。理解・記憶・想像などの思惟の様態や、形・位置・運動などの延長の様態は、それらが内在する事物の様態として知られる。(60-65)

・感覚・感情・欲求は明晰に知られても、われわれは幼時からの習慣で判断を誤ることがある。大きさや形は、痛みや色とは異なり、より明証的に認識される。色を知覚するとは、その感覚を生むものを対象において知覚することである。しかし、対象のなかに色に似たものがあると判断することでわれわれは誤る。(66-70)

・誤謬の第一の原因は、精神が身体に没入していた幼年期の先入見にある。第二の原因はそれを容易に除去することができないことである。第三は、感覚や想像によってしか事物を認識できないと考える習慣がついていることである。第四は、事物と対応していない言葉に同意し、誤った概念を形成することである。(71-74)

・正しく哲学するためには先入見を捨て、明晰判明に知られるものだけを真とすべきである。その結果、思惟するものの存在、神の存在、われわれの神への依存が知られ、その他に永遠真理、物体的性質、感覚的性質が知られる。これらが人間的認識の主要な原理である。神の啓示は理性の光に優先するが、信仰以外のものについては、感覚よりも理性の認識に信を置くべきである。(75-76)

以上が第一部の内容である。分析的な『省察』とは、記述のスタイルも議論のスタンスも異なっている。その特徴は、スコラ的な角度から形而上学が教科書的に短く整理されていることである。たとえば、「コギト・エルゴ・スム」は大前提からの演繹として説明され、実体・属性・様態の議論や区別の議論はスコラ的に詳しく展開されている。明晰判明の定義、無限と無際限との区別、自由と決定の問題などは『省察』本文にはなかったものである。とりわけ単純概念の分析や誤謬の原因論は『原理』の新機軸であり、詳細である。人間の自由意志の解釈（無差別の自由の再評価）、神の存在証明の順序（いわゆる存在論的証明が先に来ている）については、『省察』と明らかに異なっている。また、第五・第六省察にあった物体の存在証明と心身合一の議論が『原理』第一部には欠けており、それらは形而上学の射程の外（第二部）に位置づけられている。デカルトの思想が動いている証拠でもあるが、ともあれ、これがかれの形而上学の最終的な形態なのである。

第二部「物質的事物の原理について」

・物質的事物の存在は、神が欺瞞者ではないことを根拠に、感覚器官への刺激を通して知られる。同様にして心身が密接に結合していることも知られる。ただ感覚は物体そのものの本質を教えない。その本性は重さ、固さ、色などではなく延長にのみ存する。(1–4)

・物体の希薄化を量の増大であるとするのも、物体のない空間を空虚とするのも間違いである。なぜなら、量は一定の延長した実体であるので、希薄になると増えたり、収縮すると減ったりすることはないからである。また、空間（内的場所）と物体とは同じ延長であるので、空虚な空間が存在することは矛盾であるからである。延長は思惟のうえでは無限に分割されるので、不可分の原子というものは存在しない。世界は無際限な延長をもち、天空の物質であれ地上の物質であれ、全宇宙は同じ物質から構成されている。（5–23）

• 運動とは、通常考えられているように物体が他の場所へと移動する作用ではない。場所は相対的なものであるので、本来の意味での運動とは一つの物体がそれに隣接し静止している物体（それを場所とみなす）の近くから、他の物体の近くへと移動することである。運動と静止は物体の異なる様態にすぎない。すべての場所は物体で満たされているので、一つの物体がその場所に入り込むのは他の物体を連続的に押し出すことによるが、最後の物体は最初の物体のあった場所に入る。それゆえすべての物体は円環をなして運動する。また、物質は無際限に分割される。（24–35）

• 神は運動の第一原因であって、はじめに物質を運動および静止とともに創造し、今も宇宙のうちにつねに同一の運動量を保存している。神の不変性から三つの自然法則が認識される。第一は、いったん動かされたものはいつまでも運動を続けること、第二は、すべての運動は直線運動を続けることである［これらは慣性の法則］。第三は、ある物体が他の物体に衝突するとき、相互の力関係によってその物体は運動を失って静止したり、失わずに逆方向にはじかれたりすることである［衝突の法則］。その際の力は現在の状態を維持する傾向をもつ。（36–44）

• 衝突には場合に応じて七つの規則が考えられるが、物体が固体であるか流体であるかによって異なる。固体とは物体の諸部分が密着して静止している状態であり、流体とは諸部分が互いに違った運動によってゆり動かされている状態である。静止によって固体の諸部分は一つに結び付けら

れる。固体と流体の運動に関する相互の力関係はさまざまである。(45–63)

・物体的事物の質料として認められるのは、量とその分割・形・運動のみであり、これによってあらゆる自然現象は説明される。(64)

第二部の特徴は、物質をもっぱら延長とみなし、物質とその運動から身体も含めた全自然を説明しようとする点にある。自然から「隠れた力」を除去し、自然をただ機械的・幾何学的な展開と見るのである。これがデカルトの自然学の基本であり、最もアピールした点であった。当時論争のあった虚空間の否定、渦動説、物質の無限分割可能性もそこからの帰結である。運動や空間（静止）について相対的な見方をしているのも特徴であるが、このとき実は絶対運動や絶対空間が肯定されていたとも解釈される（野田又夫『デカルト』弘文堂、pp. 236–238）。ただ、運動量は運動の方向と相関的であるので、それが方向とは無関係に定まるとした自然の第三法則（衝突の法則）は間違っており、すぐにホイヘンスの訂正を受けることになる。ニュートンの運動量保存の法則でも運動量は方向量と解されている。しかし、ニュートンらに先んじて衝突の問題を運動量の保存を基礎にして扱うべきものとして定式化したのはデカルトの功績である（広重徹『物理学史Ⅰ』培風館 p. 65）。なお、運動量については有名なライプニッツの批判がある（ライプニッツ『形而上学叙説』17）。すなわち、同一のものとして保存されるのはデカルトの言うような運動量 mv ではなく、活力 mv^2（m は質量、v は速度）とすべきである、と。この論争は一八世紀のダランベールによって、力学に関するかぎり双方とも正しいと認定されることになる。

第三部「可視的世界について」

・自然現象一般を説明する際に注意すべきなのは、神の無限な力とその業《わざ》の広大さに注意を払うこと、神の創造の目的がわれわれによって理解されるとか、世界はわれわれのためだけに創られたとか想定すべきではないこと、である。(1‐3)

・太陽やその他の恒星は地球よりはるかに大きい。太陽以外の恒星は土星よりはるか遠くにある。恒星はみずから発光するが、遊星は発光しない。恒星は互いに同じ距離関係を保つが、遊星は保たない。(4‐14)

・遊星の運動の説明には諸説ある。コペルニクスは地球に運動を帰しているが、地球には本来の意味での運動はない。太陽などの恒星は不動で自分のまわりに広大な空間をもつ。天は流動体であり、そこに含まれる物体を自らとともに運ぶ。それゆえ、地球などの遊星は本来不動であるが、それらを含む天の運動によって運ばれ、太陽のまわりを巡っている［この意味では地球は動いている］。遊星の中心は同一平面上にあるのでも、その軌道は完全な円であるのでもない。この仮説によって天文学の現象はすべて容易に説明され、ティコ＝ブラーエの難点なども回避される。(15‐41)

・世界を知るには、まず一般的な現象の原因を決定し、その後、原因からの演繹によって特殊な現象のすべてが説明できれば十分である。以下の論述はさし当たりすべて仮説とする。神が世界を最初から完全な姿で創造したことは真だとしても、それを若干の原理（種子）からの成長と考えることは世界を理解するのに役立つ。(42–45)

・最初に神は全物質を等しい大きさの粒子に分割し、それらに運動を与えた。粒子は運動して現在ある天と同じ数の渦をつくりあげた。自然法則に従い、これらの粒子は衝突によって徐々に球形になり、これら粒子相互の隙間を埋めるために、きわめて速く動く微粒子が生じた。この微粒子が第一元素として恒星を、球形粒子が第二元素として天を構成した。さらにその後、運動に適さない形をした物質が合成され、それが第三元素として遊星と彗星を構成した。(46–53)

・第一元素が渦の中心に集まり、きわめて流動的な物体を構成した。これが太陽などの恒星である。すべて円運動する物体は、その運動の速度に比例して中心から遠ざかる傾向力 conatus をもつ。この傾向力こそが光であり、あらゆる方向に等しく、最短時間でどんな遠方へも直線的に伝わるという光の特性がこれによって説明される。(54–64)

・天の運動も三元素によって説明される。天には無数の渦があり、渦相互の間の第一元素の流れによって太陽の位置や運動や太陽光の拡散が説明される。第二元素の小球の速さと大きさは、太陽や渦との位置関係で決まってくる。第一元素のうちで運動の遅いものは付着しあい、溝をもった微粒子を形成する。この有溝粒子が第三元素である。(65–93)

・有溝粒子は太陽に達するとその表面に留まり、互いに付着しあって大きな塊（黒点）をつくる。黒点は太陽の運動によって分解されるが、分解された粒子の一部が運動に適さないまま天に追いやられると、太陽の周辺にエーテル aether を生みだす。黒点と恒星の出現との関係はさまざまであり、ある星がより多くの黒点をもつこともある。(94–118)

・黒点に覆われた恒星が彗星になるか遊星になるかは、その黒点の集合（球体）の堅固さ・揺動・渦との力関係から決定される。堅固さとは第三元素の物質の量が多いことであり、揺動とは自分の運動を固持しようとする力である。金や鉛などの金属は、ひとたび動かされると大きな揺動を保持する。天の小球のいくつかはある星よりも堅固だが、他の小球はそうではない理由。（119-125）

・彗星の運動のはじまりと運動の継続。彗星の諸現象の説明。恒星の光の到達。恒星の場所。彗星の見え方。彗星の髪（尾）とその要因である屈折。その髪の見え方。光梁。彗星の髪が恒星や遊星のまわりに現われない理由。遊星の運動のはじまり。遊星が放浪する諸原因。遊星の最初の産出。遊星と太陽との関係。月と地球の回転。その速度と向き。木星と土星の衛星の運動。（126-154）

・地球の赤道の極と黄道の極とが互いに大きく隔たっている理由。遊星は完全な円運動をしない。宇宙にある物体はすべて相互に影響し、物体の運動は無数のしかたで変化する。（155-157）

第二部が自然学の総論とするなら第三部・第四部は各論である。物質的事物の原理から個々の自然現象を具体的に説明するものである。量的には『原理』の大半を占めており、デカルト自然学総覧の観がある。当時はこれらの部分が最も注目を集めたと思われる。第三部で特記すべきはデカルトの地動説の理解であろう。「地球はみずからの天のうちで静止しているが、その天によって運ばれている」（III-26）。すなわち、地球はそれを取り巻く渦巻き運動に関しては静止しているが、大きく見れば地球も全宇宙の渦巻き運動のなかにあるので、その意味で地球は動いており自転・公転している。デカルトはコペルニクスの仮説（地動説）をこのように解し、「運動を地球に帰すべき理由は確実で明証的である」（III-38）としている。これは地球静止説と地動説との調停と言えよう。宇宙生成論も特徴的である。すなわち、最初宇宙には等しい大きさの粒子があったが、それらが渦巻き運動をするなかで三種の微粒子（火・気・地の三元素）が構成され、次第に現在のような宇宙が形成されたとするものである。デカルトは、これが『聖書』の「創世記」とは矛盾せず、むしろそれをよりよく説明するものと考えている。この論はすでに『世界論』で寓話として提出されていたが、ここでも仮説として提出されている。ただ、それが経験と一致すれば十分だとしている。その他、太陽の黒点、エーテル、彗星、光についての議論もしばしば特徴的なものとして取り上げられることがある。

第四部「地球について」

・仮説としての地球の生成。地球はかつて太陽と同じように第一元素の物質のみからなっていたが、有溝粒子、および他の微粒子が相互に付着しあって、第三元素の物質に変化した。地球は内部、中間、外部の三領域から成っており、それぞれ第一、第二、第三元素に相当する。第三元素の諸粒子の生成。（1-13）

・地球の外部における多様な物体の形成。これらの物体を生じさせた第一の作用は天の小球の運動であり、その結果、物体を透明にし、互いに引き離し、液体を純化し、その滴を丸くした。第二の作用は重さである。物質の重さとはなにか。第三の作用は光であり、第四の作用は熱である。(14-31)

• 地球の最上部の領域Aは、希薄で流動的で透明な物体Bと、濃密で固く不透明な物体Cとに区別される(いずれも第三元素からなる)。そこから第三の物体D、第四の物体Eが形成された。Bは空気、Cは大地の内部、Dは水、Eは大地の外部に相当する。(32-44)

• 空気とは非常に微細で互いに切り離されている第三元素の粒子の集積にほかならない。空気は極めて希薄で流動的で透明な物体であり、冷によって濃密化、熱によって希薄化する。空気はより広い場所に瞬時に広がろうとする力をもつ。水のもつ粒子の状態によって、水は空気になったり氷になったりする。海の干満は非常に小さな天の渦が原因となっている。(45-56)

• 内側の大地を構成する粒から、水銀、大地の熱、明礬、瀝青、硫黄、金属などが生成する。外側の大地に関しては、水は水蒸気になって雲にまで運ばれるが、ふたたび水となって大地の泉や河を形成し、海に流れこむ。大地の内から外へと上昇してくる水蒸気や精気などの粒子の混合の具合から、石、鉱物、硫黄、粘土、油などが生じる。だが、それらの粒子が油に変わることなく地中に溜まり、発火すると地震が発生する。地震の際にはいくつかの山が噴火するが、それは山の下には多くのくぼみがあり、また粒子が大きいので焔の噴出が容易であるからである。(57-79)

• 火と空気との相違については、地の粒子が第一元素の速い運動に従うときには火となり、第二元素の小球の揺動をまねるときには空気となる。空気は分厚い第三元素を必要としないが、火はそれを必要とする。火の発生、保存、燃料。火はいかにして火打石、乾いた木、太陽光線、激しい運動、蒸発物から生じるか。雷や流れ星における火。海水の滴や朽ち木の発光。干草や石灰の発熱。洞窟のなかの火。(80–94)

・蠟燭の燃焼に見られるように、火が維持されるためには、火の中に第一元素によって動かされる地の諸粒子が十分にあり、その諸粒子が補給され続け、火がなんらかの物体に付着していることが必要である。水のように燃えないもの。木のように燃える物体。焰をあげる物体とそうでない物体。炭における火の保存。硫黄、硝石、火薬、炭など。火の効果については、火によって固体を構成する粒子が分離されると物体は液化するが、流動的粒子が蒸発させられ、残った粒子がより緊密に結合すると固くなる。さらに強烈な火が与えられ続けると、固まって石灰化した粒子の表面が滑らかになり、透明で硬直したガラスになる。(95–132)

・磁石について。地球の中間領域で一方の極から他方の極へ進む有溝粒子を受け入れるのに適した通路をもつのは、鉄のみである。鉄をさらに精錬したものが鋼鉄である。磁石と鉄と鋼鉄の違いは、有溝粒子を受け入れる通路の状態の相違のみに存する。磁石はそれぞれの方向から来る有溝粒子を受け入れるのに適した出入口を備えているのに対し、鋼鉄や鉄は有溝粒子の出入口の方向性や位置が多様で不確定である。(133–144)

・地球の一方の極から他方の極へと進む有溝粒子には、南極から北極へ進むものと、その逆のものとがある。両者はそれぞれ全く別の仕方でねじれており、それぞれの専用通路をもつ。空気中や水中には有溝粒子の専用通路がないが、外側の大地では、磁石のうちにのみ有溝粒子が容易に通過できる通路がある。磁石のもつ磁気力は、磁石内部に流れるこの有溝粒子の運動がもたらす力として理解される。この原理から、磁石のさまざまな現象が解明される。琥珀やガラスがもつ引力も、それらの物体の通路内にある第一元素の物質から構成された粒子の運動がその原因である。物体のうちには隠れた力なるものは存在しない。すべては物質の諸粒子の形・大きさ・位置・運動によって説明される。(145–187)

- 一般に感覚とは、脳内に引き起こされたさまざまな運動から、それと緊密に結合している精神に直接生じる多様な変容である。感覚は内部感覚(自然的欲求・心の情動)と、外部感覚(触覚・味覚・嗅覚・聴覚・視覚)とに分けられる。(188–195)
- 身体における場所的運動のみによって、この運動とは全く類似性をもたない様々な感覚が、精神に引き起こされる。実体的形相や実在的性質を想定する必要はなく、感覚的諸性質はすべて、物体の諸粒子の大きさ・形・運動から説明可能である。(196–200)
- 物体のうちには、いかなる感覚によっても知覚されない多くの微粒子が存在すると考えるべきである。その意味はデモクリトスとは異なる。自然学においては、感覚される結果や部分から出発して、感覚されない微小部分がどのようなものであるかを探究すべきである。(201–204)
- 少数の原理から多くのことが演繹されたという事実が、これらの原理が少なくとも実践的には確実であることを示している。物質的事物の存在や、それについてなされる推論のすべては、形而上学や数学の論証と同様に、実践的確実性以上の確実性をもつといえる。しかし、これらすべての見解は教会の権威に委ねられるべきであろう。(205–207)

第四部では地球の生成が話題になっている。現在の学問領域で言えば、地質学、海洋学、鉱物学、地球物理学などが主題である。たとえば、三元素による地球の生成、空気、海の干満、金属、鉱物、地震、火山、火、蠟燭、火薬、石灰、ガラスなどが論じられている。とりわけ、W・ギルバート（一五四四―一六〇三）が発見した磁気の解明に多くのページが割かれ、磁気現象を粒子（第一元素から成る有溝粒子）の形と運動のみによって説明している点が注目される（デカルトは『序説』においても、ハーヴェーの説に対して心臓の運動をもっぱら機械論的に説明した）。要するに、デカルトは個々の自然現象にいたるまで、すべてを「あたかも一つの機械のように、その形と運動だけを考慮しながら記述」（IV-188）しようと試みたのであり、これが『原理』の自然学の最大の特徴であろう。189節以下の感覚についての記述は本来第六部に入れるはずのものであるが、心身の相互関係を背景に感覚論を総括したものとして重要である。幻肢痛の少女の例（IV-196）、デモクリトスの原子論との相違（IV-202）、感覚の実践的確実性（IV-205）はしばしば引用される。

　第五部「動物および植物の状態について」、第六部「人間の本性について」が書かれなかった理由は、まだ完全に明らかになっていないことがあり、それを完成させるに足る閑暇と「実験が不足している」（IV-188仏訳）からであったという。だが、『人間論』はすでに書かれているし、解剖学や胎生学などについての膨大な断片（『動物発生論』、『解剖学摘要』、『人体の記述』など）が残されている。かなりの準備をしていたにもかかわらず、最も書きたかったものを仕上げることができなかった。デカルトは、精神と身体とを併せもった人間が物質的原理だけでは説明できない「複雑系」であることを感じていたのであろう。書かれなかった第六部は、部分的に『情念論』に流れ込んでいると思われる。

(3) ユスタッシュ『哲学大全』第四部目次

すでに述べたように、ユスタッシュ・ド・サン・ポールの『哲学大全』は『原理』が書かれるのに際して、スコラの標準を示すいわばベンチ・マークであった可能性が高い。ここに訳出を試みたのは、「哲学大全第四部すなわち形而上学の目次」Index per ordinem in Quarta pars *Summae Philosophiae*, quae est Metaphysica である。これは四ページからなる短い文書である。

著者ユスタッシュ(ラテン名、エウスタキウス・ア・サンクト・パウロ Eustachius a Sancto Paulo)は一五七三年にパリで生まれ、後に枢機卿となるベリュールと共にソルボンヌに学んだ。一六〇四年に神学博士となり、一六〇六年シトー会の一派であるフイアン修道会に入会した。一六〇九年ソルボンヌの哲学教授を務めるなかで『哲学大全四部作』を出版し、当代一流のスコラ学者と称せられた。カトリックの聖人フランソワ・ド・サール(フランシスコ・サレジオ)とも交わり、一六四〇年にパリに没した。

『哲学大全』はスコラ哲学のエッセンスを、弁証論(論理学)、道徳論、自然学、形而上学にわたって論じたものである。第一部の弁証論では、普遍、カテゴリー、定義、命題、方法、三段論法などが論じられる。第二部の道徳論では、善悪、至福、行為の諸原理、情念、徳と悪徳が、第三部の自然学では、物体の本性と原理、天と地、諸元素、植物的霊魂、感覚的霊魂、理性的霊魂などが、それぞれ論じられる。第四部の形而上学では、存在者ens についての諸問題が分析され、「抽象的および霊的なことがらが含まれる」。

これはアリストテレス＝トマスの伝統を引き継ぐ典型的なスコラの教科書であるが、ルネサンス人文主義の影響を受けているといわれる。一六四八年までに多くの版を重ねたことからも分かるように、近世スコラの最良のテキストとされ、デカルトもその価値を認めていた。量的には全部で一〇〇〇ページを超える大著だが、スアレスやフォンセカなど当時の膨大なスコラの類書のなかでは、まだしも簡潔なほうである。

この書の記述の順序について言えば、形而上学が自然学の後に位置しているのは、スコラの哲学教育の順序に沿ったものである。少年時代にデカルトが教わったラフレーシ学院のカリキュラムでも、形而上学は最終学年で履修することになっていた。しかるに『原理』はその位置を転倒させ、形而上学を諸学の基礎として最初に学ぶべきものとしている。ただ、これは必ずしもデカルトの独創ではなく、当時のスコラの書にも自然学の前に形而上学を位置づけるものがあったという (R. Ariew, Les *Principia* et la *Summa Philosophica Quadripartita*, in Armogathe et Belgioioso éd., *Descartes etc.* pp. 482-483)。

記述内容について言えば、自然学の部分が最も多く、ついで弁証論、道徳論と続き、第四部の形而上学は最も少ない。ユスタッシュの主眼は、スコラ的形而上学の要約よりも新しい自然学の紹介にあったのかもしれない。すでに述べたように、デカルトの『原理』においても自然学がその大部分を占めており、形而上学は全体の一割にすぎない。また『原理』では弁証論や道徳論は論題になっていない。

もとより、ユスタッシュの第四部だけがデカルトの『原理』第一部に対応しているわけではない。むしろ『哲学大全』の全体がデカルトの形而上学に対応するとも考えられる。たとえば、その弁証論では、精神による把握・判断・議論、混乱と判明、真偽、方法、証明、学知・意見・信念などの議論がデカルトに対応している。道徳論では、知性と意志、自由意志が、自然学では、物体と量、作用因、無限、霊魂と身体、霊魂の諸性質、感覚の誤り、共通感覚、想像、理性的霊魂の不死、霊魂の認識などの主題が、対応すると考えられる。しかし、『原理』第一部と最も深くかかわるのは、やはり形而上学が踏まえていたスコラの第四部であろう。また、このテキストはデカルトの形而上学の主題を扱った議論がどういうものであり、両者がどう違うかを示す貴重な資料でもあろう。

ユスタッシュのテキストは一六〇九年のパリ初版本を使用した。重要と思われる箇所については小文字でその内容を要約し、［ ］でデカルトとの異同などを指摘しておいた。その際、E. Gilson, *Index scolastico-cartésien*. Paris. 1913, 1979 および R. Ariew, J. Cottingham & T. Sorell, ed., *Descartes's Meditations : Background Source Materials.*

Cambridge. 1998を参照した。前者は用語別にユスタッシュの参照箇所を教えてくれて極めて貴重である。後者の第6章(pp. 68-96)は『哲学大全』の梗概を示し、かつデカルトとの関連箇所を摘出していて便利である。

抽象的および霊的なことがらが含まれる「哲学大全」第四部目次

形而上学における先行問題

序

哲学のこの部分は、その主要な部分であるので第一哲学とも、他の諸原理がそこに由来するので知恵とも、自然学がそこから派出するので形而上学とも称される。

第一問題　形而上学とは何であり、どういうものか。

形而上学は、存在者ensの本性、原理、特性、諸部分を問う。事物の究極原因を扱うので、学問というよりも知恵sapientiaという名前が相応しい。[存在者であるかぎりの存在者ens inquantum ensを扱うのがアリストテレスの形而上学であったが、デカルトにおいては最初から存在者一般の特性を問うのではなく、われ・神・世界を探求するなかで、それぞれの存在者の存在と本質とが特殊的に問題にされる。]

第二問題　形而上学の対象は何か。

形而上学の対象は、神や実体でも、概念的存在者でもない。それは、神と被造物とに共通な、それ自体で十全な真なる存在者である。

第三問題　形而上学の主要な役目は何か。

形而上学の役目は他の諸学の対象を決め、それらを支え、それらの原理を証明することである。

第四問題　この形而上学の部分の探求ではどういう順序にしたがうべきか。

存在者の本性（概念）、その原理（本質と存在）、特性（一、真、善、必然と偶然など）、区分（被造的存在者と非創造的存在者の区分、実体と偶有性、天使、神）の順序で論じる。

形而上学第一部、あるいは存在者の本性についての論考

第一討論　存在者の概念について

第一問題　存在者という名前で何が意味されるか。

存在者 ens とは、存在そのもの（存在）と、あるところのもの（本質）の二義の複合である。

第二問題　一般に形相的および表象的概念とは何か。

表象的概念 conceptus objectivus とは本当の意味での概念ではなく、概念されたものである。形相的概念 conceptus formalis が知性によって理解されたものの現実的類似であるのに対して、表象的概念は形相的概念によって知性に表現されたものである。［デカルトの「表象的」と同じ使い方がここに見出される。］

第三問題　形相的存在者の概念とは何か。

第四問題　表象的存在者の概念とは何か。

第二討論　存在者の共通性、および存在者と下位のものとの一致について

第一問題　存在者の主要な区分はどういうものか。

第二問題　一般的な意味での実在的存在者の様態とは何であり、どういうものか。

第三問題　いかにして事物的存在者について存在者が語られ、若干の概念的存在者がある場合には概念的存在者について存在者が語られるか。

概念的存在者ens rationisとは実際に存在するものではなく、知性において表象的にのみ存在しうるものである。それには、否定、欠如、二次志向（知性で捉えたものへの志向）の三種がある。

第四問題　いかにして自体的存在者と偶有的存在者について存在者が語られるか。

第五問題　いかにして現実的存在者と可能的存在者について存在者が語られるか。

第六問題　いかにして神と被造物について、また実体と偶有性について存在者が語られるか。

形而上学第二部、あるいは存在者の諸原理についての論考

原理には複合的complexusなものと非複合的incomplexusなものとがある。それらは最初のエレメントであって、他のすべてのものがそこから構成されるので、諸学の原理とされる。まず　複合的な原理として最も共通的な公理について述べ、ついで非複合的原理として存在、本質について述べる。

第一討論　存在者の複合的な諸原理について。

第一問題　それらの諸原理とは何か。

以下の四つの原理がある。ものが同時にありかつあらぬことはできない。どんなものも、あるかないかのいずれかである。何であれあるものは、それがある間はあらねばならない。何であれ存在をもつものは真であり、善である。これに対して、共通性がやや少ない原理としては次の二つがある。全体はその部分よりも大きい。等しいものから等しいものを取り除いても、残りは等しい。

第二問題　すべての原理のうちで第一の最も確固たるものは何か。
アリストレスの言うように、「ものが同時にありかつあらぬことはできない」は最も確固たる第一原理である。それはすべての結論を可能にするだけでなく、ア・プリオリに認められるべき他の諸原理を可能にする。
第三問題　第一原理はまったく論証できないかどうか。
「ものが同時にありかつあらぬことはできない」という第一原理は、アリストテレスにしたがえば論証するまでもない真理である。ただ、知性の仮説によってそれを疑うことはできる。たとえば、ペテロは先ほど座っていたが今は立っている場合、ペテロは座りかつ立っていると言うことができ、上の公理はつねに真であるわけではない。
第二討論　存在者の非複合的な諸原理、本質と存在について。
第一問題　事物のさまざまな種類において、本質の根拠は何にもとづくか。
第二問題　いかにして事物の本質は不可分割的といわれるか。
第三問題　事物の本質は永遠であるか。
事物の本質は永遠であって創造も破壊もされないと考える神学者たちがいる。たしかに、事物の本質が表象的・仮想的である場合、それらは神の力において永遠であると言える。もっともそれは存在には関しない。しかし、事物の本質が現実的である場合、それは永遠とは言えない。事物の本質が産出以前にも現実的と言えるのは、実際に存在するからではなく、実際に存在することが可能であるからである。
［ここにはデカルトの永遠真理創造説とは異なる見解が述べられている。］
第四問題　事物に適合する存在とは何であるか。

第一に、神の存在と被造物は整合する。…存在は神において本質的であるので、神が存在しないことは矛盾である。かりに神が現実に存在するものではないと理解されるとしたなら、神の完全性において何か欠けるものがあることになり、それは神の現実的無限性とまったく整合しない。第二に、存在は実体と偶有性に整合する。第三に、存在はそれ自体として個別的なものに整合し、他を介して普遍的なものに整合する。［この議論は、デカルトのいわゆる存在論的証明を髣髴させる。］

第五問題　いかにして存在は本質から区別されるか。

第六問題　存在にはどれだけのものがあるか。

存在 existentia は、実体的・偶有的存在、単純・複合的存在、実在的・形相的存在の三つに分類される。

第七問題　基体と措定が論じられる場合の自存について。

第八問題　固有性について。

固有性 inhaerentia とは偶有性の本来のありかたである。それは事物の本質ではなく、事物の存在の仕方にほかならない。また、事物から切り離された固有性は、それ自体において積極的にあるのではなく、他において消極的にあるにすぎない。

第九問題　存在性について。

存在性 entitas は実体や固有性のように存在に関するのではなく、本質に関していて偶有性についても言われる。存在性は本質と実在的には同一だが、しかし形相的に異なる。

形而上学第三部、あるいは存在者の特性についての論考

第一討論　存在者の特性一般について。

第一問題　存在者の真なる特性は与えられるか。
第二問題　存在者の特性にはどれだけのものがあるか。
それには二種類ある。一、真、善などの単純なものと、現実態、可能態、同一、差異、偶然、必然などの複合的なものとである。

第二討論　存在者の単純な特性について。

一について。

第一問題　一は存在者の真なる受動か。
第二問題　一が存在者に与えるものは何か。あるいは一の形相的な主要概念は何か。
第三問題　一性のさまざまな種類について。
第四問題　数的な一性の原理、すなわち個体化の原理とはどのようなものか。
第五問題　いったん滅んだものが同じ数において再生されることができるか。
第六問題　存在者が一と多に分割されることについて。

真について。

第七問題　真は存在者の固有な受動か。
真とは本来存在者 ens の状態である。真は存在者に由来し、逆に存在者は真でもある。すべての存在者は、存在するかぎりにおいて神の知性と整合し、真である。
第八問題　真理とは何であり、どれだけのものがあるか。
真理は一般に、事物と知性との整合あるいは一致と言われる。この定義には二つのものがある。認識している知性と、認識された事物とである。それゆえ、認識の真理と認識された事物の真理との二つがある。

第九問題　真理の超範疇的な根拠は何にもとづくか。

超範疇的な真理 veritas transcendens とは、神の知性と事物との一致の関係にほかならない。その関係は実在的ではなく概念的である。超範疇的な真理は、すべての真理の源にして起源である神の知性の真理に依存している。

善について。

第十問題　善は存在者の特性であるか。

第十一問題　超範疇的な善の形相的根拠は何か。

第十二問題　善と完全性とは同一であるか。

善と存在者とはことがらにおいては同一であるが、概念においては異なる。

第十三問題　悪とは何か、善なしの悪というものが何かありうるか。

第三討論　存在者の複合的な特性について。

必然と偶然について。

第一問題　必然とは何であり、どれだけあるか。

第二問題　端的に必然的な存在者が何か与えられるか。

第三問題　生成に関するかぎり、あるいはその原因の必然的作用から、端的に必然的な存在者が与えられるか。

第四問題　偶然について、そうしたものがあるか。それは何でありなぜそうなのか。

同一と差異について。

第五問題　同一と区別の主要な種類はどういうものか。
第六問題　実在的区別とはどのようなものか。
実在的区別 distinctio realis とは、あるものが他のものから区別されるように区別されることである。そのためには、あるものが他のものが除去されても残るというだけでは十分でなく、それが少なくとも神の力によって別にありうるか、あるいはあるものが産出する根拠をもち、他のものは産出される根拠をもつのでなければならない。
第七問題　事物の本性による区別とはどのようなものか。
事物の本性による区別 distinctio a natura rei とは、あるものが主として知性のはたらきによって他のものから区別されることである。それには形相的区別、様態的区別、可能的区別の三つがある。このうち様態的区別 distinctio modalis とは、存在者が様相によって他の存在者から区別されることである。ちょうど主体のうちにある存在量が、主体の外にあるそれから区別されるように。実在的区別が事物のレベルの区別であるのに対して、事物の本性による区別はその名に反して知性のレベルでの区別である。
［以下に付された区別の表によれば、観念的区別と非観念的区別とがまずあり、後者について実在的区別と事物の本性による区別がなされている。これらの議論は『原理』I-60 以下に対応している。］
第八問題　観念的区別とはどのようなものか。
観念的区別 distinctio rationis とは、ただ知性のみによってなされる区別である。
現実態と可能態について。
第九問題　現実態あるいは可能態における存在者とは何か。
第十問題　能動的可能態と受動的可能態について。

第十一問題　中立的可能態について。
第十二問題　客観的可能態は認められるべきか。
第十三問題　従属的可能態は与えられるか。

形而上学第四部、あるいは存在者の諸区分についての論考

第一討論　実体と偶有性一般について。
第一問題　実体と偶有性とどう違うか。
第二問題　偶有性の形相的根拠は何にもとづくか。神は偶有性を主体とは別に保存することができるか。
第三問題　いかにして偶有性はすべての種類のものに新たに適合するか。
第四問題　数において同一の偶有性が多くの主体において同時にありうるか、また数において複数の偶有性が同一の主体に同時にありうるか。
第二討論　霊的な被造的実体、すなわち知性実体について。
第一問題　知性実体なるものは与えられるか。
［ここで知性実体 Intelligentia とは天使を指している。この用法はデカルトにはあまり見られない。］
第二問題　知性実体とは何か。
第三問題　天使は肉体を要求するか。
第四問題　天使にはどれだけの数があるか。
第五問題　天使の間の差異はどのようなものか。

第三討論　非創造的実体、すなわち神について。

第一問題　神の存在はいかなる仕方でわれわれによって認識されうるか。

われわれは、自然の光によって、神の存在だけでなく本質についてもある程度認識することができる。すなわち自然的推論の力によって、神は無限な存在者であり、創造されざる実体であり、第一原因にして最善なものである、などの神の概念を形成することができる。

第二問題　神は証明されうるか。また、いかにして証明されるか。

神の存在をわれわれはア・プリオリには証明できないが、ア・ポステリオリに証明できる。神の本質を完全に認識することはできないが、神が存在することは明らかに認識することができる。［以下、トマスの五つの道による証明が略述される。デカルトのいわゆる存在論的証明（『原理』I-14〜16）はア・プリオリな証明と見なしうる。］

第三問題　神において存在はその本質か。

第四問題　神の本質はすべての複合を免れているか。

第五問題　神の本質は自存性とどう関わるか。

第六問題　いかにして神はいたるところに存在するか。

第七問題　神において力あるいは能力を認めるべきか。

神においては神の本質と異なる力や能力はありえない。知性と意志の能力が神に帰される。

第八問題　いかなる作用の種類が神に帰されるか。

第九問題　神の主要属性はいかなるものか。

（4）文献

『原理』の原典

Renati Descartes Principia philosophiae. Amsterdam. 1644（初版）

René Descartes Principia philosophiae. Ristampa anastatica dell'edizione 1644 eseguita in occasione del 350° della pubblicazione. Lecce. 1994（初版の復刻本）

Principia Philisophiae. Œuvres de Descartes, publiées par Charles Adam & Paul Tannery. Tome VIII-1. Paris. 1903, 1996（このAT版は現在も標準とすべき全集である。）

A. Gombay éd., *Œuvres Complètes de René Descartes.* Past Masters. InteLex Corporation. 1992（AT版をデータベース化したもの。ラテン語テキストの直後に仏訳を配置する。）

その他の原典

Œuvres de Descartes, publiées par Charles Adam & Paul Tannery. Paris. 1996

Eustache de Saint Paul, *Summa Philosophiae Quadripartita, de rebus Dialecticis, Moralibus, Physicis et Metaphysicis.* Paris. 1609

I. Kant. *Kritik der reinen Vernunft.* Riga. 1781, 1787

—, *Prolegomena zu einer jeden künftigen Metaphysik.* Riga. 1783

（*Kants gesammelte Schriften, herausgegeben von der Königlich Preußischen Akademie der Wissenschaften Band.* III & IV. Berlin. 1911）

G.W. Leibniz, *Animadversiones in partem generalem Principiorum Cartesianorum.* 1692
—, *Meditationes de cogitatione,veritate et ideis.* 1684
—, *Principes de la nature et de la Grâce fondés en raison.* 1718
(C.I. Gerhardt ed., *Die Philosophischen Schriften von G.W. Leibniz.* Band 4 & 6. Berlin. 1880, Hildesheim. 1965)
N. Malebranche, *Entretiens sur la Métaphysique et sur la religion.* Paris. 1688
(A. Robinet éd., *Œuvres compèletes de Malebranche.* Tome XII-XIII. Paris. 1965)
M. de Montaigne, *Les Essais.* Paris. 1580, 1588
(P. Villey éd., *Les Essais de Michel de Montaigne.* Paris. 1965)
B. Pascal, *De l'esprit géomētrique.* 1728 (1657 執筆)
—, *Pensées.* 1671
(G. Ferreyrolles et P. Sellier éd., *Pascal. Les Provinciales, Pensées et Opuscules divers.* Paris. 2004)
B. Spinoza, *Renati des Cartes Principiorum Philosophiae pars I et II. Cogitata Metaphysica.* 1663
—, *Tractatus de intellectus emendatione.* 1677
—, *Ethica, ordine geometrico demonstrata.* 1677
(C. Gebhardt ed., *Spinoza Opera.* Band. 1 & 2. Heidelberg. 1925)

翻訳

Les Principes de la philosophie, écrits en latin par René Descartes, et traduits en français par un de ses

amis. Paris. 1647（ピコによる仏訳第一版。デカルト自身の校閲を経ているので原典に準ずるが、ラテン語原本との間には懸隔がある。）
Principes de la Philosohpie. Œuvres de Descartes, publiées par Charles Adam & Paul Tannery. Tome IX-2. Paris. 1905, 1996（クレルスリエの校訂仏訳第四版1681をも勘案）
René Descartes. *Œuvre scientifique ; t. 5 Les Principes de la Philosophie 1re et 2e parties*. Classiques de l'histoire des sciences ; no 2. Paleo. 1999.
F. Alquié éd., *Œuvres philosophiques de Descartes*. tome III. Paris. 1973（Alquiéと略記）
A. Bridoux éd., *Œuvres et lettres de Descartes*. Paris. 1953
A. Buchenau tr., *René Descartes : Die Prinzipien der Philosophie*. Hamburg. 1922, 1992（ドイツ語による全訳）
J. Cottingham, R. Stoothhoff & D. Murdoch tr., *The Philosophical Writings of Descartes*. vol. I. Cambridge. 1985
G. Durandin éd., *R. Descartes : Les Principes de la philosophie* (Première partie). Paris. 1950, 1965（第一部についての学生用テキスト）
E.S. Haldane & G.R.T. Ross tr., *The Philosphical Works of Descartes*. Vol. I. Cambridge. 1911, 1981
A.R. & R.P. Miller tr., *R. Descartes : Principles of Philosophy*. Dordrecht. 1983（英語による全訳）
D. Moreau éd., Descartes : *Lettre-Préface des Principes de la philosophie*. Paris. 1996（「仏訳序文」についての学生用テキスト）
出隆訳『デカルト　方法・省察・原理』大村書店 1919
佐藤信衛訳『哲学の原理』（『デカルト選集』第2巻）創元社 1951

枡田啓三郎訳『哲学の原理』（『世界大思想全集』第7巻河出書房 1956、『世界の大思想』河出書房新社 1965、角川文庫 1969）

桂寿一訳『哲学原理』岩波文庫 1964（桂と略記）

井上庄七・水野和久訳『哲学の原理』（野田又夫編『世界の名著・デカルト』中央公論社 1967、中公クラシックス『デカルト・方法序説ほか』中央公論新社 2001）

三輪正・本多英太郎訳『哲学原理』（『デカルト著作集3』白水社 1973）

井上庄七・小林道夫編『科学の名著 デカルト・哲学の原理』朝日出版社 1988（本邦初の全訳）

伝記

Ch. Adam, *Vie et œuvres de Descartes*. Paris. 1910

A. Baillet, *La vie de Monsieur Descartes*. Paris. 1691, Genève. 1970

—, *Vie de Monsieur Descartes, réduite en Abrégé*. Paris. 1692, 1946, 1992（井沢義雄・井上庄七訳『デカルト伝』講談社 1979）

G. Rodis-Lewis, *Descartes. Biographie*. Paris. 1995（飯塚勝久訳『デカルト伝』未來社 1998）

S. Gaukroger, *Descartes. An Intellectual Biography*. Oxford. 1995

研究（本書の主題に関連した主要文献を挙げるにとどめる）

F. Alquié, *Notes sur la première partie des principes de la philosophie de Descartes*. Carcasonne. 1933（筆者未見）

R. Ariew, Descartes and scholasticism : the intellectual background to Descartes' thought, in J. Cottingham ed., *The Cambridge Companion to Descartes.* Cambridge. 1992（宮崎隆訳「デカルトとスコラ哲学―デカルト思想の知的背景」『現代デカルト論集II』勁草書房 1996）

—, Les *Principia* et la *Summa Philosophica Quadripartita*, in J.-R. Armogathe et G. Belgioioso éd., *Descartes : Principia Philosophiae* (*1644-1994*). Napoli. 1996

—, J. Cottingham & T. Sorrell, *Descartes' Meditations : Background Source Materials.* Cambridge. 1998（『哲学大全』の概要を示し、デカルト哲学との関係に触れている）

—, *Descartes and the Last Scholastics.* Ithaca. 1999

J.-R. Armogathe et G. Belgioioso éd., *Descartes : Principia Philosophiae* (*1644-1994*). Napoli. 1996（イタリアでの『原理』350周年記念学会での発表をまとめた論文集）

J.-M. Beyssade, Scientia perfectissima : Analyse et synthèse dans les *Principia*, in J.-R. Armogathe et G. Belgioioso éd., *Descartes etc.*

—, L'ordre dans les *Principia*, in *Descartes au fil de l'ordre.* Paris. 2001

F. de Buzon et V. Carraud, *Descartes et les «Principia» II. Corps et mouvement.* Paris. 1994

E. Gilson, *Index scolastico-cartésien.* Paris. 1913, 1979（Gilson, Index と略記）

S. Gaukroger, *Descartes' System of Natural Philosophy.* Cambridge. 2002

D. Henrich, *Der Ontologische Gottesbeweis.* Tübingen. 1960（本間謙二・須田朗・中村文郎・座小田豊訳『神の存在論的証明―近世におけるその問題と歴史』法政大学出版局 1986）

M. Kobayashi, *La philosophie naturelle de Descartes.* Paris. 1993（小林道夫『デカルトの自然哲学』岩波書店 1996）

J.-L. Marion, *Sur la théologie blanche de Descartes*. Paris. 1981（前半部分でスコラとの関係に触れている）

F.A. Meschini, *Indice dei Principia Philosophiae di René Descartes*. Firenze. 1996（コンピュータによる網羅的な用語索引）

J. Morris, Descartes' Natural Light, in *Journal of the History of Philosophy*. 11. 1973

山田弘明『デカルト『省察』の研究』創文社 1994

—（訳編）『『方法序説』を読む—若きデカルトの生と思想』世界思想社 1995

—（訳）『デカルト＝エリザベト往復書簡』講談社学術文庫 2001

—「デカルト「ソルボンヌ書簡」の研究」『名古屋大学文学部研究論集』哲学 51. 2005

—（訳）『省察』ちくま学芸文庫 2006

あとがき

本書は『哲学原理』第一部の解説書であるが、同時にデカルト哲学への入門書のつもりである。本文には一見するとスコラの用語が多く出てきて、なじみにくい感があるかも知れない。だが、本文に続いて解釈の部分を見ていただければ、理解しやすくなるはずである。初めてデカルトを学ぶ学生に教室で話をするような気持ちで、読めば分かる書を目指したつもりである。なお、書名の「原理」は principium（単数）ではなく principia（複数）となっている。厳密にはタイトルを『哲学の諸原理』と訳すべきところである。しかし簡略を旨として、『哲学原理』とした。

今なぜデカルトの『原理』か。これには訳者の一人である山田の事情がからんでいる。以前『省察』を訳していて、『原理』第一部との微妙な差異が気になった。そして、E・ジルソンなどの研究に導かれて、スコラ哲学やユスタッシュ・ド・サン・ポールを拾い読みするようになった。同時にR・アリューなどの二次文献にも関心をもつようになった。いったい『原理』第一部とはなんであるのか。それがデカルト形而上学の終着駅であるとするなら、そこに展開されている議論をどう理解すべきか。こうした問題意識から『原理』をあらためて読み直したいと思うようになった。山田はすでに『「方法序説」を読む』（一九九五年、世界思想社）と『省察』（二〇〇六年、ちくま学芸文庫）を世に問うている。本書によってデカルト形而上学の三書の訳と注釈が完成したことになる。

数ある『原理』の邦訳があるなかで、本書の特徴はなにか。あえて言うなら、関連する他の多くのテキストを挙げて『原理』の形而上学の独自性を捉えようとしたこと、スコラ哲学との関係を意識していること、であろう。この企てがどこまで成功しているかは、読者の判断をまたねばならない。スコラについて付言するなら、中世哲学には千年の歴史があり、その奥行きの深さは最近の研究によってますます明らかになっている。われわれはスコラの深部にまで立ち入っているわけではなく、近世スコラのほんの一角に触れているにすぎない。中世と近世との接点でなにが起こり、どういう哲学の展開があったかを総合的に分析することは、中世の研究者と共同で行うべき将来的な課題だろう。

本書は、もともと名古屋大学文学部・文学研究科での演習に基づいている。学生たちと数年かけてラテン語やフランス語のテキストと格闘したものだが、三人の共訳者はそれに参加した「戦友」である（かれらは博士号をもつ若きデカルト研究者である）。その後『原理』の読み直しと資料整理を目的とした研究計画を日本学術振興会に申請し、幸いにして認められた（平成一八―一九年度、萌芽研究「デカルト『哲学原理』第一部のテキスト生成に関する歴史的研究」18652002）。このプロジェクトでは、山田が訳と解釈の案を作り、それを全員で徹底的に検討した。参照と索引は手分けして作成した。二年間におよぶ困難な作業の結果、二四五ページの報告書（平成二〇年二月）が出来上がった。本書はそれを元に構成されている。報告書の全ページを一年をかけて見直し、かなりの添削を行った。新たに「訳者解説」をつけて本書の意図をより鮮明にした。

四〇〇年近くも前の思想が現代になんの役に立つのか、とはよく聞かれる声である。すぐには役に立たないと言わざるをえない。だが、現代哲学の基本を理解するのに役立つであろう。すなわち、ここにはコギト、神、実体、心身問題などの形而上学の重要な主題があり、それらはとりもなおさず現代の問題（たとえば、「こころの哲学」）に直結している。いま、形而上学があらたに問い直される動きがあるが、デカルト哲学の諸問題は現代哲学のルーツであり、現代を根本から理解するにはデカルトと正面から向き合う必要があると思われる。

訳者の願いを聞き届け、出版を快諾してくれた筑摩書房に感謝する。とりわけ、ちくま学芸文庫の天野裕子さんには終始お世話になった。科学研究費によって支援をしてくれた日本学術振興会にも謝意を表しておきたい。

私事ではあるが、訳者の一人である山田は本書を二人の恩人に捧げたいと思う。一人は学生時代にスコラ哲学の手ほどきをして下さった京都大学名誉教授山田晶先生（二〇〇八年二月、八五歳でご逝去）、もう一人はリヨン大学大学院で博士論文のご指導をいただいたパリ大学名誉教授G・ロディス・レヴィス先生（二〇〇四年八月、八六歳でご逝去）である。この両先生なくして、訳者の今日は到底ありえなかったし、このような書が世に出ることはなかったであろう。心からご冥福を祈りたい。

訳者を代表して
二〇〇九年二月　山田弘明

univoce 一義的に
usus 習慣
　〜 vitae 実生活
utilitas 有用性
utor 使う

V

variatio 変化
vario 変化を蒙る
ventus 風
verax 誠実［な］
verbum 言葉
verisimilis 真らしい
veritas 真理
verto 回転する
verum 真理
verus 真［の］、真実［の］
via 道
video 見る
vigilia 覚醒、目覚め
vis 力
visio 視覚作用
volitio 意欲
volo 欲する、意志する
voluntas 意志
voluptas 快感
vox 言葉

quantitas 量

R

ratio 観念、根拠、仕方、本性、理性、理由
realis 実在的［な］
realiter 現実に、実在的に
recepto 受け入れる
recordatio 記憶、想起
recordor 思い起こす、想起する
recte 正しく
refero 関わらせる、帰する
regula 規則
rejecto 拒否する
repraesentative 表現的に
repraesento 表現する、表示する
reproduco 再生産する
repugno 矛盾する
requiro 要求する
res 実在性、事物、もの
～ creata 被造物
revelo 啓示する

S

sapor 味
saxum 岩石
Schola スコラ
scientia 知識
scio 知る、分かる
sejungo 分離する
semel 一度
～ in vita 一生に一度は
sensibilis 感覚的［な］、感覚できる
sensus 感覚
sentio 感覚する、感じる
separo 分離する
servio 従属する
signum 目印
similis 似た
similitudo 類似性
simplex 単純［な］
sitis 渇き
situs 位置
sol 太陽
somnium 夢
somnus 睡眠、夢
sonus 音
spatium 空間
species 種
specto 見る
stella 星
subsisto 自存する
substantia 実体
～ cogitans 思惟［する］実体
～ extensa 延長［をもつ］実体
～ intelligentis 知性的実体
summe 最高に
summus 最高［の］
superficies 表面
suppono 仮定する、想定する
suspectus 疑わしい
suspicio 疑い

T

tactilis 触覚的［な］
tempus 時間
terra 大地、地球
titillatio 快感、くすぐったさ
triangulum 三角形
tribuo 帰属する
Trinitas 三位一体
tristitia 悲しみ

U

unio 合一、合一する
universalia 普遍者
universalis 普遍的［な］

omnipotens 全能［の］
omniscius 全知［の］
operatio 作用
opinio 意見
praejudicata ～ 先入見
ordine 順序正しく
ordino 順序づける
ordo 順序
origo 起源
ostento 示す

P

pars 部分
participo 参与する
passio 受動
pathemata 受動
patior 受動する
peccatum 罪
pendeo 依存する
perceptio 知覚、認識
percipio 知る、知覚する、認識する、認知する
perfecte 完全に
perfectio 完全性
perfectus 完全［な］
persevero 存続する
perspecto 洞察する
perspectus 透明［な］
perspicacitas 洞察力
perspicue 明白に
perspicuus 明白［な］、鮮明［な］
persuadeo 説得する
～ mihi 確信する
pertineo 帰属する、属する
pes 足
philosophor 哲学する
philosophus 哲学者
planus 平らな
ponderatio 重さ
positive 積極的に
possibilis 可能的［な］
potens 有能［な］
potentia 力
potestas 力
praecedo 先行する
praecipuus 主要［な］、すぐれている
praecisus 切り離された
praejudicium 先入見
praemissum 前提
praeordinatio 予定
praeordino 予定する
praescio 予知する
praesens 現前の
praesentia 現前するもの
praesento 現前する
prima aetas 幼年期
prima philosophia 第一哲学
primis annus 幼年期
primus 最初の、第一の
primum 最初に
principium 原理
prius 最初に、先に
privatio 欠如
probo 論証する
procedo 由来する
produco 産み出す、産出する
profundum 深さ
propositio 命題
proprie 本来的［に］
proprietas 固有性、特性
proprium 固有性
pueritia 少年期
puto 考える、思い込む

Q

quadratus 四角［の］
qualitas 性質

limes 限界
limitatio 限界、制限
localis 場所的［な］
locus 場所
logica 論理学
longitudo 長さ
longum 長さ
lucerna 灯り
lumen 光
　～ naturale 自然の光
lux 光

M

machina 機械
machinamentum 機構
magnitudo 大きさ
magnus 大きな
malitia 悪、悪意
malum 悪
manifestus 明らかな、明白［な］
manus 手
materialis 物質的［な］
materia 物質
mathematica 数学
mathematicus 数学的［な］
maturus 成熟した
　～ annus 成年
mechanica 機械学
Meditatio 省察
memini 記憶する
memoria 記憶
memoro 記憶する
mens 精神
　～ humana 人間精神
metallum 金属
metus 恐れ
mobilis 可動的［な］
modalis 様態的［な］
modaliter 様態的に
modus 様態
　～ cogitandi 思惟［の］様態
　～ percipiendi 認識の様態
　～ volendi 意欲の様態
motus 運動
moveo 刺激する
moveor 動く、運動する

N

naturalis 自然的［な］
natura 自然、自然本性、性質、本性
necessario 必然的に
necessarius 必然的［な］
negatio 否定
negative 消極的に
nego 否定する
nescio 知らない
nihil 無
nolo 欲しない
nomen 名前、名称、語
nosco 知る
notio 概念
　～ communis 共通概念
notitia 知識
noto 知る
notus 明白［な］、知られた
　per se ～ 自明［な］

O

objective 表象的に
objectivus 表象的［な］
objectum 対象
obscuro 不明瞭にする
obscurus 不明瞭［な］
occasio 機会
occupo 占有する
oculus 目
odor 香

H

haereo こびりつく
hilaritas 喜び
homo 人間
humani corpus 人間身体

I

idea 観念
ignoro 知らない
imaginabilis 想像的、想像できる
imaginatio 想像
imaginor 想像する
imago 映像
imbecillitas 弱さ
imbuo 浸透する
immensitas 無辺性
immensus 広大無辺な
immergo 没入する
immobilis 不動の
immutabilis 不変［な］
imperfectio 不完全性
imperfectus 不完全［な］
impossibilis 不可能［な］
Incarnatio 受肉
incertitudo 不確かさ
incommodus 不都合［な］
incomprehensibilis 不可解［な］
inconsideratus 無思慮な
increatus 被造的でない
indago 探求する
indefinite 無際限に
indefinitum 無際限
indefinitus 無際限［な］
independens 独立の
indifferentia 非決定
individuum 個体
indo 付与する、植えつける、与える
indubitatus 疑いえない
infans 幼児
infantia 幼年期
prima 〜 幼児期
infinitum 無限
infinitus 無限［な］
ingenitus 生得的［な］
ingenium 才能、精神、知力
innatus 生得的［な］
inquiro 探求する
insum 内在する
integer 完全［な］
〜 et omnimodus 完全無欠［な］
intellectio 理解
intellectualis 知性的
intellectus 知性
intelligens 知的［な］
intelligibilis 知性で捉えられる
intelligo 知性で認識する、認識する、認める、理解する
intime 内的に
intimus 内的［な］
intueor 直観する
investigo 探求する
ira 怒り

J

judicium 判断
judico 判断する

L

latitudo 幅
latum 幅
laus 賞賛
liber 自由［な］
〜 arbitrium 自由意志
libere 自由に
libero 解放する
libertas 自由

distinguo 区別する
diversitas 違い
divido 分割する
divinus 神［の］
divisibilis 可分的［な］、分割可能［な］、分割されうる
divisibilitas 可分性、分割可能性
dolor 痛み
dubitatio 疑い、懐疑
dubito 疑う
　dubitandi causa 懐疑理由
dubium 疑い
duratio 持続
duritas 堅さ
durities 堅さ
duro 持続する

E

effectus 結果
efficio 作る、なす、生じさせる
efficior 生じる
effingo 作り上げる、想定する
eminenter 優勝的に
ens 存在者
enumero 枚挙する
erro 誤る
error 誤り、誤謬
essentia 本質
evidens 明証的［な］
evidenter 明証的に
evidentia 明証性
examen 吟味
examino 吟味する
excaeco 盲目にする
excludo 排除する
excogito 考え出す
existentia 存在
existo 存在する
experior 経験する
expono 説明する
exprimo 表現する
expungo 追放する
extendo 延長する
extensio 延長
extensus 延長する、延長的［な］

F

fabrico 作る
facile 容易に
facilis 容易［な］
facio 作る
facultas 能力
　～ assentiendi 同意の能力
　～ percipiendi 認識の能力
fallax 欺瞞者
fallo 欺く
fallor 誤る
falsus 偽［の］、虚偽［の］
fames 飢え
fides 信頼、信仰
　～ divina 神への信仰
fido 信用を置く
figura 形、図形
figuratus 形をもつ
finis 限界、目的
finitus 有限［な］
fio 生じる
flamma 焰
fons 源泉
formaliter 形相的に
formo 形成する
frigus 冷
fugio 避ける

G

generalis 一般的［な］
genus 類
globus 球状

ego ～, ergo sum われ思惟す、ゆえにわれあり
cognitio 認識
～ humanae 人間認識
cognoscibilis 認識可能［な］
cognosco 知る、認識する
cognoscendi facultas 認識能力
color 色
coloratus 色をもつ
commodum vel incommodum 利害
commodus 好都合［な］
commotio 情念
communis 共通な
comparo 比較する
comperio 確認する
compleo 包括する
compono 構成する
comprehendo 理解する、全体を理解する
conceptus 意味内容、概念
concipio 考える
concludo 結論する
conclusio 結論
concursus 協力
confero 比較する
confiteor 承認する
confundo 混同する
confuse 不分明に
confusus 不分明［な］
conjungo 結合する、接合する
conscientia 意識
conscius 意識する
conservatio 保存
conservo 保存する
considero 考える、考察する
consilium 計画
consisto 構成する
constituo 構成する、成り立つ
consuetudo 習慣
contemplatio 観想
contemplo 観想する
contingens 偶然的［な］
corporalitas 物体性
corporeus 物体的［な］
corpus 身体、物体
creator 創造者
creatura 被造物
creatus 被造的［な］
credo 確信する、信じる、信を置く
creo 創造する
cupiditas 欲求
cupio 欲する

D

deceptor 欺瞞者
decipio 欺く
deduco 演繹する、導き出す
defatigatio 疲労
defatigo 疲れる
defectus 欠陥
defigo 専心する
definitio 定義
demonstratio 証明
demonstro 証明する
depono 除去する、捨てる
deprehendo 分かる
Deus 神
differentia 種差、相違
differo 異なる
difficilis 困難［な］
difficultas 困難
dignosco 区別する、識別する
distincte 判明に
distinctio 区別
distinctior 判明になる
distinctus 判明［な］、別々の

【ラテン語索引】

A

absolutus 絶対的［な］
abstractus 抽象的［な］
abstraho 切り離す
accidens 偶有性
accurate 厳密に、正確に、明確に
actio 行為
adaequate 十全に
adhaereo 密着する
admitto 認める
adsum 現にある
adverto 注意する、気づく
aer 空気
aeterna veritas 永遠真理
aeternus 永遠［な］
affectio 状態
affectus 感情
afficio 刺激する、触発する
affirmatio 肯定
affirmo 肯定する
agnosco 知る、認識する、認める、分かる、思われる
ago 行為する
alligo 結ばれる
ambulo 歩く
amor 愛
amplector 捉える
anima 精神
animus 心
appetitus 欲求
aqua 水
arbitrium 任意
　〜 libertatis 自由意志
archetypum 原型
arcte 密接に
argumentum 証拠
artifex 製作者
artificiosus 精巧［な］
artificium 精巧さ
assensio 同意
assensus 同意
assentior 同意する、同意を与える
assequor 追求する
assuesco 習慣がつく
astronomia 天文学
attendo 注意する、注意を向ける
attributum 属性
author 創始者、作者
automaton 自動機械
axioma 公理

B

bonitas 善
bonum 善

C

caelum 天
calor 熱
causa 原因
　〜 efficiens 作用因
　〜 totalis 全体因
caveo 用心する
certe 確実に
certitudo 確実性
certo 確実に、確かに、はっきり
certus 確実［な］、確か［な］
chimericus キマイラのような
clare 明晰に
clarus 明晰［な］
cogitandi modus 思惟［の］様態
cogitatio 思惟
cogitativus 思惟的［な］
cogito 思惟する、考える

ラ行

理解 intellectio
65
利害 commodum vel incommodum
71
理解する comprehendo
19, 40, 41, 73
理解する intelligo
9, 12, 15, 26, 27, 51, 52, 53, 55, 56, 57, 60, 61, 62, 64, 68, 70, 74
理性 ratio
1, 76
理由 ratio
44, 65, 72
量 quantitas
26, 64
類 genus
48, 59
類似性 similitudo
70
冷 frigus
71
論証する probo
22, 43, 74
論理学 logica
10

ワ行

分かる agnosco
13
分かる deprehendo
72
分かる scio
41
われ思惟す、ゆえにわれあり ego cogito, ergo sum
7, 10

61, 62, 63, 64, 66, 68, 69, 70, 75
命題 propositio
10, 49, 75
明白［な］notus
18
明白［な］manifestus
19, 39, 70
明白［な］perspicuus
30
明白に perspicue
72
目覚め vigilia
30
目印 signum
4
盲目にする excaeco
49
目的 finis
28
もの res
8, 13, 25, 28, 60, 73

ヤ行

有限［な］finitus
19, 24, 26, 36, 41
優勝的に eminenter
17
有能［な］potens
6, 14, 39
有用性 utilitas
71
夢 somnium
30
夢 somnus
9
由来する procedo
29
容易［な］facilis
2, 72, 73
容易に facile
7, 13, 16, 30, 40, 50, 52, 54, 63, 70
要求する requiro
31, 45
幼児 infans
1
幼児期 prima infantia
71
用心する caveo
75
様態 modus
17, 32, 48, 49, 51, 53, 55, 56, 57, 61, 64, 65, 71
様態的［な］modalis
60, 61, 62
様態的に modaliter
61, 64
幼年期 prima aetas
47, 71, 72
幼年期 primis annus
73
予知する praescio
41
欲求 appetitus
48, 66
欲求 cupiditas
42
予定 praeordinatio
40
予定する praeordino
40, 41
喜び hilaritas
48
弱さ imbecillitas
29

欲する volo
9, 42
没入する immergo
71
焰 flamma
71
本質 essentia
16, 53
本性 natura
8, 12, 13, 15, 19, 21, 22, 23, 25, 37, 38, 41, 46, 53, 54, 69, 73, 74, 75
本性 ratio
36
本来的［に］ proprie
29

マ行

枚挙する enumero
47
水 aqua
71
道 via
8, 24
導き出す deduco
24
密接に arcte
71
密着する adhaereo
71
認める agnosco
14, 23, 27, 48, 71
認める admitto
71
認める intelligo
70
見る video
9, 11, 66, 68, 69
見る specto
72
無 nihil
7, 11, 18, 49, 52, 71, 75
無限 infinitum
26, 27
無限［な］ infinitus
19, 22, 24, 26, 35, 41
無際限 indefinitum
27
無際限［な］ indefinitus
26
無際限に indefinite
26
矛盾する repugno
7, 29
無思慮な inconsideratus
76
結ばれる alligo
71
無辺性 immensitas
18
目 oculus
9, 12, 45
明確に accurate
54
名称 nomen
51, 59
明証性 evidentia
21
明証的［な］ evidens
13, 30, 71, 76
明証的に evidenter
11, 18, 41, 50, 54, 69
明晰［な］ clarus
30, 45, 46, 47, 54, 62, 68, 74, 75, 76
明晰［に］ clare
11, 19, 22, 25, 30, 33, 35, 41, 43, 45, 46, 47, 50, 60,

表面 superficies
71
疲労 defatigatio
73
不可解［な］incomprehensibilis
41
深さ profundum
48, 53, 64
不可能［な］impossibilis
49
不完全 imperfectus
5
不完全性 imperfectio
22, 23
不確かさ incertitudo
1
不都合［な］incommodus
71
物質 materia
26
物質的［な］materialis
48
物体 corpus
7, 8, 11, 12, 26, 48, 53, 57, 61, 63, 64, 68, 69, 73, 74
物体性 corporalitas
71
物体的［な］corporeus
8, 19, 23, 52, 53, 54, 60, 61, 73, 75
不動の immobilis
71
部分 pars
21, 26, 48, 60, 65, 67, 68
不変［な］immutabilis
15
普遍的［な］universalis
59
普遍者 universalia
58, 59
不分明［な］confusus
30, 74, 75
不分明に confuse
34, 73
不明瞭［な］obscurus
10, 30, 46, 47, 68, 74
不明瞭にする obscuro
19, 21
付与する indo
18
分割可能［な］divisibilis
23, 26
分割可能性 divisibilitas
23, 26
分割されうる divisibilis
26
分離する sejungo
45
分離する separo
60, 62, 64
別々の distinctus
23
変化 variatio
56
変化を被る vario
56
包括する compleo
18
星 stella
26, 71, 72
保存 conservatio
21
保存する conservo
21, 60
欲しない nolo
42
欲する cupio
32

41, 42, 43, 44, 45, 46, 47, 50, 51, 52, 54, 61, 65, 66, 68, 69, 70, 73
認識能力 cognoscendi facultas
30, 50
認識の能力 percipiendi facultas
43
認識の様態 percipiendi modus
48
熱 calor
48, 71
能力 facultas
30, 43

ハ行

排除する excludo
62
場所 locus
9
場所的［な］localis
8, 23, 65, 69
はっきり certo
4
幅 latitudo
64
幅 latum
48, 53
判断 judicium
1, 42, 45, 46, 70, 76
判断する judico
11, 33, 34, 38, 44, 47, 66, 68, 70, 72, 73, 75
判明［な］distinctus
30, 45, 46, 54, 62, 74, 75
判明に distincte
14, 19, 30, 33, 41, 43, 47, 50, 51, 55, 60, 63, 64, 66, 68, 75
判明になる distinctior
63
比較する comparo
57
比較する confero
75
光 lumen
29, 67, 71, 76
光 lux
48
非決定 indifferentia
41
被造的［な］creatus
36, 52, 54
被造的でない increatus
54
被造物 creatura
24, 51
被造物 res creata
56, 58
必然的［な］necessarius
14, 15
必然的に necessario
14, 37, 52
否定 negatio
31
否定する nego
13, 32, 33, 54
表現する exprimo
74
表現する repraesento
17, 59, 71
表現的に repraesentative
17
表示する repraesento
68
表象的［な］objectivus
17
表象的に objective
17

罪 peccatum
23
手 manus
7, 12, 67
定義 definitio
10
哲学者 philosophus
10, 69, 76
哲学する philosophor
7, 10, 12, 24, 75
天 caelum
7
天文学 Astronomia
72
同意 assensio
34, 43
同意 assensus
74
同意する assentior
34, 39, 42, 43, 44
同意の能力 facultas assentiendi
43
洞察する perspecto
76
洞察力 perspicacitas
38
透明［な］perspectus
39
特性 proprietas
52
独立の independens
54
捉える amplector
37

ナ行

内在する insum
54, 56, 61, 64, 65
内的［な］intimus
48
内的に intime
66
長さ longitudo
64
長さ longum
48, 53
なす efficio
60
名前 nomen
70
成り立つ constituo
48
似た similis
13, 46, 59, 66, 68, 70
任意 arbitrium
16, 39
人間 homo
29
人間身体 humani corpus
74
人間精神 mens humana
54
人間認識 cognitio humanae
75
認識 cognitio
1, 7, 10, 11, 13, 24
認識 perceptio
32, 34, 35, 45, 46, 48
認識可能［な］cognoscibilis
75
認識する agnosco
8, 52, 61, 64, 69
認識する cognosco
2, 11, 22, 30, 34, 53, 69, 75
認識する intelligo
19, 21, 23, 25, 32, 63
認識する percipio
8, 14, 30, 33, 34, 35, 40,

11
太陽 sol
67
平らな planus
71
確か［な］certus
23, 43, 44, 45, 60, 67
確かに certo
60
正しく recte
74
探求する indago
75
探求する inquiro
72
探求する investigo
31
単純［な］simplex
10, 19, 23, 47
違い diversitas
71
知覚 perceptio
66, 67, 70
知覚する percipio
70, 71
力 potentia
5, 41, 60
力 potestas
38, 40
力 vis
12, 21, 22, 25, 65, 71
地球 terra
71
知識 notitia
10, 54, 68, 75
知識 scientia
13, 17, 24
知性 intellectus
31, 32, 34, 35, 36, 38
知性的［な］intellectualis
48
知性的実体 substantia intelligentis
63
知性で捉えられる intelligibilis
73
知性で認識する intelligo
9
知的［な］intelligens
14
注意する adverto
30, 31, 54
注意する attendo
13, 45, 53, 59
注意を向ける attendo
73, 75
抽象的［な］abstractus
58
直観する intueor
45
知力 ingenium
29
追求する assequor
42, 71
追放する expungo
72
使う utor
59
疲れる defatigo
73
作り上げる effingo
16
作る efficio
15
作る fabrico
71
作る facio
17

38
説明する expono
74
善 bonitas
22
善 bonum
38
先行する praecedo
59
専心する defigo
16
全体因 causa totalis
18
全体を理解する comprehendo
26
全知［の］omniscius
22, 36
前提 praemissum
13
先入見 praejudicata opinio
50
先入見 praejudicium
1, 16, 47, 49, 50, 67, 71, 72, 75
全能［の］omnipotens
22
鮮明［な］perspicuus
70
占有する occupo
73
相違 differentia
71
想起 recordatio
65
想起する recordor
71
創始者 author
5, 13, 24, 39
想像 imaginatio
53, 65, 73
創造者 creator
22
創造する creo
5, 13, 24, 25, 26
想像する imaginor
4, 9, 26, 32, 72
想像的 imaginabilis
4
想像できる imaginabilis
73
想定する effingo
69
想定する suppono
7, 8, 26, 54, 59, 68, 70
属する pertineo
16, 48
属性 attributum
22, 28, 29, 52, 53, 54, 56, 57, 62, 75
存在 existentia
10, 14, 15, 16, 22, 48, 56
存在者 ens
14, 15, 16, 18, 54
存在する existo
4, 7, 10, 11, 12, 14, 15, 18, 20, 21, 49, 51, 52, 60, 66, 67, 68, 71, 74, 75
存続する persevero
55

タ行

第一哲学 prima philosophia
62
第一の primus
39
対象 objectum
30, 35, 62, 70, 71
大地 terra

知る scio
10, 11, 13, 20, 60, 75
真［の］ verus
1, 13, 24, 30, 43, 71, 75, 76
真実 verus
15
信じる credo
16, 25, 28, 76
身体 corpus
7, 9, 12, 47, 48, 52, 67, 71, 72, 73
浸透する imbuo
71
信用を置く fido
4, 76
信頼 fides
75, 76
真らしい verisimilis
3
真理 veritas
3, 4, 22, 30, 42, 44, 48, 49, 72, 75
真理 verum
37
信を置く credo
39
睡眠 somnus
4
数学 mathematica
5
数学的［な］ mathematicus
30
すぐれている praecipuus
14
図形 figura
13, 59
スコラ Schola
51
捨てる depono
75
正確に accurate
12
制限 limitatio
23
精巧［な］ artificiosus
17, 20
精巧さ artificium
17
製作者 artifex
37
省察 Meditationes
62, 30
性質 natura
59, 75
性質 qualitas
11, 48, 49, 52, 56
誠実［な］ verax
29
精神 anima
8
精神 ingenium
22, 25
精神 mens
8, 9, 11, 12, 13, 16, 26, 41, 45, 47, 48, 49, 52, 53, 61, 63, 64, 66, 67, 68, 71, 72, 73, 75
生得的［な］ ingenitus
22
生得的［な］ innatus
39
成年 maturus annus
72
積極的に positive
27
接合する conjungo
60
絶対的［な］ absolutus

38, 41
自由意志 liber arbitrium, arbitrium libertatis
40
習慣 consuetudo
66
習慣 usus
73, 75
習慣がつく assuesco
73
十全に adaequate
54
従属する servio
72
自由に libere
37
種差 differentia
59
受動 passio
23
受動 pathemata
48
受動する patior
23
受肉 Incarnatio
25
主要［な］praecipuus
75
順序 ordo
7, 10, 12, 48, 55
順序正しく ordine
75
順序づける ordino
55
消極的に negative
27
証拠 argumentum
29
賞賛 laus
37
生じさせる efficio
70
生じる efficior
71
生じる fio
57, 59
状態 affectio
11, 48
承認する confiteor
27
情念 commotio
48
少年期 pueritia
71
証明 demonstratio
5, 13, 21
証明する demonstro
13, 21
除去する depono
47
触発する afficio
52, 56
触覚的［な］tactilis
48
知らない ignoro
70
知らない nescio
70
知る agnosco
22, 40, 60, 62
知る cognosco
61, 71
知る nosco
13, 20
知る noto
71
知る percipio
12, 60, 62

三角形 triangulum
59
産出する produco
18, 21
三位一体 Trinitas
25
参与する participo
28
思惟 cogitatio
8, 9, 10, 17, 19, 47, 48, 53, 54, 57, 60, 63, 64, 65, 68, 71, 74
思惟［する］実体 substantia cogitans
48, 52, 53, 54, 60, 63
思惟する cogito
7, 9, 10, 49, 53, 59, 60, 62, 63, 75
思惟的［な］cogitativus
48
思惟［の］様態 cogitandi modus
32, 53, 57, 58, 62
四角［の］quadratus
61
視覚作用 visio
9
仕方 ratio
42, 43
時間 tempus
21, 57
識別する dignosco
74
刺激する afficio
71, 75
刺激する moveo
45
自然 natura
28, 71
自然的［な］naturalis
28
自然の光 lumen naturale
11, 18, 20, 28, 30, 44
自然本性 natura
30
持続 duratio
21, 48, 55, 56, 57, 62, 69
持続する duro
56, 62
自存する subsisto
64, 73
実在性 res
71
実在的［な］realis
31, 60, 61, 62
実在的に realiter
60, 61
実生活 usus vitae
3
実体 substantia
11, 48, 51, 52, 53, 55, 56, 60, 61, 62, 63, 64, 71, 73
自動機械 automaton
37
事物 res
1, 4, 10, 11, 13, 14, 15, 16, 17, 18, 19, 21, 23, 24, 26, 28, 31, 48, 49, 51, 52, 53, 55, 56, 57, 59, 60, 64, 65, 66, 68, 70, 71, 72, 74, 75
自明［な］per se notus
5, 10, 39
示す ostento
72, 73
種 species
59
自由 libertas
6, 38, 39, 41
自由［な］liber

行為 actio
37, 38, 41
行為する ago
3, 37
合一 unio
48
合一する unio
60
考察する considero
29, 51, 55, 64, 69
構成する compono
47
構成する consisto
63
構成する constituo
53
広大無辺［な］immensus
25, 35, 40
好都合［な］commodus
71
肯定 affirmatio
61
肯定する affirmo
13, 32, 33
公理 axioma
49
心 animus
43, 48, 59
個体 individuum
59
異なる differo
61
言葉 verbum
74
言葉 vox
74
誤謬 error
6, 29, 31, 36, 38, 42, 71, 72
こびりつく haereo
72
固有性 proprium
59
固有性 proprietas
53, 59
根拠 ratio
28
混同する confundo
46, 64
困難 difficultas
73
困難［な］difficilis
73

サ行

最高［の］summus
18, 19, 20, 37, 76
最高に summe
14, 15, 16, 29, 38, 54
最初に primum
52
最初に prius
16
最初の primus
7, 10
再生産する reproduco
21
才能 ingenium
17
先に prius
8
作者 author
36, 37
避ける fugio
71
作用 operatio
32
作用因 causa efficiens
18, 28

金属 metallum
71
吟味 examen
75
吟味する examino
28, 71
空間 spatium
53
空気 aer
71
偶然的［な］contingens
14, 15
偶有性 accidens
59
くすぐったさ titillatio
67
区別 distinctio
8, 60, 61, 62
区別する dignosco
4, 47
区別する distinguo
12, 16, 30, 54, 57, 59, 60, 61, 62, 63, 64, 68
計画 consilium
28
経験する experior
6, 29, 32, 39, 41, 48, 66, 68, 70, 71
形而上学的省察 Meditatio Metaphysica
30
啓示する revelo
25, 28, 76
形成する formo
59, 62, 75
形相的に formaliter
17
結果 effectus
24, 28
欠陥 defectus
38
結合する conjungo
73
欠如 privatio
31
結論 conclusio
9
結論する concludo
14, 18, 52
権威 autoritas
76
原因 causa
17, 18, 21, 24, 29, 31, 38, 71, 72, 75
限界 finis
26
限界 limitatio
19
限界 limes
27
原型 archetypum
18
現実に realiter
18
源泉 fons
22
現前する praesento
73
現前するもの praesentia
73
現前の praesens
73
現にある adsum
52
厳密に accurate
63
原理 principium
5, 30, 75

感覚できる sensibilis
73
感情 affectus
66
感じる sentio
46, 67, 68, 71
岩石 saxum
71
完全［な］ perfectus
14, 15, 16, 17, 18, 20, 24, 54
完全性 perfectio
17, 18, 19, 20, 22, 23, 37
完全に perfecte
41
完全無欠［な］ integer et omnimodus
34
観想 contemplatio
3, 16
観想する contemplo
13, 19
観念 idea
13, 14, 15, 16, 17, 18, 19, 20, 22, 54, 59, 60, 62, 64, 66
観念 ratio
60, 62, 63
偽［の］ falsus
7, 30, 43, 72
記憶 memoria
44, 72, 74, 76
記憶 recordatio
61
記憶する memini
62
記憶する memoro
28
機械 machina
17, 20
機会 occasio
49
機械学 mechanica
17
起源 origo
5, 13, 31, 39
機構 machinamentum
71
帰する refero
48, 53
規則 regula
76
帰属する pertineo
54
帰属する tribuo
53, 71
気づく adverto
70, 71
キマイラのような chimericus
15
欺瞞者 deceptor
30, 31
欺瞞者 fallax
43
球状 globus
71
共通概念 notio communis
13, 49, 50, 52
共通な communis
39, 51, 52
協力 concursus
31, 51, 52
虚偽［の］ falsus
2, 5, 8
拒否する rejecto
7
切り離された praecisus
45
切り離す abstraho
63

概念 notio
10, 13, 39, 47, 54, 63
解放する libero
1, 16, 47, 50
香 odor
48, 69, 71
関わらせる refero
72
確実性 certitudo
10
確実［な］certus
2, 5, 6, 7, 9, 10, 12, 13, 19, 39, 40, 45, 66, 76
確実に certe
11
確実に certo
8
確信する credo
15
確信する mihi persuadeo
13, 14
覚醒 vigilia
4
確認する comperio
75
数 numerus
13, 26, 48, 55, 57, 58, 59, 60, 69, 70
風 ventus
71
堅さ duritas
71
堅さ durities
48
形 figura
8, 48, 53, 61, 65, 69, 70, 71, 73
形をもつ figuratus
69
仮定する suppono
60
可動的［な］mobilis
75
悲しみ tristitia
48
可能的［な］possibilis
14, 26
可分性 divisibilitas
48
可分的［な］divisibilis
75
神 Deus
5, 7, 18, 19, 20, 21, 22, 23, 24, 25, 26, 27, 28, 29, 30, 31, 35, 36, 38, 40, 41, 43, 51, 52, 54, 56, 60, 75, 76
神［の］divinus
76
渇き sitis
48
考え出す excogito
17
考える cogito
26, 49, 73
考える concipio
63
考える considero
28, 62
考える puto
28
感覚 sensus
4, 9, 23, 28, 30, 46, 48, 53, 66, 68, 69, 70, 71, 73, 75, 76
感覚する sentio
4, 9, 12, 23, 32, 66, 67, 70, 71
感覚的［な］sensibilis
1, 4, 70

植えつける indo
71
受け入れる recepto
71
動く moveor
59, 71
疑い dubitatio
3
疑い dubium
3
疑い suspicio
1
疑いえない indubitatus
45, 66
疑いない non dubius
39, 50
疑う dubito
1, 2, 4, 5, 7, 8, 13, 16, 32, 39, 41, 43
疑わしい suspectus
30
産み出す produco
31
運動 motus
8, 37, 48, 53, 57, 61, 65, 69, 71, 73
運動する moveor
57, 61
永遠［な］aeternus
14, 22
永遠真理 aeterna veritas
48, 49, 75
映像 imago
17, 18
演繹する deduco
13
延長 extensio
8, 23, 26, 48, 53, 54, 63, 64, 65, 73
延長［をもつ］実体 substantia extensa
48, 60, 63
延長する extendo
64
延長する extensus
53
延長的［な］extensus
75
大きさ magnitudo
26, 48, 69, 70, 71
大きな magnus
26
恐れ metus
29
音 sonus
48, 71
思い起こす recordor
74
思い込む puto
70
重さ ponderatio
71
思われる agnosco
38

カ行

快感 titillatio
48
快感 voluptas
71
懐疑 dubitatio
30, 61
懐疑理由 dubitandi causa
30
回転する verto
71
概念 conceptus
52, 55, 63, 74, 75

索　引

【日本語索引】

数字は本文の節を示す。

ア行

愛 amor
48
灯り lucerna
71
明らかな manifestus
53
悪 malitia
23, 29
悪 malum
38
欺く decipio
4
欺く fallo
6, 29, 39
足 pes
7, 67
味 sapor
48, 69, 71, 75
誤り error
38, 70
誤る erro
4, 5, 6, 10, 24, 38, 42, 44
誤る fallor
5, 13, 30, 31, 33, 35, 38, 42, 44, 47, 67, 68, 70
歩く ambulo
9
怒り ira
48
意見 opinio
75
意志 voluntas
29, 31, 32, 34, 35, 37, 39, 42, 53
意識 conscientia
9
意識する conscius
9, 41, 66
意志する volo
23, 41
意欲の様態 modus volendi
48
依存する pendeo
31, 42, 75
痛み dolor
46, 48, 67, 68, 69, 71, 75
位置 situs
48, 65, 69
一義的に univoce
51
一生に一度は semel in vita
1
一般的［な］generalis
48
意味内容 conceptus
74
意欲 volitio
32, 48, 65
色 color
48, 66, 68, 69, 70, 71, 75
色をもつ coloratus
69
飢え fames
48

本書は「ちくま学芸文庫」のために新たに訳出・注解したものである。

責任と判断
ハンナ・アレント
ジェローム・コーン編
中山元訳
思想家ハンナ・アレント後期の未刊行論文集。人間の責任の意味と判断の能力を考察し、考える能力の喪失により生まれる〈凡庸な悪〉を明らかにする。

政治の約束
ハンナ・アレント
ジェローム・コーン編
高橋勇夫訳
われわれにとって「自由」とは何であるのか――。政治思想の起源から到達点までを描き、政治的経験の意味に根底から迫った、アレント思想の精髄。

プリズメン
Th・W・アドルノ
渡辺祐邦／三原弟平訳
「アウシュヴィッツ以後、詩を書くことは野蛮である」。果てしなく進行する大衆の従順化と、絶対的物象化の時代における文化批判のあり方を問う。

スタンツェ
ジョルジョ・アガンベン
岡田温司訳
西洋文化の豊饒なイメージの宝庫を自在に横切り、愛・言葉そして喪失の想像力が表象に与えた役割をたどる。21世紀を牽引する哲学者の博覧強記。

事物のしるし
ジョルジョ・アガンベン
岡田温司／岡本源太訳
パラダイム・しるし・哲学的考古学の鍵概念のもと、「しるし」の起源や特権的領域を探求する。私たちを西洋思想史の彼方に誘うユニークかつ重要な一冊。

アタリ文明論講義
ジャック・アタリ
林昌宏訳
歴史を動かすのは先を読む力だ。混迷を深める現代文明の行く末を見通し対処するにはどうすればよいのか。「欧州の知性」が危難の時代を読み解く。

時間の歴史
ジャック・アタリ
蔵持不三也訳
日時計、ゼンマイ、クオーツ等。計時具から見えてくる人間社会の変遷とは？ J・アタリが「時間と暴力」「暦と権力」の共謀関係を大柄に描く大著。

風水
エルネスト・アイテル
中野美代子／中島健訳
中国の伝統的思惟では自然はどのように捉えられているのか。陰陽五行論・理気二元論から説き起こし、風水の世界を整理し体系づける。（三浦國雄）

コンヴィヴィアリティのための道具
イヴァン・イリイチ
渡辺京二／渡辺梨佐訳
破滅に向かう現代文明の大転換はまだ可能だ！ 人間本来の自由と創造性が最大限活かされる社会をどう作るか。イリイチが遺した不朽のマニフェスト。

フーコー文学講義
ミシェル・フーコー
柵瀬宏平訳
シェイクスピア、サド、アルトー、レリス……。フーコーが文学と取り結んでいた複雑で、批判的で、戦略的な関係とは何か。未発表の記録、本邦初訳。

ウンコな議論
ハリー・G・フランクファート
山形浩生訳／解説
ごまかし、でまかせ、いいのがれ。なぜ世の中、こんなものがみちるのか。道徳哲学の泰斗がその正体とカラクリを解く。爆笑必至の訳者解説を付す。

21世紀を生きるための社会学の教科書
ケン・プラマー
赤川学監訳
パンデミック、経済格差、気候変動など現代世界が直面する諸課題を視野に収めつつ社会学の新しい知見を解説。社会学の可能性を論じた最良の入門書。

世界リスク社会論
ウルリッヒ・ベック
島村賢一訳
迫りくるリスクは我々から何を奪い、何をもたらすのか。『危険社会』の著者が、近代社会の根本原理をくつがえすリスクの本質と可能性に迫る。

民主主義の革命
エルネスト・ラクラウ／シャンタル・ムフ
西永亮／千葉眞訳
グラムシ、デリダらの思想を摂取し、根源的で複数的なデモクラシーへ向けて、新たなヘゲモニー概念を提示した、ポスト・マルクス主義の代表作。

鏡の背面
コンラート・ローレンツ
谷口茂訳
人間の認識システムはどのように進化してきたのか、そしてその特徴とは。ノーベル賞受賞の動物行動学者が試みた抱括的知識による壮大な総合人間哲学。

人間の条件
ハンナ・アレント
志水速雄訳
人間の活動的生活を《労働》《仕事》《活動》の三側面から考察し、《労働》優位の近代世界を思想史的に批判したアレントの主著。（阿部齊）

革命について
ハンナ・アレント
志水速雄訳
《自由の創設》をキイ概念としてアメリカとヨーロッパの二つの革命を比較・考察し、その最良の精神を二〇世紀の惨状から救い出す。（川崎修）

暗い時代の人々
ハンナ・アレント
阿部齊訳
自由が著しく損なわれた時代を自らの意思に従い行動し、生きた人々。政治・芸術・哲学への鋭い示唆を含み描かれる普遍的人間論。（村井洋）

大衆の反逆
オルテガ・イ・ガセット
神吉敬三訳

二〇世紀の初頭、《大衆》という現象の出現とその功罪を論じながら、自ら進んで困難に立ち向かう《真の貴族》という概念を対置した警世の書。

近代世界の公共宗教
ホセ・カサノヴァ
津城寛文訳

一九八〇年代に顕著となった宗教の〈脱私事化〉。五つの事例をもとに近代における宗教の役割と世俗化の意味を再考する。宗教社会学の一大成果。

死にいたる病
S・キルケゴール
桝田啓三郎訳

死にいたる病とは絶望であり、絶望を深く自覚し神の前に自己をすてる。実存的な思索の深まりをデンマーク語原著から訳出し、詳細な注を付す。

ニーチェと悪循環
ピエール・クロソウスキー
兼子正勝訳

永劫回帰の啓示がニーチェに与えたものは、同一性の下に潜在する無数の強度の解放である。二十一世紀にあざやかに蘇る、逸脱のニーチェ論。

世界制作の方法
ネルソン・グッドマン
菅野盾樹訳

世界は「ある」のではなく、「制作」されるのだ。芸術・科学・日常経験・知覚など、幅広い分野で徹底した思索を行ったアメリカ現代哲学の重要著作。

新編 現代の君主
アントニオ・グラムシ
上村忠男編訳

労働運動を組織しイタリア共産党を指導したグラムシ。獄中で綴られたそのテキストから、いま読み直されるべき重要な29篇を選りすぐり注解する。

孤島
ジャン・グルニエ
井上究一郎訳

「島」とは孤独な人間の謂。透徹した精神のもと、話者の綴る思念と経験が啓示を放つ。カミュが本書との出会いを回想した序文を付す。（松浦寿輝）

ハイデッガー『存在と時間』註解
マイケル・ゲルヴェン
長谷川西涯訳

難解をもって知られる『存在と時間』全八三節の思考を、初学者にも一歩一歩追体験させ、高度な内容を読者に確信させ納得させる唯一の註解書。

色彩論
ゲーテ
木村直司訳

数学的・機械論的近代自然科学と一線を画し、自然の中に「精神」を読みとろうとする特異で巨大な自然観を示した思想家・ゲーテの不朽の業績。

倫理問題101問
マーティン・コーエン
榑沼範久訳
何が正しいことなのか。医療・法律・環境問題等、私たちの周りに溢れる倫理的なジレンマから101の題材を取り上げて、ユーモアも交えて考える。

哲学101問
マーティン・コーエン
矢橋明郎訳
全てのカラスが黒いことを証明するには？　コンピュータと人間の違いは？　哲学者たちが頭を捻った101問を、譬話で考える楽しい哲学読み物。

解放されたゴーレム
ハリー・コリンズ／トレヴァー・ピンチ
村上陽一郎／平川秀幸訳
科学技術は強力だが不確実性に満ちた「ゴーレム」である。チェルノブイリ原発事故、エイズなど7つの事例をもとに、その本質を科学社会的に繙く。

存在と無（全3巻）
ジャン＝ポール・サルトル
松浪信三郎訳
人間の意識の在り方（実存）をきわめて詳細に分析し、存在と無の弁証法を問い究め、実存主義を確立した不朽の名著。現代思想の原点。

存在と無 I
ジャン＝ポール・サルトル
松浪信三郎訳
I巻は、「即自」と「対自」が峻別される緒論「存在の探求」から、「対自」としての意識の基本的在り方が論じられる第二部「対自存在」まで収録。

存在と無 II
ジャン＝ポール・サルトル
松浪信三郎訳
II巻は、第三部「対他存在」を収録。私と他者との相剋関係を論じた「まなざし」論をはじめ、愛、憎悪、マゾヒズム、サディズムなど具体的な他者論を展開。

存在と無 III
ジャン＝ポール・サルトル
松浪信三郎訳
III巻は、第四部「持つ」「為す」「ある」を収録。この三つの基本的カテゴリーとの関連で人間の行動を分析し、絶対的自由を提唱。（北村晋）

公共哲学
マイケル・サンデル
鬼澤忍訳
経済格差、安楽死の幇助、市場の役割など、私達が現代の問題を考えるのに必要な思想とは？　ハーバード大講義で話題のサンデル教授の主著、初邦訳。

パルチザンの理論
カール・シュミット
新田邦夫訳
二〇世紀の戦争を特徴づける「絶対的な敵」殲滅の思想の端緒を、レーニン・毛沢東らの《パルチザン》戦争という形態のなかに見出した画期的論考。

意識に直接与えられたものについての試論
アンリ・ベルクソン
合田正人／平井靖史訳
強度が孕む〈質的差異〉、自我の内なる〈多様性〉からこそ、自由な行為は発露する。後に『時間と自由』の名で知られるベルクソンの第一主著。新訳。

物質と記憶
アンリ・ベルクソン
合田正人／松本力訳
観念論と実在論の狭間でイマージュへと焦点があてられる。心脳問題への関心の中で、今日さらに重要性が高まる、フランス現象学の先駆的著書。

創造的進化
アンリ・ベルクソン
合田正人／松井久訳
生命そして宇宙は「エラン・ヴィタル」を起爆力に、自由な変形を重ねて進化してきた——。生命概念を刷新したベルクソン思想の集大成的主著。

道徳と宗教の二つの源泉
アンリ・ベルクソン
合田正人／小野浩太郎訳
閉じた道徳／開かれた道徳、静的宗教／動的宗教への洞察から、個人のエネルギーが人類全体の倫理的行為へ向かう可能性を問う。最後の哲学的主著新訳。

笑い
アンリ・ベルクソン
合田正人／平賀裕貴訳
「おかしみ」の根底には何があるのか。主要四著作に続き、多くの読者に読みつがれてきた本著作の最新訳。主要著作との関連も俯瞰した充実の解説付。

精神現象学（上）
G・W・F・ヘーゲル
熊野純彦訳
人間精神が、感覚的経験という低次の段階から「絶対知」へと至るまでの壮大な遍歴を描いた不朽の名著。平明かつ流麗な文体による決定版新訳。

精神現象学（下）
G・W・F・ヘーゲル
熊野純彦訳
人類知の全貌を綴った哲学史上の一大傑作。四つの原典との頁対応を付し、著名な格言を採録した索引を巻末に収録。従来の解釈の遥か先へ読者を導く。

象徴交換と死
J・ボードリヤール
今村仁司／塚原史訳
すべてがシミュレーションと化した高度資本主義像を鮮やかに提示し、〈死の象徴交換〉による、その内部からの〈反乱〉を説く、ポストモダンの代表作。

経済の文明史
カール・ポランニー
玉野井芳郎ほか訳
市場経済社会は人類史上極めて特殊な制度的所産である——非市場社会の考察を通じて経済人類学に大転換をもたらした古典的名著。（佐藤光）

暗黙知の次元
マイケル・ポランニー　高橋勇夫訳
非言語的で包括的なもうひとつの知。創造的な科学活動にとって重要な〈暗黙知〉の構造を明らかにしつつ、人間と科学の本質に迫る。新訳。

現代という時代の気質
エリック・ホッファー　柄谷行人訳
群れず、熱狂に翻弄されることなく、しかし自分自身の内にこもることなしに、人々と歩み、権力と向きあっていく姿勢を、省察の人・ホッファーに学ぶ。

知恵の樹
H・マトゥラーナ／F・バレーラ　管啓次郎訳
生命を制御対象ではなく自律主体とし、自己創出を良き環と捉え直した新しい生物学。現代思想に影響を与えたオートポイエーシス理論の入門書。

社会学的想像力
C・ライト・ミルズ　伊奈正人／中村好孝訳
なぜ社会学を学ぶのか。抽象的な理論や微細な調査に明け暮れる現状を批判し、個人と社会を架橋する学という原点から問い直す重要古典、待望の新訳。

パワー・エリート
C・ライト・ミルズ　鵜飼信成／綿貫譲治訳
エリート層に権力が集中し、相互連結しつつ大衆社会を支配する構図を詳細に分析。世界中で読まれる階級論・格差論の古典的必読書。（伊奈正人）

メルロ＝ポンティ・コレクション
モーリス・メルロ＝ポンティ　中山元編訳
意識の本性を探究し、生活世界の現象学的記述を実存主義的に企てたメルロ＝ポンティ。その思想の粋を厳選して編んだ入門のためのアンソロジー。

知覚の哲学
モーリス・メルロ＝ポンティ　菅野盾樹訳
時代の動きと同時に、哲学自体も大きく転身した。それまでの存在論の転回を促したメルロ＝ポンティ哲学と現代哲学の核心を自ら語る。

精選 シーニュ
モーリス・メルロ＝ポンティ　廣瀬浩司編訳
メルロ＝ポンティの代表的論集『シーニュ』より重要論考のみを厳選し、新訳。精確かつ平明な訳文と懇切な注釈により、その真価が明らかとなる。

われわれの戦争責任について
カール・ヤスパース　橋本文夫訳
時の政権に抗いながらも「侵略国の国民」となってしまった人間は、いったいにどう戦争の罪と向き合えばよいのか。戦争責任論不朽の名著。（加藤典洋）

フィヒテ入門講義
ヴィルヘルム・G・ヤコプス
鈴木崇夫ほか訳
フィヒテは何を目指していたのか。その現代性とは――。フィヒテ哲学の全領域を包括的に扱い、核心部分を明快に解説した画期的講義。本邦初訳。

哲学入門
バートランド・ラッセル
髙村夏輝訳
誰にも疑えない確かな知識など、この世にあるのだろうか。近代哲学が問い続けてきた諸問題を、これ以上なく明確に説く哲学入門書の最高傑作。

論理的原子論の哲学
バートランド・ラッセル
髙村夏輝訳
世界は原子的事実で構成され論理的分析で解明しうる――急速な科学進歩の中で展開する分析哲学。現代哲学史上あまりに名高い講演録、本邦初訳。

現代哲学
バートランド・ラッセル
髙村夏輝訳
世界の究極的あり方とは？　そこで人間はどう描けるのか？　現代哲学の始祖が、哲学と最新科学の知見を総動員。統一的な世界像を提示する。本邦初訳。

存在の大いなる連鎖
アーサー・O・ラヴジョイ
内藤健二訳
西洋人が無意識裡に抱き続けてきた「存在の大いなる連鎖」という観念。その痕跡をあらゆる学問分野に探り「観念史」研究を確立した名著。（高山宏）

自発的隷従論
エティエンヌ・ド・ラ・ボエシ
山上浩嗣訳
西谷修監修
圧制は、支配される側の自発的な隷従によって永続する――支配・被支配構造の本質を喝破した古典的名著。20世紀の代表的な関連論考を併録。（西谷修）

アメリカを作った思想
ジェニファー・ラトナー＝ローゼンハーゲン
入江哲朗訳
「新世界」に投影された諸観念が合衆国を作り、社会に根づき、そして数多の運動を生んでゆく――。アメリカ思想の五〇〇年間を通観する新しい歴史。

カリスマ
C・リンドホルム
森下伸也訳
集団における謎めいた現象「カリスマ」について多面的な考察を試み、ヒトラー、チャールズ・マンソンらを実例として分析の俎上に載せる。（大田俊寛）

自己言及性について
ニクラス・ルーマン
土方透／大澤善信訳
国家、宗教、芸術、愛……。私たちの社会を形づくるすべてを動態的・統一的に扱う理論は可能か？　20世紀社会学の頂点をなすルーマン理論への招待。

ちくま学芸文庫

哲学原理《てつがくげんり》

二〇〇九年三月　十　日　第一刷発行
二〇二二年八月二十五日　第二刷発行

著　者　ルネ・デカルト
訳・注解　山田弘明（やまだ・ひろあき）
吉田健太郎（よしだ・けんたろう）
久保田進一（くぼた・しんいち）
岩佐宣明（いわさ・のぶあき）

発行者　喜入冬子
発行所　株式会社　筑摩書房
東京都台東区蔵前二―五―三　〒一一一―八七五五
電話番号　〇三―五六八七―二六〇一（代表）

装幀者　安野光雅
印刷所　明和印刷株式会社
製本所　株式会社積信堂

ISBN978-4-480-09208-3 C0110